図説

十字軍

櫻井康人

河出書房新社

プロローグ　「十字軍」とは何であったのか？

「十字軍」とは何であったのか？　この問いに対する答えとして、例えば二〇一四年に刊行された全国歴史教育研究協議会編『世界史用語集』では、次のように記されている。

「十字軍　Crusades：西欧キリスト教勢力が、イスラームの支配下に入ったイェルサレムを奪回するためにおこした軍事遠征。セルジューク朝のアナトリア進出を受けてビザンツ皇帝が救援を要請したことを直接的背景とするが、教皇による東西教会の統一、国王・騎士・商人の経済的利益、民衆の巡礼熱や負債帳消しなど、様々な欲望や野心が背景にあった。正式には計7回の遠征がおこなわれたが、第1回十字軍の成功以後はその大義を失った。教皇権や騎士階層の衰退と王権の伸張、東方貿易の進展とイスラーム・ビザンツ文化の流入など、西欧封建社会に多大な影響を与えた」と。

▶ナポレオン・ボナパルト（一七六九～一八二一）　その後、一時的にではあれ彼がヨーロッパ世界全体をも塗り替えていくことは周知のとおりである。

しかし現在、十字軍史研究の世界では、次のように定義されている。十字軍とはキリスト教会のために戦うことで贖罪を得ることであり、それは一〇九五年からナポレオンによるマルタの占領（一七九八年）までの約七〇〇年間、いたる所で展開された、と。すなわち、十字軍の本質は「贖罪」であり、その目的地は聖地に限定されず（聖地十字軍と非聖地十字軍の同等性）、それは連続性を持つ運動であった。

最初の点について補足すると、贖罪、より正確に言うとローマ・カトリック教皇の認める贖罪である十字軍は、根本的に宗教・信仰とは不可分のものであった。政教分離という概念が存在している現在とは異なり、前近代は政治と宗教が同居していた社会である。従って、「宗教的」と「政治的」・「経済的」を二項対立的に捉えるのはあくまでも現代人の視点であり、それを前近代の世界に当てはめて考えることは、控えなければならない。また、最後の点について補足すると、よく「第〇回十字軍」という表現が用いられるが、あくまでもそれは大規模に展開された十字軍に対する後世の人々による呼称にすぎないのである。本書でも、慣例に従って「第〇回十字軍」という表現を用いるが、それは無数に展開された十字軍運動のごく一部にすぎないことを強調しておきたい。

▶ウルバヌス演説　一〇九五年一一月、クレルモンにおけるウルバヌス二世（在位一〇八八～一〇九九）の十字軍の呼びかけ。ただし、この絵に描かれているノートルダム・ド・ラソンプシオン大聖堂は、当時まだ建造されておらず、実際の呼びかけは屋外で行われたようである。

本書は、以上のような十字軍の定義に基づいてその歴史を見ていくものであるが、最後に次のことにも注意しておきたい。一つは、確かに十字軍は一〇九五年に開催されたクレルモン教会会議に端を発するのであるが、そこに至るまでの道のりも十字軍の歴史を語る上では軽視できないことである。もう一つは、約七〇〇年の間に十字軍はその性格を大きく変化させたことである。具体的に言うと、一四世紀以降、十字軍はオスマン帝国の攻撃からヨーロッパ世界を防衛することを意味するようになる。ここでは、一二～一三世紀の十字軍を「盛期十字軍」、一四世紀以降の十字軍を「後期十字軍」と呼ぶことで、両者の区別を示すこととしたい。

第1章

第1部　クレルモン教会会議への道のり

批判される「ピレンヌ・テーゼ」――「マホメットなくしてシャルルマーニュなし」

I　テーゼのポイント①　「トゥール・ポワティエ間の戦い＝ヨーロッパ対イスラームの原点」

一九二二年、ベルギーの中世史家であるアンリ・ピレンヌは、「マホメット（ムハンマド）とシャルルマーニュ」という論文を公にした。これがやがて、「ピレンヌ・テーゼ」と呼ばれる。それは一時定説としての地位を得ることになるが、現在においてはほぼ全面的に否定・修正を余儀なくされている。十字軍に関連するところから大きく見ると、ピレンヌの主張は二つの骨子からなるが、まずは、「トゥール・ポワティエ間の戦いがヨーロッパとイスラームとの宗教的対立の原点であった」という点から見ていく。

◀**アンリ・ピレンヌ**（一八六二〜一九三五）　彼の学説は長らく定説としての地位を得ることとなり、日本の歴史研究・教育にも大きな影響を与えることとなった。

トゥール・ポワティエ間の戦いとは、七三二年にフランク王国とイベリア半島に侵入してきたイスラーム勢力との間で起こった戦いだが、この戦いで名声を高めたカール・マルテルの子のピピン三世は、七五一年にカロリング朝フランク王国を開いた。そして、八〇〇年にローマ皇帝となったカール大帝の下、イベリア半島のイスラーム勢力を牽制する形で、ピレネー山脈にはいくつかの辺境伯領が設置された。後世の目から見ると、この一連の出来事は、ヨーロッパとイスラームの宗教的対立の原点であったかのようである。ただし、当時のヨーロッパ人たちは、イベリア半島のイスラーム勢力を、単に「蛮族（barbarus）」としてしか認識していなかった。「異教徒（paganus）」という認識も持っていたが、それは、当時いまだにキリスト教化していなかったスラヴ系の諸部族と同じようなものである、という程度にすぎなかった。確かに、カールは七七八年にイベリア半島への遠征を行っている。しかしそれは、コルドバを拠点とするイスラーム勢力に対抗するために、バルセロナを拠点とするイスラーム勢力がカールに対して援軍要請を行ったことによるものであった。この

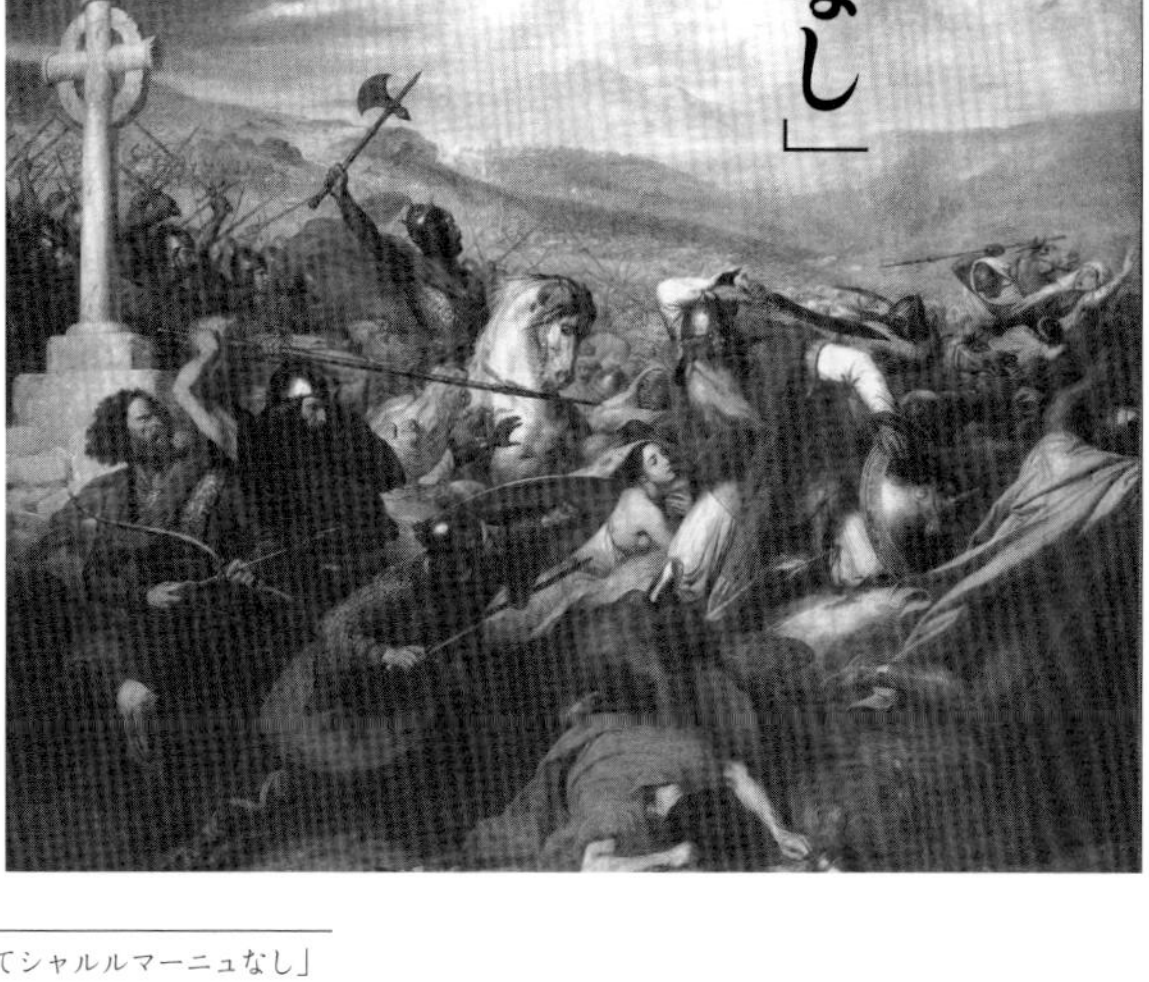

▶**トゥール・ポワティエ間の戦い**　トゥール・ポワティエ間の戦い（七三二年）とは、イベリア半島に侵入してピレネー山脈を越えてガリアに侵攻してきたイスラーム勢力を、メロヴィング朝フランク王国の宮宰であったカール・マルテル（六八六頃〜七四一）率いる軍勢が迎撃することで、イスラーム勢力をイベリア半島にまで押し戻すこととなった戦いである。

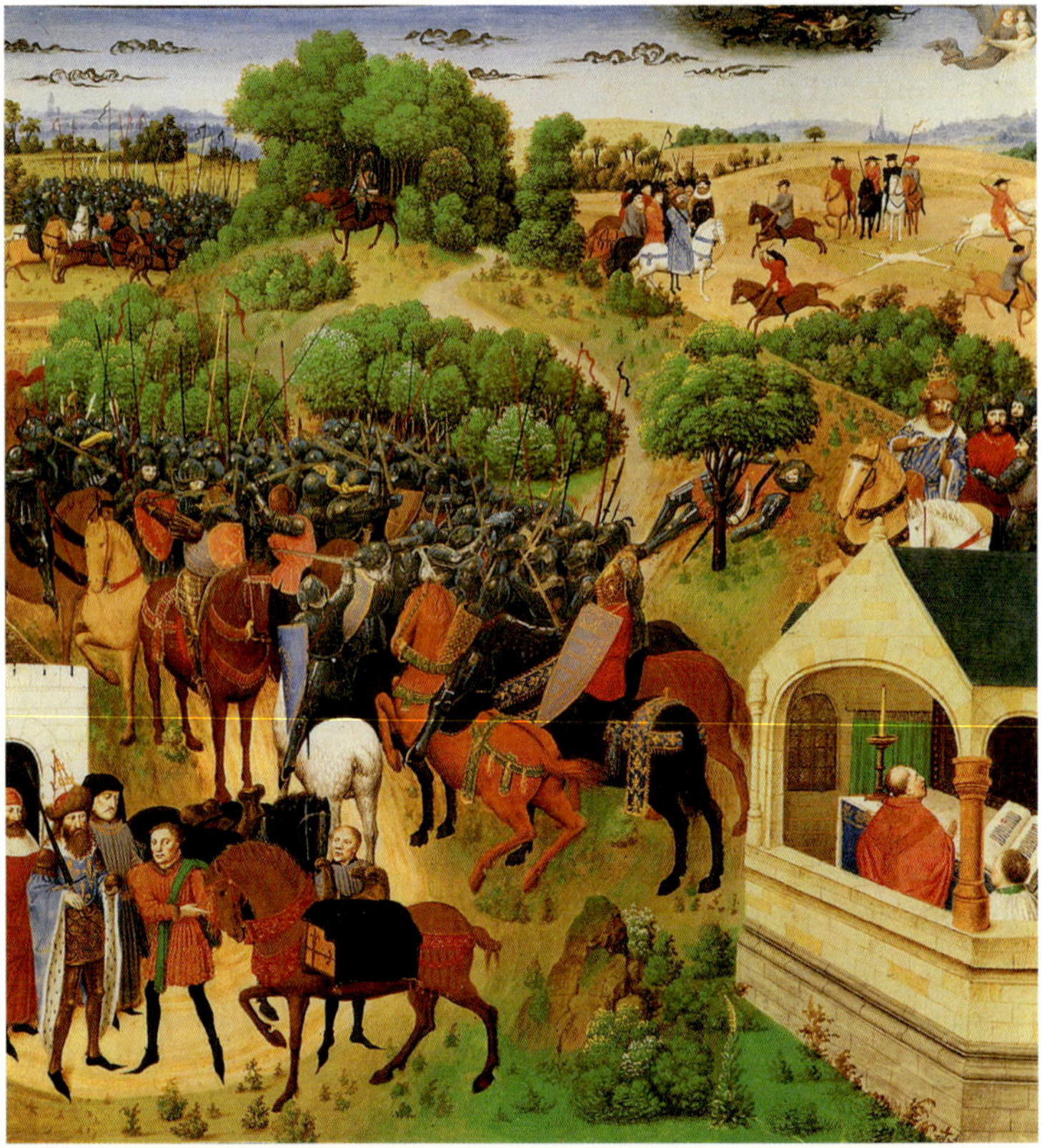

▶**『ローランの歌』** カールのイベリア半島遠征は、フランス最古の叙事詩とも言われる『ローランの歌』として描かれることとなった。ただし、カールの遠征を対ムスリムとして強調する『ローランの歌』は、第一回十字軍の後に作成されたものである。

▶**カール**（七四二〜八一四） ピピンの子のカール（シャルルマーニュ）は、八〇〇年に教皇レオ三世（在位七九五〜八一六）からローマ皇帝の冠を受けた。

ようにカール自身は、イベリア半島のイスラーム勢力を「宗教的」な敵対者とはみなしていなかった。

ヨーロッパにおけるイスラームの認識

では「ヨーロッパ」は、どのようにして「イスラーム」を認識していったのであろうか。ヨーロッパ世界で初めてイスラームに関連する記述を残しているのは、イングランドの修道士、聖ベーダ（六七二頃〜七三五）である。ある書簡の中で、彼はウマイヤ朝の祖であるムアーウィヤ（在位六六一〜六八〇）を「良きサラセン人（ムスリム）の王」と称している。ムアーウィヤがキリスト教徒の敵対者であるユダヤ教徒を攻撃している、という情報を得ていたからであった。加えてベーダは、ムアーウィヤとその後継者たちはやがてキリスト教を受け入れるであろうとも述べている。

しかし、ベーダのようなイスラーム観は、当時のヨーロッパ世界では例外であった。

ヨーロッパにおけるイスラームの認識は、当然のごとく、その支配下に置かれたイベリア半島で培われていった。八五〇年に起こったコルドバの殉教事件の報がヨーロッパにもたらされると、ヨーロッパの人々もイベリア半島に居住する異教徒の信仰がアンチ・キリスト教的なものである、と認識するに至った。そして、同事件は、コルドバに居住するキリスト教徒のパウルス・アルウァルス（八〇〇頃～八六一）による反イスラームの書を生み出す契機ともなった。ただし、それがすぐさまヨーロッパ世界における反イスラーム感情や、イスラームについての神学的研究に結びついたわけでもなかった。後者に関して言うと、イベリア半島においても、イスラームに対する神学的論駁書が作成されるのは、一一一〇年頃のペトルス・アルフォンシ（一〇七五～一一三〇頃、ユダヤ教徒であったが一一〇六年にキリスト教に改宗）を待たねばならなかった。さらにピレネー以北のヨーロッパ世界においては、クリュニー修道院長であった尊者ピエールが、一一四〇年代にクルアーンのラテン語訳と注釈を作成するのを待たねばならなかった。以上のように、ヨーロッパ

▼コルドバの殉教　コルドバの殉教事件とは、サンチャゴ・デ・コンポステーラ巡礼を行っていた約四〇人のキリスト教教会人たちが、後ウマイヤ朝の第四代アミールであったアブド・アッラフマーン二世（在位八二二～八五〇）に捕らえられ、イスラームへの改宗を拒否したためにコルドバにて処刑された事件である。キリスト教徒の処刑はその後も続き、図に示されているのは、八五九年に処刑された聖エウロギウス（八〇〇～八五九）の殉教の模様である。

▼ピピン三世（七一四～七六八）　教皇ザカリアス（在位七四一～七五二）の支持を得て、七五一年にピピン三世は王位に就いた。そして七五四年、教皇ステファヌス三世（在位七五二～七五七、上段中央）は、パリにまで足を運んでピピンに戴冠した。

▲尊者ピエール（1092頃～ 1156）　クリュニーの町には尊者ピエールの名を冠した大通りがある。彼は、強力な十字軍推進者でもあった。

がイスラームを本格的に認識していくのは、第一回十字軍の後のことであった。

2 テーゼのポイント② 「地中海の遮断」

ピレンヌ・テーゼの二点目を素描すると、次のようになる。古代ローマ帝国の時代、ヨーロッパにとって地中海は「我らが海（mare nostrum）」であった。しかし、イスラーム勢力が地中海の半分以上を制圧することによって、地中海交易圏を失ったヨーロッパ世界では貨幣経済が衰退し、自給自足的・農業基盤の生活を余儀なくされ、結果として封建社会が形成された、と。

しかし現在においては、まったく逆の現象が生じたことが明らかとされている。それを素描すると、次のようになる。イスラーム勢力が、東は中国世界に接するまでに広範な「ダール・アル・イスラーム（イスラームの家）」を構築し、加えてウマイヤ朝のカリフ、アブド・アルマリク（在位六八五〜七〇五）の時代に貨幣統一（ディナール金貨とディルハム銀貨）がなされると、その領域内における経済活動は円滑化・活性化した。それはイスラーム圏外（ダール・アル・ハルブ〔戦争の家〕）の経済活動をも刺激し、イスラーム世界を媒介とした世界規模の交易圏が構築された。中国産の絹・陶磁器、東南アジア産の香辛料、ロシア産の毛皮・木材、アフリカ産の金・象牙、そしてヨーロッパ産の銀・鉄・羊毛などが、そこを経由して世界を行き来することとなった。

地中海沿岸都市の発展

その結果として、ヨーロッパ世界、とりわけイスラーム世界との貿易の窓口になる地中海沿岸都市（ヴェネツィア、ピサ、アマルフィ、マルセイユなど）が発展した。しかし九世紀末頃、ヨーロッパ世界で、ムスリムが異教徒に課す関税の問題が意識され始めた。そして一〇世紀半ばには、ピサ、アマルフィ、マルセイユなどが中心となって、反イスラームの経済同盟が結ばれ、一一世紀初頭にはヴェネツィアやバルセロナもそこに加わった。最終的には同世紀後半に、教皇グレゴリウス七世（在位一〇七三〜八五）がその同盟にお墨付きを与えることとなった。ただしこのことは、経済上の対立が宗教上の対立へと移行したことを意味しない。というのも、同教皇がイスラーム世界の有力者に宛てた書簡がいくつか現存しており、いずれもその支配下に置かれたキリスト教徒への厚意・配慮に対する謝辞を示しているからである。

以上のように、イスラーム勢力の地中海進出は、ヨーロッパ世界の経済活動の活性化を促した。関税上の不平等問題は、ヨーロッパ世界に反イスラームの感情を芽生えさせたが、第一回十字軍前夜の段階では、それが経済問題の域を出ることはなかった。とすると、第一回十字軍の背景を探るためには、むしろヨーロッパ内部の状況およびその変化に目を向けねばならない。しかしその前に、もう一つのキリスト教世界であり、よりイスラーム世界に近いビザンツ帝国の状況を概観しておこう。

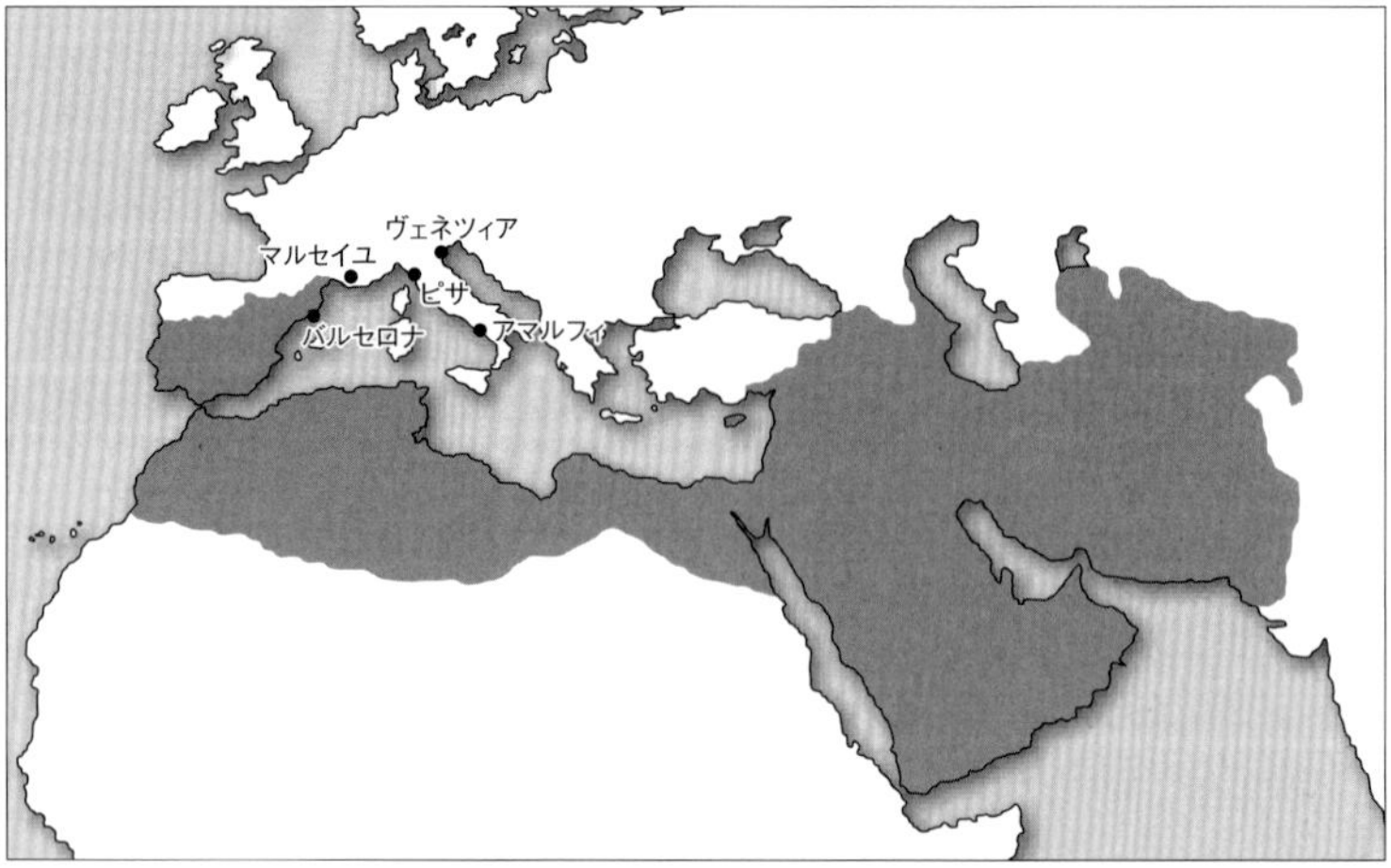

◀**ウマイヤ朝の最大版図**　イスラーム世界の地中海進出が、ヨーロッパの地中海沿岸都市の経済活動を刺激した。

第2章

「キリストの騎士」の誕生

I ビザンツ帝国の状況

アラビア半島に生まれたイスラーム勢力が、その領域を拡大するに当たって、パレスチナやシリア方面を支配下に収めていたビザンツ帝国と衝突することは必然であった。六三六年には、ヤルムークの戦いで皇帝ヘラクレイオス軍を破ったイスラーム勢力にパレスチナやシリアの支配権を、六四二年にはアレクサンドリアを攻略されてエジプトの支配権を奪われ、さらには六七四年および七一七年に首都コンスタンティノープルを攻撃された後、ビザンツ帝国ではイスラームについての神学的研究が始まった。ただし、イスラームは果たして同じ神を信じる異端なのか、それとも異なる神を信じる異教なのか、なかなか決着はつかなかった。いずれにせよ、ビザンツ帝国ではヨーロッパ世界よりも早くにイスラーム信仰を深く研究していかざるをえなかった。

◀**ソフロニオス**（五六〇頃～六三八）　六三四年、エルサレム大主教ソフロニオスは、イスラーム勢力の持つ宗教的脅威を、時のビザンツ皇帝ヘラクレイオスに報告している。

セルジューク朝との戦い

小アジアの支配権はかろうじて維持していたビザンツ帝国であったが、一一世紀半ばに危機的な状況が訪れた。中央アジアのテュルク系遊牧民のセルジューク（?～一〇三八頃）を祖とする集団が、一〇世紀末にイスラームに改宗した後に、イラン方面へと進出してきたのである。一〇五五年には族長トゥグリル・ベク（在位一〇三八～六三）の下でアッバース朝の首都バグダードに入城し、彼は時のカリフのアル・カーイム（在位一〇三一～七五）から政治的権力者を意味するスルタンの称号を受け取った。

トゥグリル・ベクの後を継いだ甥のアルプ・アルスラーン（在位一〇六三～七二）は、一〇六八年に小アジアへと進出してビザンツ帝国と対峙した。自ら軍を率いた皇帝ロマノス四世ディオゲネス（在位一〇六八～七一）は、一時的にセルジューク朝軍を退けるも、一〇七一年のマラーズギルド（マンツィケルト）の戦いで大敗北を喫し、彼自身も捕虜となった。アルプ・アルスラーンと和平を結んだ後に釈放されたロマノス四世であったが、コン

◀**ビザンツ皇帝ヘラクレイオス**（在位六一〇～六四一）　図は、ヘラクレイオス（右）がサーサーン朝ペルシア皇帝ホスロー二世（在位五九〇、五九一～六二八）を屈服させているところ。その後の六五一年、サーサーン朝はイスラーム勢力によって滅亡させられた。

▲**神宗**（在位 1067 ～ 85）　当時の中国は、宋（北宋）第6代皇帝神宗の統治期であった。王安石の新法や元豊の改革で知られる時代である。

▼**ドイツ国王ハインリヒ4世**（在位 1056 ～ 05、ローマ皇帝位 1084 ～ 1105）　上段中央。

◀**マルクス・アウレリウス・アントニヌス**（在位一六一〜一八〇）『続資治通鑑』には、ビザンツ帝国は約九〇〇年間「朝貢」しなかった、とも記される。約九〇〇年をさかのぼると、ローマ帝国の五賢帝の一人、大秦王安敦（マルクス・アウレリウス・アントニヌス）が一六六年に使節を派遣した。

スタンティノープルに帰還しようとする途中で捕らえられ、盲目にされた上で追放された。そして皇帝の座に就いたのが、ミカエル七世ドゥーカス（在位一〇七一～七八）であった。彼は、セルジューク朝に対抗するために、各地に援軍を要請した。その内の一つが中国であった。

中国への接近

ただし、中国に接近したのはビザンツ帝国だけではなかった。『続資治通鑑《ぞくしじつがん》』は、熙寧《きねい》四（一〇七一）年のこととして、「層檀国（スルタン国）」の「亜美羅亜眉蘭（アミール・アミラン）」からの朝貢があったことを記す。恐らくは、小アジアへの攻撃を控えたアルプ・アルスラーンが、後方の安全を確保するために中国に打診したのであろう。遅れること一〇年の元豊《げんぽう》四（一〇八一）年、同書は「拂菻国」の使者「儞厮都令厮（ネストリウス派）」の来訪を伝える。「拂菻国」を字句通りに捉えると「フランク王国」となるが、同書にはその国王の名は「滅力伊霊改撒（ミカイル・カイザー）」であり、その領土を「滅力沙（マリク・シャー）［セルジューク朝第三代スルタン、在位一〇七二～九二］」に接すると記されていることから、それは明らかにビザンツ帝国のことを指していることがわかる。セルジューク朝とビザンツ帝国の政策が功を奏したか否かはわからないが、両国がそれぞれの思惑で中国にまで打診していたことは興味深い。

そして、ミカエル七世のもう一つの打診先が、教皇グレゴリウス七世であった。一〇七

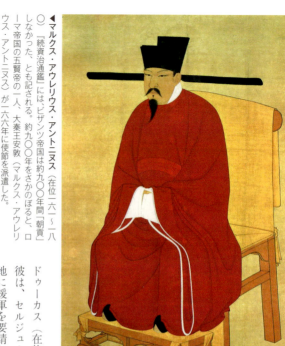

四年にグレゴリウスがドイツ国王ハインリヒ四世に宛てた書簡は、教皇自身が軍を統率して東方遠征に向かうこと、そのために既に約五万人の軍勢を召集していること、留守となる都市ローマの防衛を国王に依頼することを記している。ただし、グレゴリウスの計画が実行されることはなかった。翌年に叙任権闘争が勃発したからである。

2「神の平和」

「平和」には、二つの意味合いがある。一つは、「戦争」との対置概念としての意味、すなわち戦いのない状態のことである。もう一つは、より強力な政治体制（拘束力・抑制力）の下で実現される安定状態であり、そこには争いを解決するための司法・裁判というものが「平和」を実現するための手段として機能することとなる。その場合においては、「平和」を実現する者がより力を持つ者、すなわち支配者であった。「戦争対平和」という概念が希薄であった前近代においては、後者の意味合いの「平和」がより一般的であった。

▲ルイ5世「怠惰王」（在位986～987）

▼カペー朝の祖ユーグ・カペー（在位987～996）

　九八七年、西フランク（後のフランス）王国では、カロリング家のルイ五世が後継者なくして死去すると、ロベール家出身でパリ伯のユーグ・カペーが国王に選出された。そもそも九世紀末より、カロリング家とロベール家はノルマン人の侵入への対応を巡って争っており、中央政府の混乱は地方における公権力の弛緩を招いていた。このような状況下で、アキテーヌ地方などでは係争の解決策として、諸侯間で休戦条約が結ばれたが、違反者に対する罰則規定がないといった問題もあり、上手く機能しなかった。

　また、概して世俗諸侯に比べて軍事力に劣る教会も、土地領主として紛争の渦中に置かれることが少なくなかった。その結果、破門や聖務停止などの教会罰を下す権限を持つ教会が、休戦運動においてイニシアティブを握るようになっていった。

　記録の上では、九八九年のシャルー教会会議で「神の平和（Pax Dei）」が規定されている。そこでは、「戦う人（騎士）」による、「祈る人（教会人）」や「働く人（農民・商人など）」への攻撃禁止と、違反者には教会罰が下されることが定められた。その後一〇二七年には、新たな要素が加わることとなる。「神の休戦（Treuga Dei）」である。「神の平和」は、武装者による非武装者への攻撃を禁じたが、「神の休戦」は武装者同士の間での戦いに関する規定である。例えば、夜間や主の休日である日曜日や、キリスト教の祝祭日とその前後といった特定の期間における武力行使が禁じられた。

教会権力の立証

　さて、ここで注意すべき点が二つある。一つは、「神の平和」・「神の休戦」は武力行使そのものを禁じているわけではない、ということである。そこで定められたのは武力行使の制限であり、そこで求められたのは戦争の規律化・ルール化であった。もう一つは、そのような意味合いでの「平和」が、教会の主導下で推進されていったことである。

　ここに先述のことを照らし合わせると、教会による「神の平和」運動の推進は、教会こそが「平和」の実現者であるというアピールであった、ということになる。そして最終的にローマ・カトリック教会組織の頂点に立つ教皇が、「神の平和」を初めて公式に宣言したのが、一〇九五年のクレルモン教会会議であり、この会議は、教皇こそがキリスト教世界の「平和」の体現者であることを訴えた場であった。そこに至るまでの経緯を見てみよう。

3 叙任権闘争

　叙任権闘争とは一言で言うと、カトリック教会における最大の秘蹟である叙階（聖職者の任命）の権限を巡る、教皇と世俗権力者たちとの争いである。一般にはグレゴリウス七世とハインリヒ四世との間の争いであると考えられがちであるが、必ずしも両者の争いに限定されない。ただし、教皇と神聖ローマ皇帝（ドイツ国王）との間の闘争がより重大であったのは間違いない。

▲オットー1世「大帝」（ドイツ国王位936～973、ローマ皇帝位962～973）
▶レヒフェルトの戦い（955）

　そこには、大きく見て二つの理由がある。一つは、聖界諸侯の存在がドイツ地域に顕著であったことである。フランス地域やイタリア地域とは異なり、当時のドイツ地域の北部および東部には、いまだキリスト教化していない領域が広がっていた。よって帝国の領域の拡大はキリスト教化という作業を伴うこととなり、その過程で、宗教儀礼を監督する司教と皇帝の封建家臣たる世俗諸侯との二つの役割を兼ね備えた、聖界諸侯が多く誕生することとなった。加えて皇帝の側からすると、原則的には婚姻による相続人を残すことのない聖界諸侯は、諸侯領の世襲化を防ぐという利点もあった。

ローマ政策

　そしてもう一つは、神聖ローマ皇帝による「ローマ政策」の展開である。九一一年、東フランク（後のドイツ）王国でも、ルートヴィヒ四世（在位八九九～九一一）が死去してカロリング家が断絶した。王位には同王の親族に当たるフランケン大公コンラート一世（在位九一一～九一八）が選出されたが、嗣子のなかった彼に次いで国王に選出されたのが、ザクセン公ハインリヒ一世（在位九一九～九三六）であった。彼には、マジャール人・スラヴ人・デーン人といった異民族にして異教徒との戦いにおける功績があったからである。ハインリヒ一世は、ゲルマン的分割相続の慣行を廃止し、その財産をすべて次男のオットー一世に遺した。

　九五五年、オットー一世はいまだ勢力を保っていたマジャール人をアウクスブルク近郊のレヒフェルト平原にて撃破し、「キリスト教国を異教徒マジャールの禍から救った聖なる戦士」として讃えられた。また九世紀後半以降、事実上は権力の空白地帯となっていた中フランク（後のイタリア）王国において、共同でイタリア国王の地位にあったベレンガリオ二世（在位九五〇～九六一）とアダルベルト二世（在位九五〇～九六一）の父子が、教皇ヨハンネス一二世（在位九五五～九六四）を攻撃したために、教皇はオットーに救援を要請した。教皇の希望に応えてベレンガリオ親子を討伐したオットーは、九六二年、「キリスト教世界の平和の実現者」としてローマ皇帝の冠を受けた。オットーはこのような形で、ドイツ国王の地位のみならず、「キリスト教世界（Christianitas）」の盟主としての「ローマ人の皇帝（Imperator Romanorum）」の地位を獲得した。

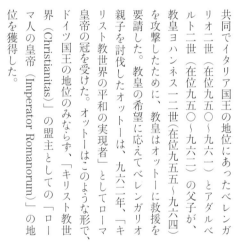

　しかし、このようにして築かれた教皇と皇帝との間の良好な関係は、「ローマ人の」皇帝たる者こそがローマ＝イタリアを支配すべきである、という皇帝側の「ローマ政策」によって揺らいでいくこととなる。後を継いだオットー二世は、この理念に基づいて九八〇年にイタリア遠征を行うが、南イタリアのイスラーム勢力に大敗を喫した。その後を継いだオットー三世は、より積極的にローマ政策を展開した。しかし一〇〇二年、彼は未婚のまま二一歳の若さで死去する。オットーの死を受け、ハインリヒ一世の曾孫に当たるバイエルン公ハインリヒ四世が、ドイツ国王ハインリヒ二世として即位した。対抗馬の多い中での皇帝選出であったため、彼は諸侯を抑制するための政策を展開する一環として、帝国教会制（世俗権力による教会支配）を強化することを目指した。三度のイタリア遠征を行う中の一〇一四年、教皇ベネディクトゥス八世（在位一〇一二～二四）に皇帝戴冠式を挙行させたハインリヒ二世は、「教会の守護者」として教会改革に助力することとなる。

▼**オットー三世**（ドイツ国王位九八三～一〇〇二、ローマ皇帝位九九六～一〇〇二）　九九六年には従兄弟を教皇グレゴリウス5世（在位九九六～九九九）として即位せしめ、彼から皇帝戴冠を受けた。

◀**オットー二世**（ドイツ国王位九六一～九八三、ローマ皇帝位九六七～九八三）　オットー一世の息子。

クリュニー改革

　このような状況の下で推進されたのが、いわゆるクリュニー改革である。一〇世紀初頭に建立された改革派修道院であるクリュニー修道院は、教会人の倫理的問題、すなわちシモニア（聖職売買）やニコライズム（教会人妻帯）の禁止を強く訴えていたが、これを皇帝と教皇は教会会議という場で公式に宣言した。

一〇二四年、ハインリヒ二世が子を残さずに死去すると、聖俗諸侯の協議の結果、ザーリアー家のシュパイアー伯コンラートがドイツ国王コンラート二世として即位した。一〇二七年、イタリア遠征を行っていた彼は、教皇ヨハンネス一九世（在位一〇二四～三二）から皇帝の冠を受けた。

父コンラート二世の後を継いだハインリヒ三世は、依然としてシモニアやニコライズムなどで乱れていたローマ教会に対し、クリュニー改革を積極的に推し進めた。教皇の選出にも介入し、レオ九世（在位一〇四九～五四）やウィクトール二世（在位一〇五五～五七）などの教会改革派のドイツ人聖職者を教皇の座に収めた。このようにして、ローマ教会の改革はハインリヒ三世の梃子入れで大きく進展したが、その後を継いだのが、わずか六歳のハイン

▶**ハインリヒ二世**　（ドイツ国王位一〇〇二～二四、ローマ皇帝位一〇一四～二四）

▲**クリュニー修道院**　教皇グレゴリウス7世に影響を与え、そしてウルバヌス2世を輩出した。

リヒ四世であった。母親のアグネスが摂政となるが、王権は弱体化した。

カノッサの屈辱

その一方で、一〇五七年にドイツ人教皇ウィクトール二世が死去すると、教皇庁は帝国の関与を排除する形でステファヌス一〇世（在位一〇五七～五八）を教皇に選出した。さらに次の教皇ニコラウス二世（在位一〇五八～六一）は、教皇選挙から世俗権力の干渉を排除する教皇勅書を発することで、世俗権力の支配からの脱却を図った。このことは、必然的に教皇とドイツ国王との間の軋轢を生むこととなり、アグネスおよびハインリヒ側は、対立教皇を擁立するなどして対抗する。そして一〇七三年、ニコラウス二世のいわば補佐役であったイルデブランドが、グレゴリウス七世として教皇に登位した。これにより、国王と教皇との対立は決定的となった。

成人し、帝権強化を目指して諸侯と対立していたハインリヒに必要であったのは、教皇への妥協であった。一〇七四年、彼は教会への不介入などを含める形で教皇に謝罪した。先に挙げたグレゴリウスの東方遠征計画は、このような状況下のものだったのである。

しかし翌一〇七五年に抵抗勢力を抑えることに一時的に成功すると、ハインリヒはイタリアへの介入を再開する。その内の一つが、ミラノ大司教の叙任権を巡る争いであった。

特にミラノが問題となったのは、それがドイツ国王にとってはイタリア半島への入り口であり、逆に教皇にとっては国王の侵入に対する防御壁だったからである。すぐさまグレゴリウスは、俗人による聖職者叙任を禁止する教皇勅書を発布するも、ハインリヒはドイツの司教たちに教皇廃立を決議させた。これに対して、グレゴリウスはハインリヒを破門し、その臣下たちの忠誠義務の解除を宣言した。ハインリヒの破門は、再び抵抗勢力を活気づかせ、彼らは諸侯会議を開いて、破門赦免が得られなければ国王を廃位すると決議した。窮地に陥ったハインリヒは、一〇七七年一月に極寒のアルプスを越えて、カノッサでグレゴリウスに赦免を乞う屈辱を強いられた。いわゆる「カノッサの屈辱」である。

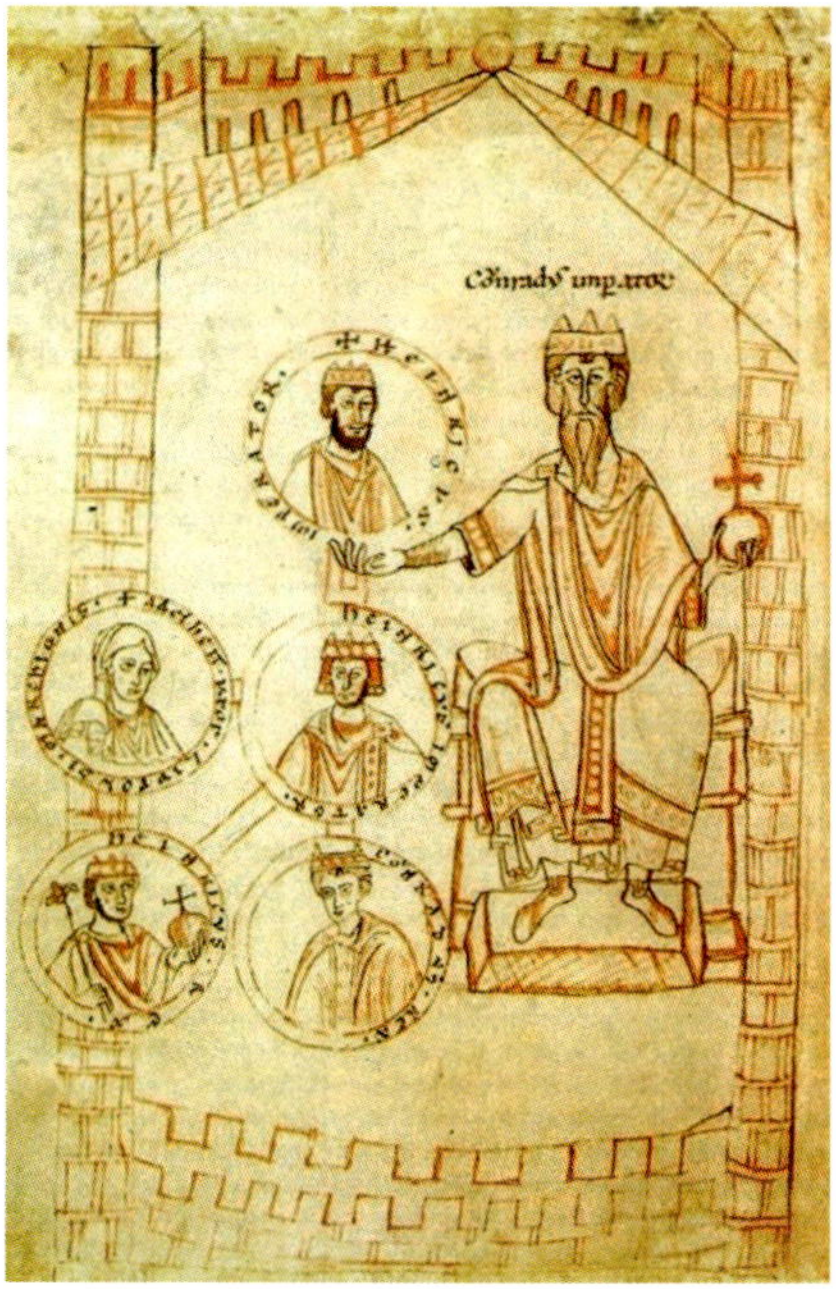

▲**コンラート二世と後継者たち**　ザーリアー朝の祖コンラート二世（ドイツ国王位一〇二四～三九年、ローマ皇帝位一〇二七～三九）とその後継者たち。中列上がハインリヒ三世（ドイツ国王位一〇三九～五六、ローマ皇帝位一〇四六～五六）、中列中がハインリヒ四世、左列上がアグネス（一〇二五頃～七七）、中列下がコンラート（一〇七四～一一〇一）、左列下がハインリヒ五世（ドイツ国王位一〇九九～一一二五、ローマ皇帝位一一一一～二五）。

外交の名手ウルバヌス二世

それでも、事態は収まらなかった。反ハインリヒ派のドイツ諸侯たちはシュヴァーベン大公ルドルフ（在位一〇五七～七九）を対立国王に選出した。グレゴリウス七世もこれを支持し、一〇八〇年にハインリヒ四世を再度破門した。かたやハインリヒは、クレメンス三世（在位一〇八〇、八四～一一〇〇）を対立教皇として擁立した。そして、ルドルフを敗死せしめると、ローマへと侵攻してグレゴリウスをローマから追放した。グレゴリウスは、サレルノにて客死した。

流浪の民となった教皇庁は、ウィクトール三世（在位一〇八六～八七）、次いでウルバヌス二世を教皇として選出し、皇帝に対抗した。外交の名手であったウルバヌスは、親フランス国王・親ビザンツ皇帝の政策を展開し、南ドイツと北イタリア一帯を、さらにはハインリヒの長男コンラートをも味方につけることに成功する。一〇九五年初頭、コンラートは父親を幽閉した上で、ローマをウルバヌスに返上し、自ら教皇に臣従を誓った。これを受けて、同年三月、ウルバヌスはピアチェンツァ教会会議を開催する。そこでは教会法の中にクリュニー改革およびグレゴリウス改革が公式に位置づけられたが、それはドイツ国王に対する勝利宣言でもあった。またこの会議には、ビザンツ皇帝アレクシオス一世コムネノス（在位一〇八一～一一一八）の使者がやって来て、改めて援軍要請を行ったが、このタイミングでのビザンツ帝国からの使者来訪は偶然ではなかった。そして同年一一月、クレルモン教会会議が開催されることとなる。

4 聖戦理念と「キリストの騎士」

古くから、戦いをキリスト教教義の中に位置づけようとする試みはなされていた。中でも有名なのが、聖アウグスティヌスが『神の国』の中に記した「正戦（justa bella）」である。

その概要を記すと、次のようになる。戦いによって相手を傷つけること、さらには死に追いやってしまうことは大罪である。ただし正当防衛、正しい意図に基づく戦い、正しい権威に導かれた戦いという三つの場合に関しては、過った者・行為を正すための「人」の戦いとして「神」によって容認される、と。

当然のことながら、アウグスティヌスが正戦について記したのには理由があった。四世紀後半、彼が司教を務めていた北アフリカでは、異端のドナトゥス派の勢力が増していた。禁欲主義・厳格主義を訴えるドナトゥス派は、不適格者を介しての秘跡を無効とみなし、適格者による秘跡の儀礼のやり直しを認めていた。一方で、アウグスティヌスの属する主流派教会は、神からのしるしである秘跡のやり直しを認めていなかった。すなわちドナトゥス派の問題は、教義上のもの以上に、教会組織上のものであったのである。従って主流派教会にとってドナトゥス派は、根絶されなければならない存在であり、異端討伐のためには「正戦」が必要であった。

「正戦」の復活

もちろん、正戦理念はアウグスティヌスがゼロから考え出したものではないが、神学的理論としてそれを確立した点で、アウグスティヌスは「正戦理念の祖」として捉えられている。ただし、正戦理念はすぐさまキリスト教世界に定着したわけでもなく、脈々と受け継がれていったわけでもなかった。『神の国』自体は数多くの写本が作成されたものの、その中の「正戦」は長らく沈黙する。

しかし一一世紀、それが突如として復活する。グレゴリウス七世下の枢機卿の一人であったルッカ司教（小）アンセルムス（一〇三六～八六）は、ドイツ国王軍によってルッカを追放された一〇八一年に、小冊子『正しき報復・

▶「正戦理念の祖」聖アウグスティヌス（三五四～四三〇）　ヒッポ（現アルジェリアのアンナバ）司教。

懲罰について（*De vindicta et persecutione justa*）』を著した。そこで彼は、アウグスティヌスの正戦理念を援用しつつ、罪から解放される正しい戦いを次のように定義する。かつてモーセは神の命に従って人の命を奪ったが、それは残虐の罪には値しなかった。モーセのように、報復（罰）は、憎しみからではなく愛情からなされるべきであり、その戦いにおいては良き意志が働く。従って、そのような戦いをなす人々もまた正当であり、敵は選択によってではなく、必然（神の意志）から討たれるべくして討たれるのである。このような正当なる戦いを行う者たちのために、教会人は祈るべきである、と。ここに記される「敵」が、ハインリヒ四世であることは言うまでもない。このように、叙任権闘争という文脈の中で、正戦理念は息を吹き返したのである。

「聖ペテロの騎士」から「キリストの騎士」へ

ただし、正戦理念を復活させただけでは、物理的に皇帝勢力に対抗することはできなかった。先に触れたグレゴリウス七世の東方遠征計画において、その言葉を信じるのであれば、彼は叙任権闘争が本格化する前に、約五万人の軍勢を召集することができた。どのようにしてそれをなしえたのかはわからないが、東方遠征とドイツ国王に対抗するための軍事力の強化とでは、性格が根本的に異なる。

そこでグレゴリウス側がつくり出したのが、「聖ペテロの騎士（miles Sancti Petri）」概念であった。彼は、教皇と聖ペテロの騎士との関係をわかりやすくするために、当時の騎士たちの間で一般的であった封建主従関係を援用した。これにより「聖ペテロの騎士」は、騎士としての本来の職務を変えることなく、戦闘対象を教会（教皇）の敵に対して戦うといった形に変えることで、罪ではなく贖罪を得られるようになったのである。これに対して実際にどの程度の信徒たちが呼応したのかは不明であるが、ハインリヒ四世の長男コンラートの例が示すように、その効果を軽視することはできない。

そして、最終的にハインリヒに勝利することができたという現実が、「聖ペテロの騎士」を、神に直結する「キリストの騎士（miles Christi）」へと押し上げた。ここにおいて、全キリスト教信徒の封主は神そのものとなり、あくまでも「人」を主語としていた正戦理念が、「神」を主語とする聖戦理念へと発展・転化したのである。以上のように、ヨーロッパ・キリスト教世界における聖戦理念は、叙任権闘争の過程で形を整えていった。つまり叙任権闘争こそが来《きた》る十字軍の下地を形成した、と言えるのである。

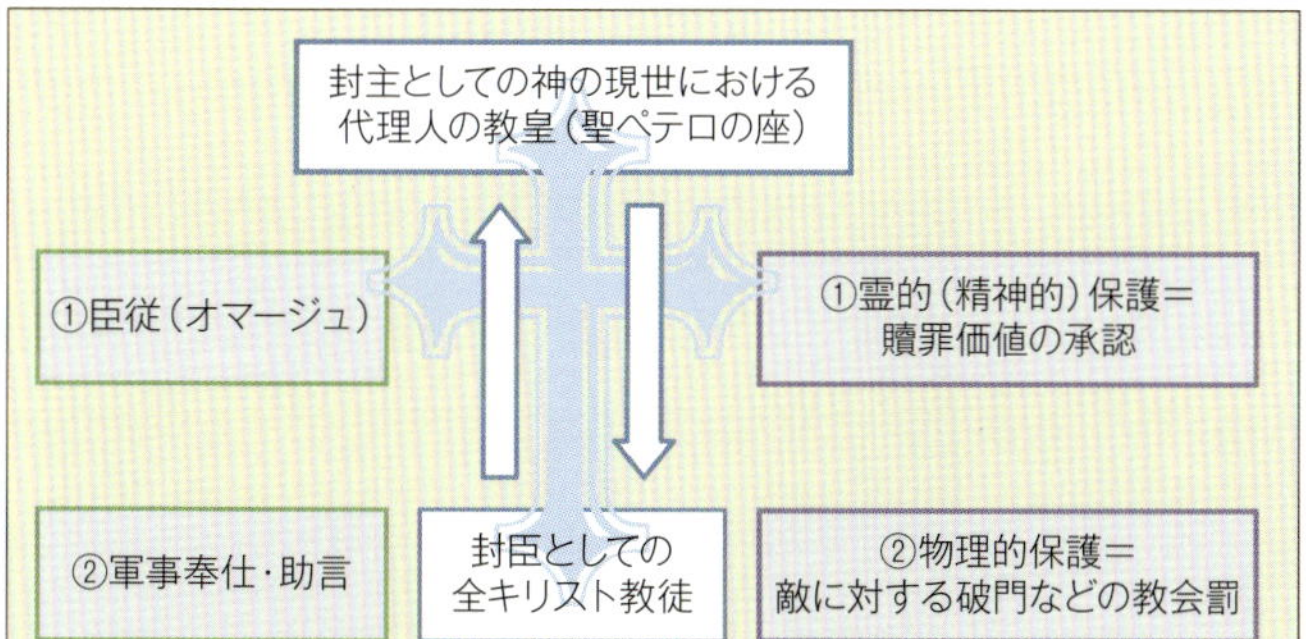

▲疑似封建制概念による「聖ペテロの騎士」

▼「キリストの騎士」への発展

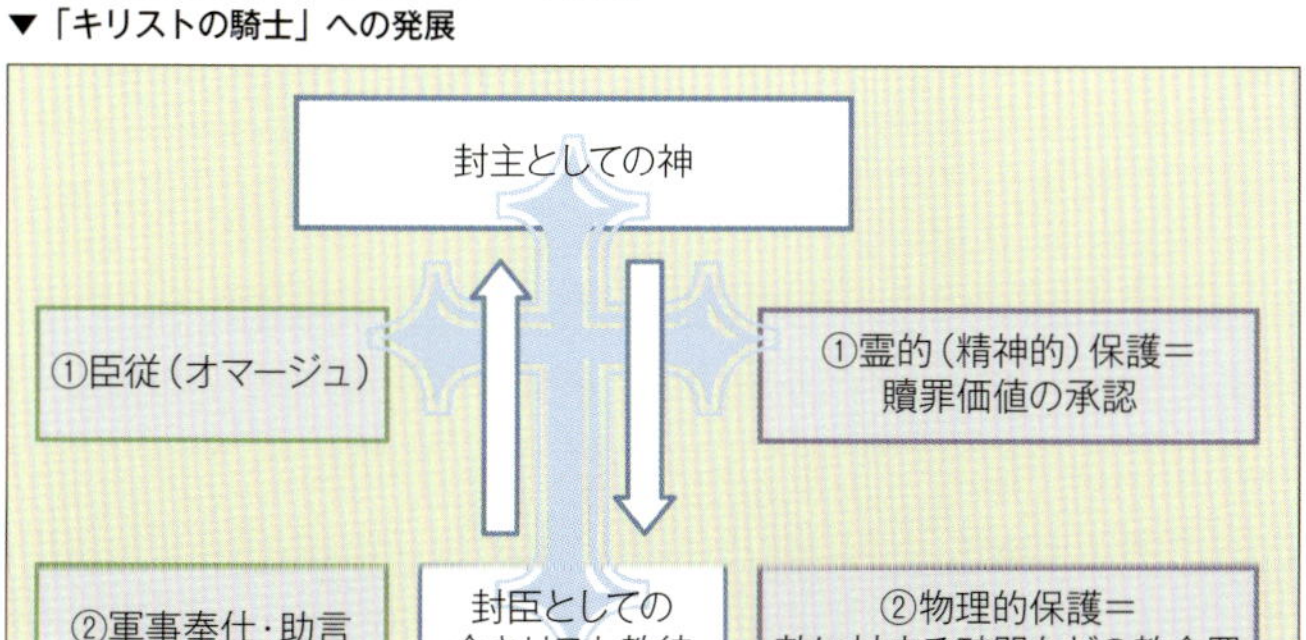

第3章

第2部 盛期十字軍の時代

第一回十字軍

I クレルモン教会会議

ピアチェンツァ教会会議は、ハインリヒ四世との争いの火種となった地域における、教皇の勝利宣言の場であった。そしてクレルモン教会会議は、フランス地域においても教会の勝利をアピールする場であった。

ただし、クレルモン教会会議はそれに留まるものではなかった。同会議では、主として次の四点が決議・採択された。まずは、叙任権が教会に属することであることが繰り返される。続いて、シモニアとニコライズムの禁止、すなわちクリュニー改革の推進が確認される。そして三点目が、先に触れた、神の平和・神の休戦の公式宣言となる。

本来ならば「キリスト教世界（Christianitas）」の平和は、その支配者たる皇帝が実現すべきであった。にもかかわらず、皇帝がキリスト教世界の秩序を乱してしまった。同会議における神の平和の宣言は、教皇が皇帝に取って代わることを意味し、教皇こそがキリスト教世界の支配者・指導者であるということのアピールを意味する。あくまでも理屈の上のことではあるが、このようにして、教皇は「（霊的）権威」から「（世俗的）権力者」へと変貌することが可能となったのである。

そして四点目が、離婚問題に端を発するフランス国王フィリップ一世の破門だった。

フランス国王フィリップ一世の破門

今では洗礼・堅信・終油・聖体・告解・結婚・叙階がカトリックの七秘跡と言われるが、当初から明確な形をとっていたわけではない。叙任権（叙階）を巡る闘争、教会人の倫理を巡る問題（クリュニー改革）と同時並行的に、教皇庁は俗人の

▶フランス国王フィリップ一世（在位一〇六〇～一一〇八） 一〇九二年、彼は妻ベルト（一〇五〇頃～九三、フランドル伯ロベール一世（在位一〇七一～九三）の継子）と離婚し、シモン一世・ド・モンフォール（在位一〇五三～八七）の娘であり、アンジュー伯フルク四世（一〇四三～一一〇九）の妻であったベルトラード（一〇七〇頃～一一一七）と再婚した。

◀ヨハンネス・グラティアヌス（一一〇〇頃～五〇頃）の『教会法令集（*Decretum*）』

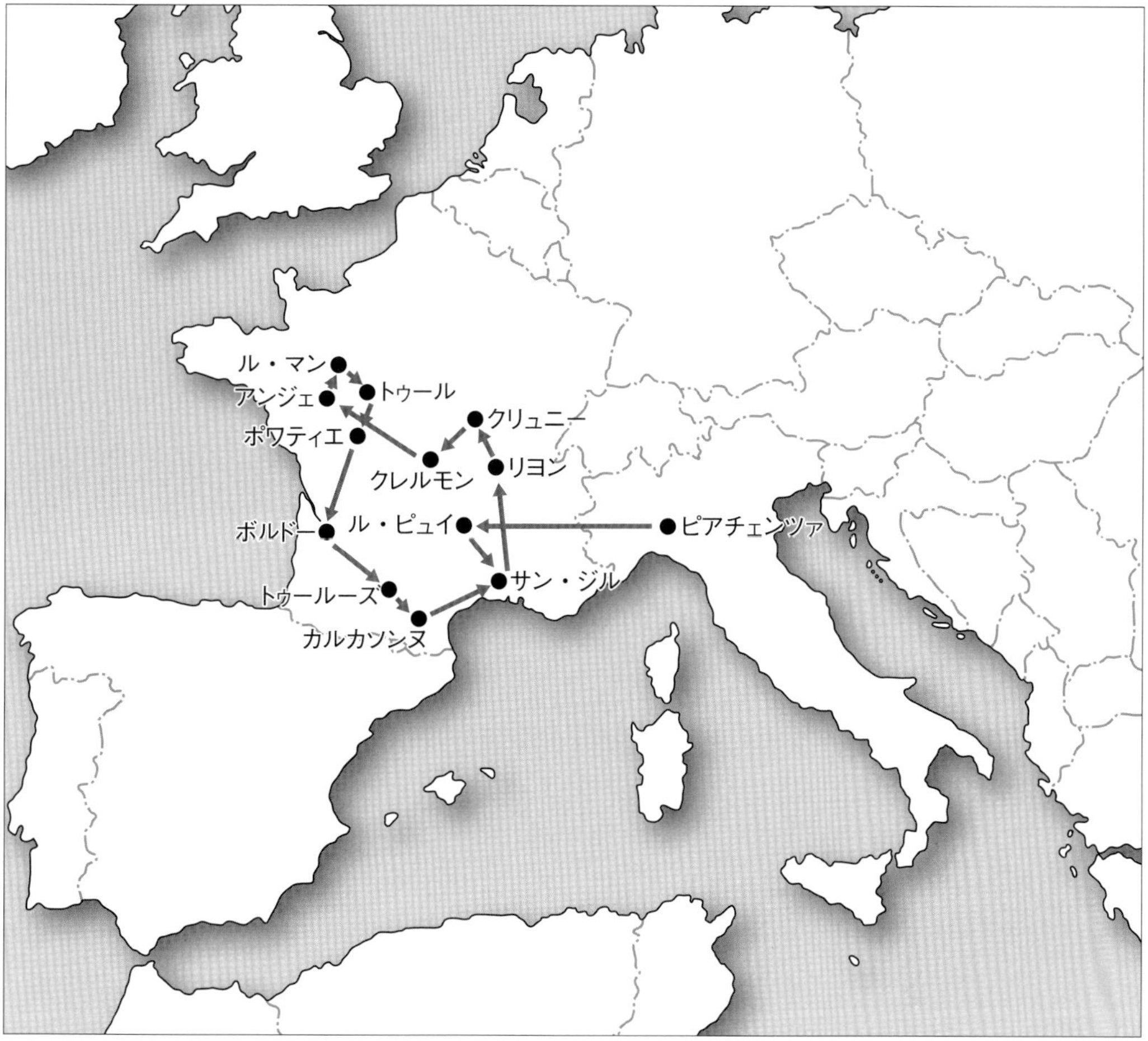

▲ウルバヌス2世の行脚

倫理を巡る問題にも対処しようとしていた。それは、結婚と堅信の秘跡に関する権限を、教会の管理下にしっかりと置く試みであった。確かに、これらの秘跡が明確な形で教会法に位置づけられるのは、一二世紀の教会法学者ヨハンネス・グラティアヌスによる『教会法令集（*Decretum*）』の編纂をもってしてのことであるが、クレルモン教会会議の決議はその先駆けとなる。叙任権闘争の過程では良好な関係にあったフランス国王をも破門したのは、その決意の表れであった。フィリップ一世は十字軍参加のために破門の撤回を求めたが、教皇は拒否した。

十字軍の呼びかけ

以上が、クレルモン教会会議で決議された事項であった。一般的には「ウルバヌス二世がクレルモン教会会議で十字軍を召集した」とされるが、より厳密に言うと十字軍に関する演説が行われたのは、会議終了後の非公式の場であった。従って、それについての公的な記録は残されていない。すなわち、「主はそれを欲し給う（Deus vult）」といった有名な文言を含むウルバヌス演説については、第一回十字軍がエルサレムの占領に成功したことを受けて、後に作成された年代記などの私的作品の中でしか見られないのである。

ただし、ウルバヌスによる十字軍の呼びかけは、決して場当たり的なものではなかった。

▶十字軍を率いるル・ピュイ司教アデマール（在位一〇八二〜九八）

▼クリュニーのウルバヌス二世　一〇九五年一〇月、ウルバヌス二世（左）はクリュニー修道院に立ち寄った。

ピアチェンツァを出発した後に、ウルバヌスがまず向かったのは、現在のオーヴェルニュ地方にある町、ル・ピュイ（・アン・ブレー）であった。当地の司教アデマールが、後に教皇の代理として第一回十字軍の霊的統率者になったことを考えると、クレルモン教会会議の前に両者の間での合意が形成されていたようである。

　そこからウルバヌスが向かったのは、トゥールーズ伯レーモン四世・ド・サン・ジルが

▼**十字軍遠征の準備**　荷車には冑・甲冑・楯・食糧袋が積まれており、その側面には桶や鍋がぶら下げられている。

◀**隠者ピエール**　隠修士ピエール率いる民衆十字軍。彼はそのカリスマ性に加えて、自身が連れていたロバに似ていることでも有名であった。

拠点としていたサン・ジルの町であった。アデマールと同様に、レーモンは第一回十字軍の軍事的統率者となる。次にウルバヌスが向かったのは、クリュニー修道院であった。既にヨーロッパ各地に娘修道院を抱えていた同修道院のネットワークを通じて、叙任権闘争での勝利とともに、来るべき東方遠征の計画を広く喧伝するためであった。同時に、教皇は各地にこれらのことを知らせる書簡を送付している。さらにクレルモン教会会議の後も、ウルバヌスはアンジェやル・マンまで行脚して直接に情報を伝えた。以上のような教皇による直接的な宣伝は、他の聖俗の人的ネットワークを通じてさらに広められた。このようにして、十字軍の準備は進められていったのである。

　さて上記のように、我々はウルバヌスがクレルモンにて実際には何を喋ったのかを知る術は持たない。ただしいくつかの年代記史料の情報を総合すると、少なくともキリスト教世界内部における神の平和と十字軍との関係、すなわち内なる平和と外への攻撃、「キリストの騎士」概念、すなわち教会の敵と戦うことは贖罪に値することなどは語られたことを知ることができる。いずれにせよ、この段階においては、十字軍は言わば実験であった。第一回十字軍の成功の結果として、聖戦理念の有効性が実証され、徐々に十字軍理念が形を整えていくこととなるのである。

主立った第1回十字軍の参加者たち

区分		統率者名	出発日	コンスタンティノープル到着日	結末
フランス民衆十字軍		サンザヴォワール領主ゴーティエ（？～1096年）	1096年4月3日	1096年7月20日	小アジアで死去
		隠者ピエール（1050頃～1115）	1096年4月19日	1096年8月1日	正規十字軍に合流
ドイツ民衆十字軍		説教師フォルクマール（？～1096）	1096年4月	—	ハンガリーで死去
		騎士ゴットシャルク（？～1096）	1096年5月		
		ライニンゲン伯エミコ（1050頃～12世紀初頭）	1096年6月3日		ハンガリーで自軍壊滅後に帰郷
正規十字軍	フランス中南部	ル・ピュイ司教アデマール（？～1098）	1096年10月	1097年4月21日	アンティオキアで死去
		トゥールーズ伯レーモン4世・ド・サン・ジル（1042頃～1105）			トリポリ攻略中に死去
	フランス北部	ヴェルマンドワ伯ユーグ（1057～1101）	1096年8月	1096年12月	離脱
		ユスターシュ3世・ド・ブーローニュ（1058頃～1125頃）	1096年8月	1096年12月23日	エルサレム到着後に帰郷
		下ロレーヌ公ゴドフロワ・ド・ブイヨン（1060～1100）			「聖墳墓の守護者」（エルサレム国王）
		ボードゥアン・ド・ブーローニュ（1069～1118）			エデッサ伯
		フランドル伯ロベール2世（1065頃～1111）			エルサレム到着後に帰郷
		ノルマンディー公ロベール2世（1054頃～1134）	1096年10月	1097年5月	エルサレム到着後に帰郷
		ブロワ伯エティエンヌ（1045頃～1102）			一時離脱（後にラムラの戦いで死去）
	イタリア南部	ターラント候ボエモンド（1054頃～1111）	1096年10月	1097年5月	アンティオキア侯
		タンクレーディ（1075～1112）			ガリラヤ侯

2 第一回十字軍と十字軍国家の誕生

ウルバヌス二世の呼びかけに応じて東方に向かったのは、一万五〇〇〇人ほどの騎士を含む約一三万人であったと言われている。それは、ウルバヌスの計画に従って一〇九六年の夏をめどに出発した、いわゆる正規十字軍と、計画に先んじて同年の春に出発した、いわゆる民衆十字軍とに二分される。さらに民衆十字軍は、アミアン出身の隠修士ピエールなどに率いられたフランス民衆十字軍と、ラインラントのライニンゲン伯エミコを中心とするドイツ民衆十字軍とに二分される。

このように、「民衆」十字軍は必ずしも民衆のみから成っていたわけではないが、軍の統制力という点では正規十字軍に劣るものであり、悪名高いポグロム（ユダヤ人虐殺）は、ドイツ民衆十字軍によるものであった。そして、ハンガリー領内でも略奪行為を繰り返したドイツ民衆十字軍は、同領内にてハンガリー王国軍によって壊滅した。一方のフランス民衆十字軍は、一〇九六年八月頃にコンスタンティノープルに至るものの、小アジアにてセルジューク朝の攻撃を受け、ほぼ壊滅状態となった。しかし、隠修士ピエールを始めとする幾人かの者たちは、後にやって来る正規十字軍と合流した。

十字軍家系

正規十字軍も、その出身地という点から、大きく三つのグループに分けることができる。第一は、教皇から直々に統率者として任命されていたル・ピュイ司教アデマールとトゥールーズ伯レーモン四世を中心とするフランス中南部の軍勢である。

第二は、フランス北部の軍勢である。ここには、後にエルサレムの支配者となる下ロレーヌ公ゴドフロワ・ド・ブイヨンと兄のユスターシュ三世・ド・ブーローニュと弟のボードゥアン・ド・ブーローニュの三兄弟、彼らとともに行動したフランドル伯ロベール二世、兄フィリップ一世の身代わりとして参加したヴェルマンドワ伯ユーグ、イングランドのウィリアム征服王の長男であるノルマンディー公ロベール二世、同じウィリアムの娘婿であるブロワ伯エティエンヌなどが含まれる。

第三は、イタリア南部をイスラーム勢力から奪取したロベール・ギスカール（ロベルト・イル・グィスカルド、一〇一五～八五）の長男のターラント侯ボエモンドとその甥のタンクレーディを中心とする、イタリア南部の軍勢である。

これらの者たちは、よく言われるように「乳と蜜の溢れる」パレスチナの地に財産を求めに行ったわけではなかった。多くの者たちは、旅費を捻出するために財産のほとんどを費やし、もしくは借金までした。また、これもよく言われるように、十字軍参加者たちは、家督を継げない次男・三男たちから構成されていたわけでもなかった。参加者の多くは、婚姻などを通じて親族関係にある、特定の家系の者たちであった。そして、彼らが後に十字軍家系と呼ばれるものの礎となったのであり、その家系に属する者たちは、十字軍に参加することを一種の通過儀礼とみなし、参加する度にその家系は多くの財産を承知の上で失っていくのであった。

エデッサ伯国の誕生

さて正規十字軍の面々は、一〇九七年五月にコンスタンティノープルに集結した。そこで、ビザンツ皇帝アレクシオス一世は、十字軍士たちに臣従を要請する。中には反発する者もいたが、最終的に彼らは皇帝に対して臣従を誓った。その結果、十字軍士たちはアレクシオスからの援助（援軍・食糧や物資の補給・道案内役の同行など）を期待することができた一方、旧ビザンツ帝国領が回復された場合には、それを皇帝に返還するという約束が生じた。

このような契約の後に、十字軍士たちは小アジアに向けて進軍を開始した。必ずしも平坦な道のりではなかったが、彼らを支えたものの一つは、やはり信仰の力であった。小アジア進軍の過程で、戦闘で命を落とすことが殉教と認められたのである。それまでは、殉教は布教活動の中で命を落とした教会人にのみ認められた、一種の特権であった。今や、その価値が十字軍にも付加されたのである。

ニカイア（現イズニク）やドリュラエウム（現エスキシェヒル近郊）でセルジューク朝軍を退けつつ、イコニウム（現コンヤ）、コクソン（現ギョクスン）、そしてマラシュ（現カフラマンマラシュ）へと歩を進めた。そこで、十字軍は二つに分かれた。

約一〇〇人の重装騎兵を中心とした軍勢を伴ったボードゥアン・ド・ブーローニュは、

▲ドリュラエウムの戦い　1097年、ドリュラエウムの戦いで、十字軍士たちは、クルチ・アルスラーン（1079～1107）の軍勢に勝利した。

▼エデッサ攻略　1098年、エデッサ攻略の際、あらゆる物資に困窮した十字軍士たちは、敵の恐怖心を煽るためにも打ち取った頭部を投石機で場内に投げ込んだ。

◀**アンティオキア占領**　一〇九八年六月、内通者に市門を開けさせるというボエモンドの計略によって、アンティオキアが占領された。

東に位置するエデッサ（現シャンウルファ）を目指した。エデッサの町はアルメニア人のトロスの支配下にあったが、セルジューク朝の脅威にさらされていた。そこでトロスは、娘アルダとの婚姻を通じてボードゥアンを養子にした。しかし一〇九八年三月頃、かねてよりエデッサの住民たちから憎悪されていたトロスは暴動の中で殺害され、その結果、ボードゥアンがエデッサの支配者となった。彼自身はエデッサ伯を名乗り、ここに最初の十字軍国家であるエデッサ伯国が誕生した。

アンティオキア侯国の誕生

一方、十字軍の本隊は、南に歩を進めてアンティオキア（現アンタキヤ）を包囲した。ここでビザンツ帝国からの支援物資や援軍が途絶えたため、十字軍士たちは、とりわけ飢餓に苦しんだ。ブロワ伯エティエンヌをはじめとする多くの者たちが戦線から離脱した。しかし、ジェノヴァやイングランドの艦隊による物資補給や、誕生したばかりのエデッサ伯国からの援助が十字軍士たちを支えた。最終的には、一〇九八年六月、ボエモンドの計略によってアンティオキアが陥落した。それに対し、モースルのアター・ベク（摂政）のケルボガ（生没年不詳）が、大軍を率いてアンティオキアを取り戻そうとやって来て、今度は、十字軍士たちが包囲される立場となった。

窮地に立たされた十字軍士たちを救ったの

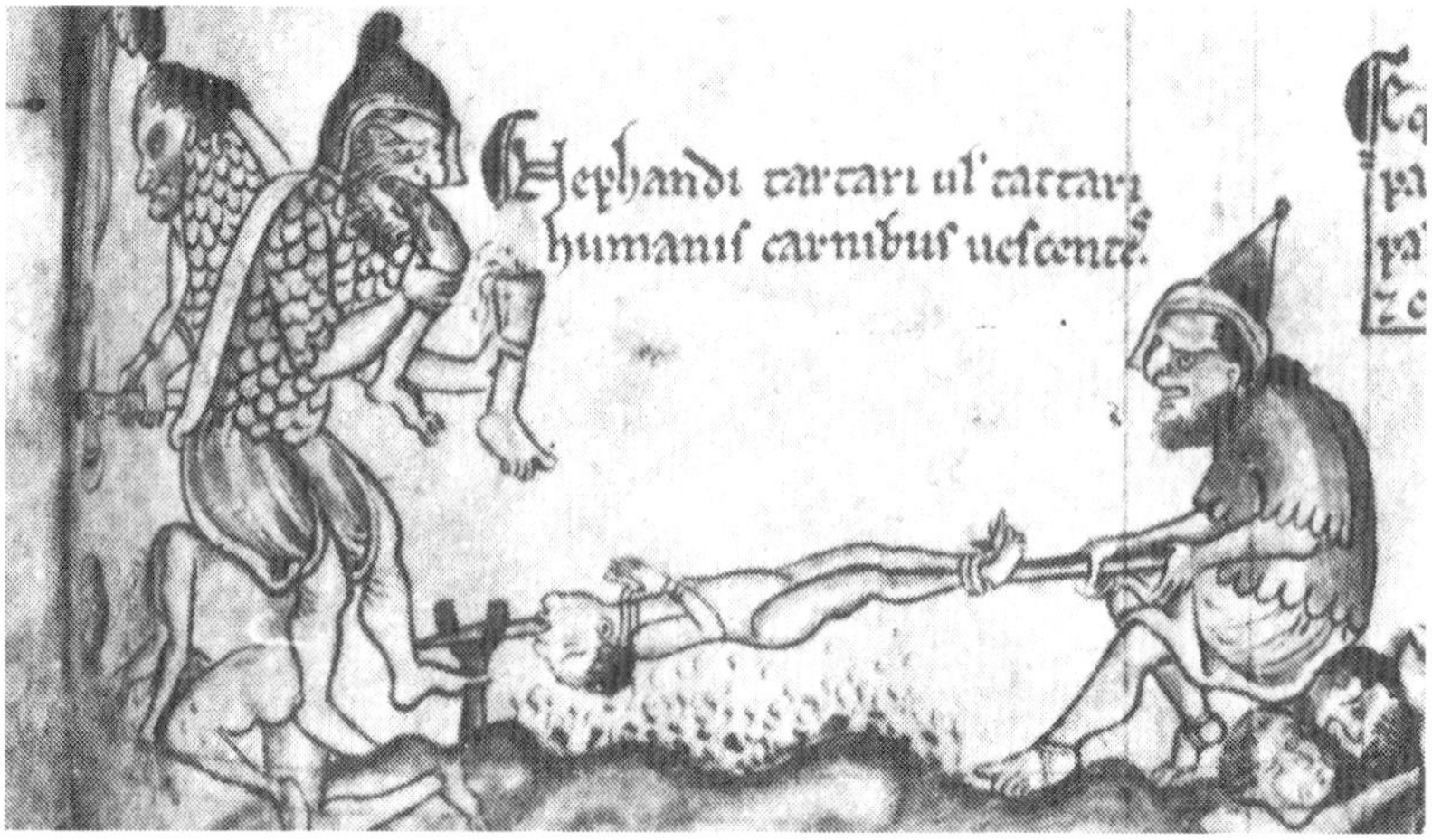

▼食人　一〇九八年一二月、十字軍士たちを苦しめたのは、疫病だけではなかった。極度の飢餓状態が、一部の者たちを過激な行動に駆り立てた。「タフール団」と呼ばれる武装集団が、アンティオキアの南方約六〇キロにあるマアッラト・アン＝ヌウマーンを襲撃し、住民たちを虐殺した。食人まで起こったとされるこの出来事は、後世まで十字軍士たちの残虐性を語るための題材として用いられることとなる。

▼聖槍　アンティオキアで兵糧攻めにあった十字軍士たちを救ったのは、聖槍（イエスの処刑に使われたとされる槍）であった。この図では、アデマールが聖槍を持っている。

は、やはり信仰の力であった。修道士にして兵士のピエール・バルテルミー（?〜一〇九九）が受けた幻視の導きによって聖槍が発見されると、士気の上がった十字軍士たちは、ケルボガ軍を退けることに成功した。このようにして、第二の十字軍国家であるアンティオキア侯国が成立した。アンティオキアは元々ビザンツ帝国領であったが、同侯国の誕生は十字軍士たちとビザンツ皇帝との決別を意味した。

　そのアンティオキアにおいて、十字軍士たちは大きな損失を被ることとなった。一つは、歴戦の強者であるボエモンドが、アンティオキア防衛のためにさらなる進軍には随行しないと決心したことである。もう一つは、一〇九八年の夏に流行した疫病（恐らくはチフス）のために、多くの者たちが命を落としたことである。とりわけ、精神的支柱であったル・ピュイ司教アデマールの死は、大きな打撃となった。このような事態に際して十字軍士たちが教皇庁に窮状を伝えるための書簡を送ったことが、翌年のピサの大艦隊の派遣を導くこととなる。

▼聖墳墓で祈るゴドフロワと「聖墳墓の守護者」としての選出

◀エルサレムに突入するゴドフロワ・ド・ブイヨン　一〇九九年七月一四日、ゴドフロワ・ド・ブイヨンがエルサレムに突入した。

エルサレム王国の誕生

一〇九九年二月、十字軍士たちはエルサレムに向けての進軍を再開し、六月に城壁の前にたどり着いた。この段階で、十字軍の勢力は約一三〇〇人の騎士と約一万人の歩兵にまで減少していた。

しかし、それを救ったのは、アデマールに代わる教皇特使として派遣されたピサ大司教ダインベルト率いる大艦隊や、ジェノヴァやイングランドの艦隊がもたらす支援物資であった。支援物資から攻城兵器を完成させた十字軍士たちは、エルサレム市内に侵攻した。「人々は、その膝あるいは手綱の高さまでに達する血の海の中を、馬に跨って進んだ」という年代記の一節が後世においては強調されがちだが、近年の研究者たちが分析しているように、十字軍士たちによる住民の殺害は、実際のところは度を越したものではなく、また彼らに特殊・特別なものでもなかった。

いずれにせよ、獲得されたエルサレムの町には、新たな統治者が必要とされた。候補者は二人、トゥールーズ伯レーモンと下ロレーヌ公ゴドフロワであった。十字軍士たちによる協議の結果、ゴドフロワが統治者として選出された。ただし彼は、イエスが荊の冠を被った所で国王の冠を頭に抱くことを拒否し、ダインベルトに全エルサレム領を献上した上で、自らには「聖墳墓（教会）の守護者」という称号を帯びさせるに留まった。従って、厳密に言うとこの段階ではエルサレム「王国」はまだ誕生していないが、ここではこの時点をもって、第三の十字軍国家であるエルサレム王国が誕生したとしておく。

トリポリ伯国の誕生

一方、選挙に敗れたレーモンは、ビザンツ皇帝を頼ってコンスタンティノープルへと移動した。一一〇二年にシリアへと戻ってきたレーモンは、アンティオキアとエルサレムの間に位置するトリポリへの攻撃を開始した。最終的には、一一〇五年に死去したレーモンの後を継いで攻撃を続行した息子のアルフォンス一世・ジュールダンの主導下で、一一〇九年にトリポリおよびその周辺域を完全に支配下に置いた。ここに第四の十字軍国家であるトリポリ伯国が成立した。

なぜ十字軍国家は成立できたのか

以上、十字軍国家の成立過程を見てきた。では、それが成し遂げられた要因はどこにあったのであろうか。多くのことが考えられるが、ここでは次の二点を記しておきたい。

まず一つは、ジェノヴァやイングランド、ピサの艦隊を中心としたヨーロッパ世界からの支援である。そしてそれを可能にしたのは、ヨーロッパ世界が既に築かれていた東方との交易路を活用できたからに他ならない。ヴェネツィアが第一回十字軍への参加を当初見送ったのも、ファーティマ朝との交易関係を考慮してのことであった。

そしてもう一つは、イスラーム世界の分裂状態である。一口に分裂といっても、それは様々な次元においてのことであるが、十字軍士たち、すなわちフランク人たちがやって来る前のシリアやパレスチナは、セルジューク朝勢力、すなわちトルコ人という異民族によって制圧されていたのであり、必ずしも先住民たちはその支配を歓迎していたわけではなかった。加えて、セルジューク朝の有力者たちは互いに覇権争いをしており、結果としてそれぞれの有力者たちが拠点とする各都市が独立国家と化していた。そして、最も大局的なのが、スンナ派（セルジューク朝）とシーア派（ファーティマ朝）との対立である。

一〇〇九年、ファーティマ朝のカリフ、アル・ハーキムは、支配下にあるエルサレムの聖墳墓教会を破壊した。しかし、次代カリフのザーヒル（在位一〇二一〜三六）は、ビザンツ帝国との関係を修復して、聖墳墓教会の再建を許可した。そして、セルジューク朝によるシリアやパレスチナ方面への進出が、ファーティマ朝とビザンツ帝国との関係をより密接なものにした。

ビザンツ皇帝アレクシオス一世は、自身の「傭兵隊」がセルジューク朝に制圧された地域を奪回しようとしていることを、当時ファーティマ朝の実権を握っていたワズィール（宰相）のアル・アフダルに告げていた。ここにも、ヨーロッパからの艦隊が十字軍士たちに自由に支援物資を届けることのできた背景がある。アレクシオスからの報告を受けたアル・アフダルは、十字軍士たちと挟撃する形で、セルジューク朝勢力に奪われていたエルサレムの町を一〇九八年に奪回した。十字軍士たちを味方と認識していたために、エルサレムにはわずかな数の駐屯軍しか残さなかったのである。

しかし、十字軍士たちによるアンティオキア占領は、もはや彼らがビザンツ皇帝の「傭兵隊」ではないことを、アル・アフダルに認識させた。だが時既に遅く、エジプトからの援軍が到着する前に、エルサレムの町は十字軍士たちによって陥落した。そして、アル・アフダル率いる軍勢の進行の報を耳にした十字軍士たちは、迎撃せんとアスカロン（現アシュケロン）へと進軍してそれを打ち破った。アスカロンの町そのものの占領は約半世紀後まで待たねばならないが、ファーティマ朝勢力を退けた十字軍士たちは、その支配下に置かれていた地中海沿岸諸都市を制圧していくこととなる。

このような、言わばファーティマ朝の「陰謀」は、後世のスンナ派勢力による反シーア派のためのプロパガンダであったのかもしれない。しかし、当時のシリアおよびパレスチナ地域におけるパワー・バランスを考えると、それは事実を大きく反映しているように思われる。

▼聖墳墓教会

◀アル・ハーキム（在位九九六～一〇二一）ファーティマ朝第六代カリフのアル・ハーキム。カイロ中のすべての犬を殺すように命じたり、女性の外出を厳格に禁じて靴屋には女性用の靴を作るのを止めるように命じたり、皆に対して夜間に働いて昼間に就寝するよう要請するなど、数多くの奇行でも有名である。

Column_❶

十字軍家系その1――ルテル・モンテリ家

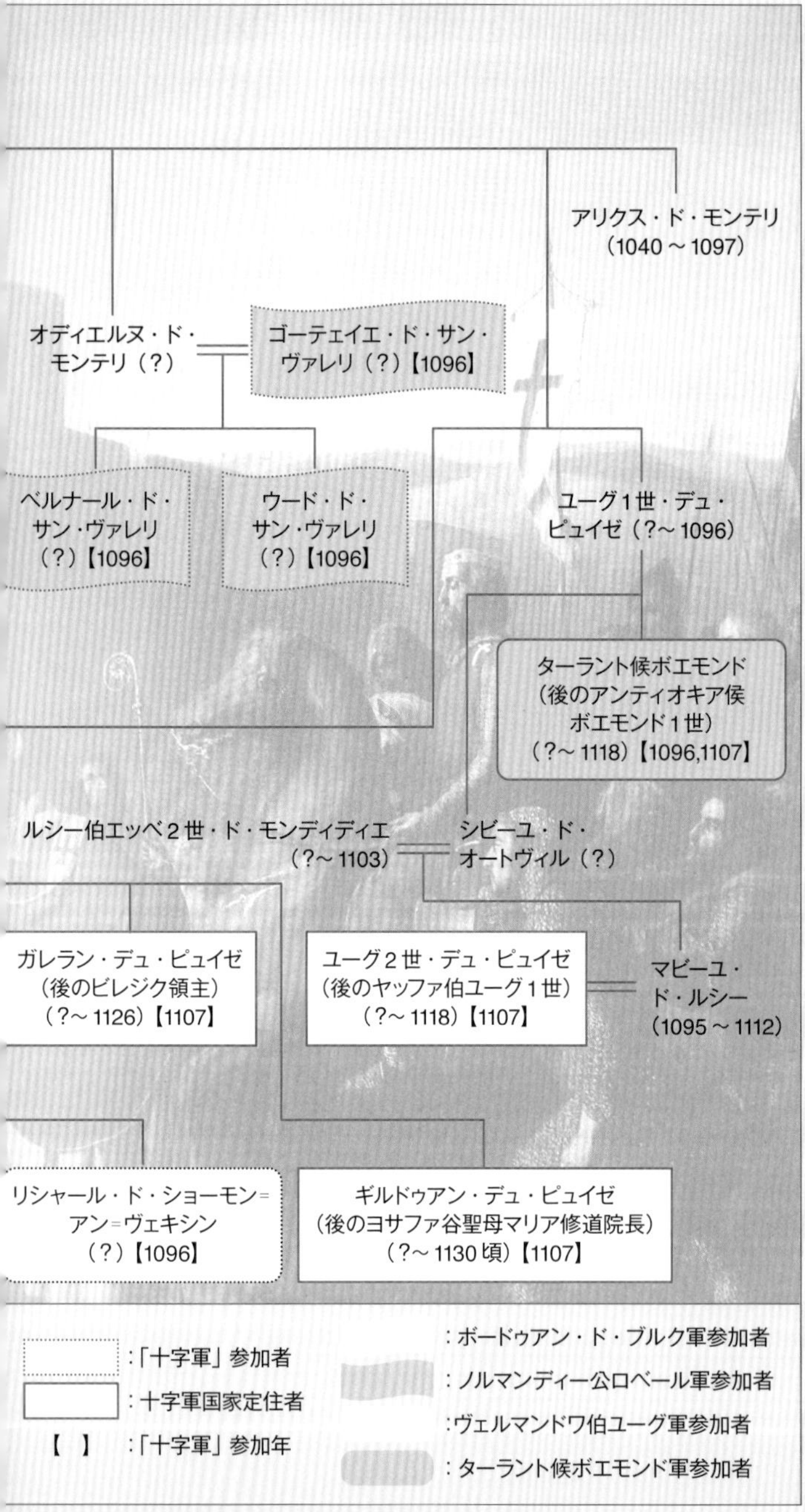

十字軍家系として最も有名なのが、フランドル伯であろう。第一回十字軍に参加したロベール二世を皮切りに、ティエリー・ダルザス（在位一一二八～六八〈一一三九、四七、六四年に参加〉）、フィリップ一世（在位一一六八～九一〈一一七七、九〇年に参加〉）、ボードゥアン九世（在位一一九四～一二〇五〈一二〇四年に参加〉）などが、十字軍士として東方に向かった。また一三九六年、ジャン一世無畏《むい》公（在位一四〇五～一九）は、オスマン皇帝バヤズィト一世（在位一三八九～一四〇二）のヨーロッパ侵入を迎撃するために組織された、ニコポリス十字軍に参加した。また、オスマン帝国に対する十字軍の必要性を主張したフィリップ三世善良公（在位一四一九～六七）は、十字軍を実行することはできなかったものの、聖地巡礼者のためにラムラの町に巨大な巡礼宿を建造した。

ただし、十字軍家系は直系に限定されたわけではない。親族・婚姻関係などによって形成された傍系を含めると、その範囲はさらに大きなものとなる。一例として、後のエルサレム国王ボードゥアン二世となるボードゥアン・ド・ブルクを輩出したルテル・モンテリ家を見てみよう。ここに掲げた家系図はごく一部であるが、それでも十字軍士たちがかなりの広範囲にわたって親族ネットワークによって結びついていたことがわかる。ヨーロッパ世界の八～九割の騎士たちが十字軍には参加しなかったという現実と併せて考えると、このような十字軍家系が十字軍運動で果たした役割は、さらに大きなものであったと言える。

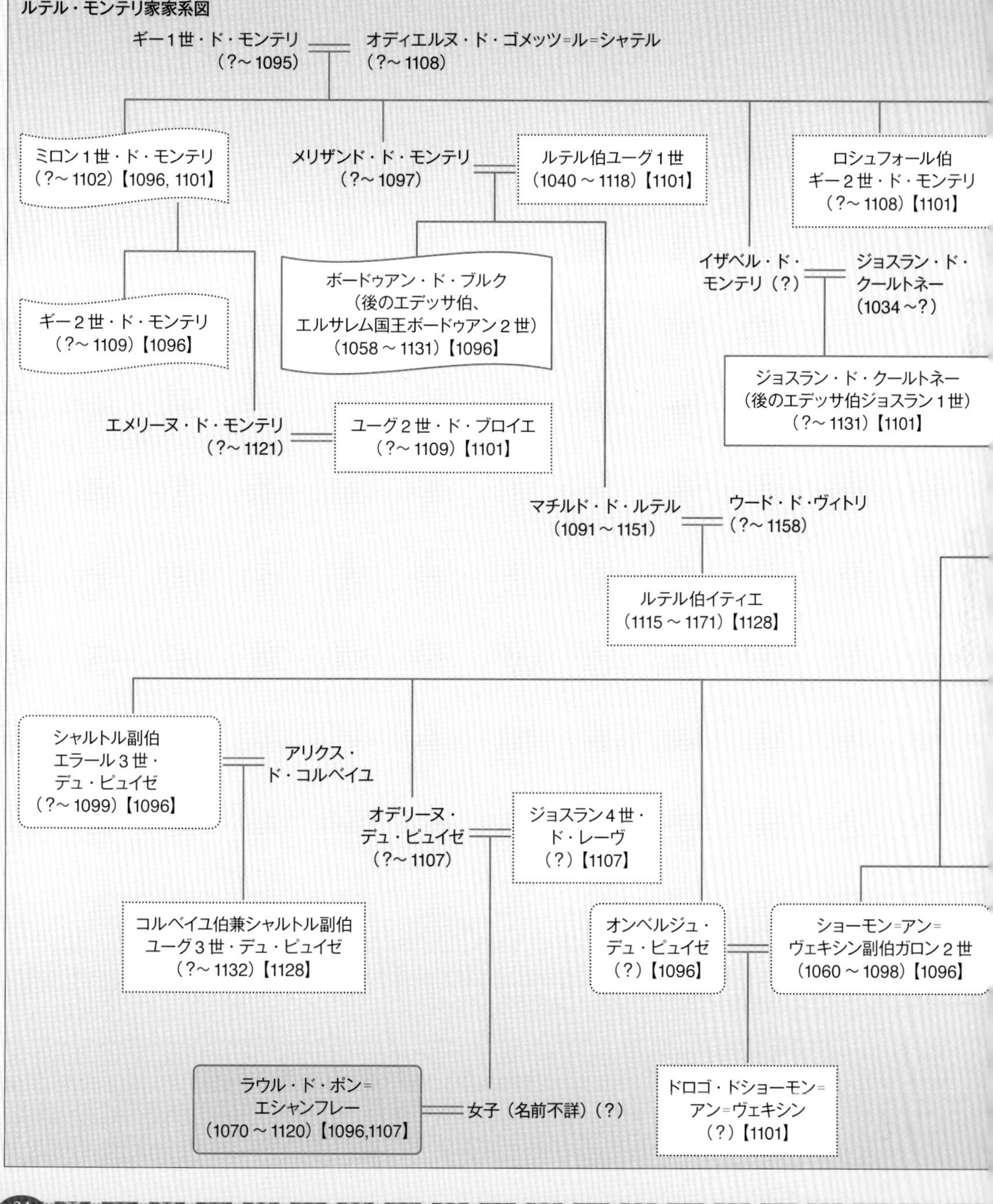
ルテル・モンテリ家家系図
ギー1世・ド・モンテリ
（?～1095）
オディエルヌ・ド・ゴメッツ=ル=シャテル
（?～1108）
ミロン1世・ド・モンテリ
（?～1102）【1096, 1101】
メリザンド・ド・モンテリ
（?～1097）
ルテル伯ユーグ1世
（1040～1118）【1101】
ロシュフォール伯
ギー2世・ド・モンテリ
（?～1108）【1101】
ギー2世・ド・モンテリ
（?～1109）【1096】
ボードゥアン・ド・ブルク
（後のエデッサ伯、
エルサレム国王ボードゥアン2世）
（1058～1131）【1096】
イザベル・ド・
モンテリ（?）
ジョスラン・ド・
クールトネー
（1034～?）
ジョスラン・ド・クールトネー
（後のエデッサ伯ジョスラン1世）
（?～1131）【1101】
エメリーヌ・ド・モンテリ
（?～1121）
ユーグ2世・ド・ブロイエ
（?～1109）【1101】
マチルド・ド・ルテル
（1091～1151）
ウード・ド・ヴィトリ
（?～1158）
ルテル伯イティエ
（1115～1171）【1128】
シャルトル副伯
エラール3世・
デュ・ピュイゼ
（?～1099）【1096】
アリクス・
ド・コルベイユ
オデリーヌ・
デュ・ピュイゼ
（?～1107）
ジョスラン4世・
ド・レーヴ
（?）【1107】
コルベイユ伯兼シャルトル副伯
ユーグ3世・デュ・ピュイゼ
（?～1132）【1128】
オンベルジュ・
デュ・ピュイゼ
（?）【1096】
ショーモン=アン=
ヴェキシン副伯ガロン2世
（1060～1098）【1096】
ラウル・ド・ポン=
エシャンフレー
（1070～1120）【1096,1107】
女子（名前不詳）（?）
ドロゴ・ドショーモン=
アン=ヴェキシン
（?）【1101】

第4章 第一・二回十字軍とエルサレム王国

I エルサレム「王国」の成立と形成
——ボードゥアン一世〜ボードゥアン二世期

もはやファーティマ朝の弱体化は、聖地周辺域に定住した十字軍士たちの目にも明らかであった。「聖墳墓の守護者」となったゴドフロワ・ド・ブイヨンは、エジプトへの侵攻を企図するも、一一〇〇年七月に死去した。ゴドフロワ・ド・ブイヨンの後継者には、その弟でエデッサ伯のボードゥアン・ド・ブーローニュが選出された。彼はエデッサ伯国を親族のボードゥアン・ド・ブルクに委ねてエルサレムを目指した。

しかし、ボードゥアン・ド・ブーローニュがゴドフロワの誓約、すなわち全エルサレム領をダインベルトに献上するとの誓いを拒否したために、ボードゥアン・ド・ブーローニュとダインベルトとの対立は不可避となった。最終的には、新たな教皇特使として派遣されたマウリツィオ・デ・ポルト（生没年不詳）の取りなしによって両者は和解し、一一〇〇年のクリスマス、ベツレヘムの聖誕教会にて「国王」ボードゥアンの戴冠式がダインベルトの手によって執り行われた。ここに、初代エルサレム国王ボードゥアン一世が誕生した。

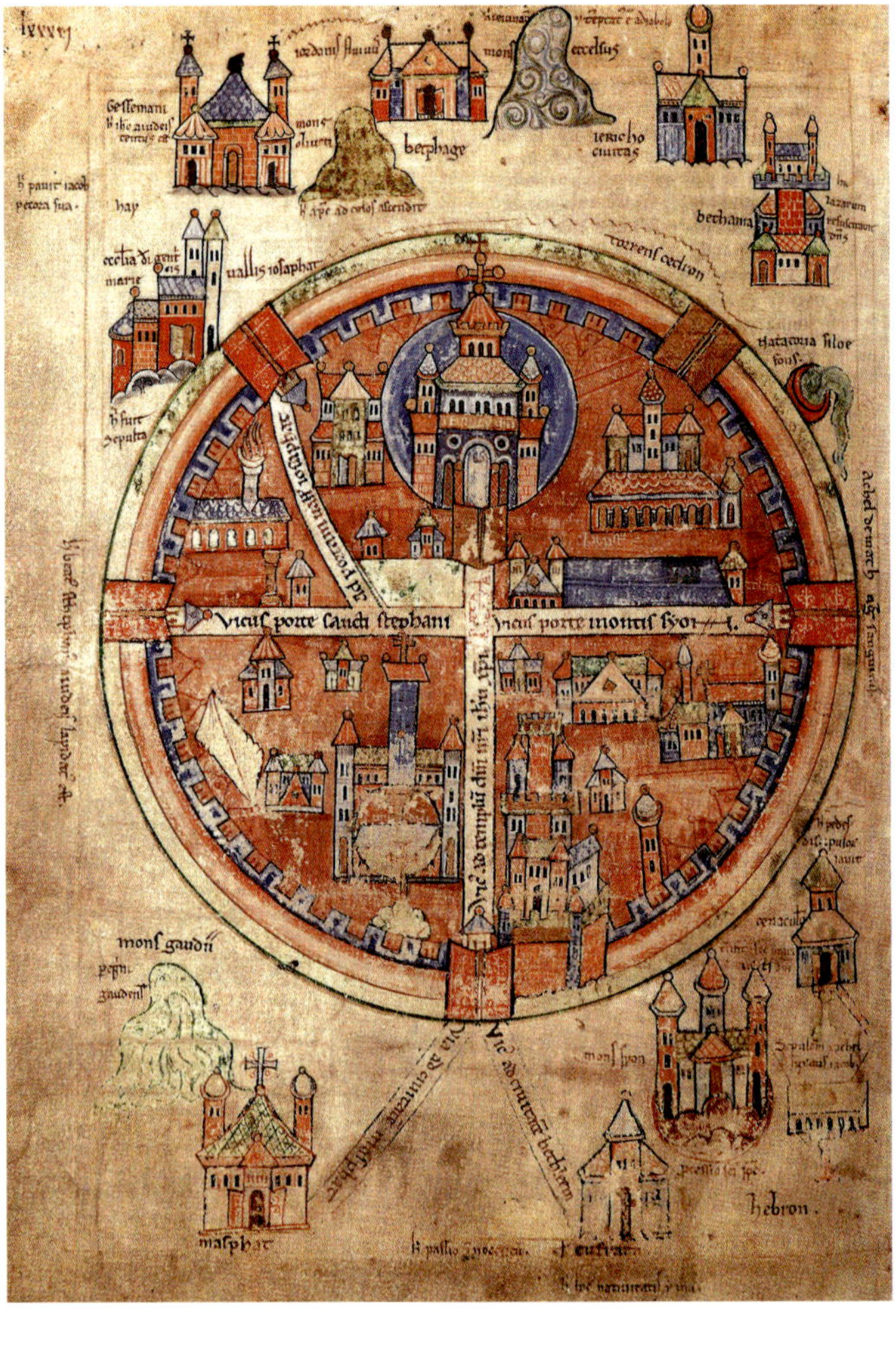

▶エルサレム地図

エルサレム王国の拡大

その統治下で、エルサレム王国はさらなる領土の拡大を遂げた。それを可能にしたのは、既に死去したウルバヌス二世の呼びかけに応じてその後も断続的に到来する十字軍士たちの存在だった。例えば、一一〇四年のアッコン（現アッコ）占領はジェノヴァ艦隊の、一一一〇年のシドン（現サイダ）占領はノルウ

▲ゴドフロワの死（上）とボードゥアン1世の戴冠式（下） 戴冠式を執り行っているのは、エルサレム総大司教となったダインベルト（在位1099～1101）である。
▼ラムラの戦い 1102年、ラムラの戦いでエルサレム王国軍はファーティマ朝軍を破った。なおこの戦いの中で、一度は十字軍から離脱したものの舞い戻ってきていたブロワ伯エティエンヌが戦死した。

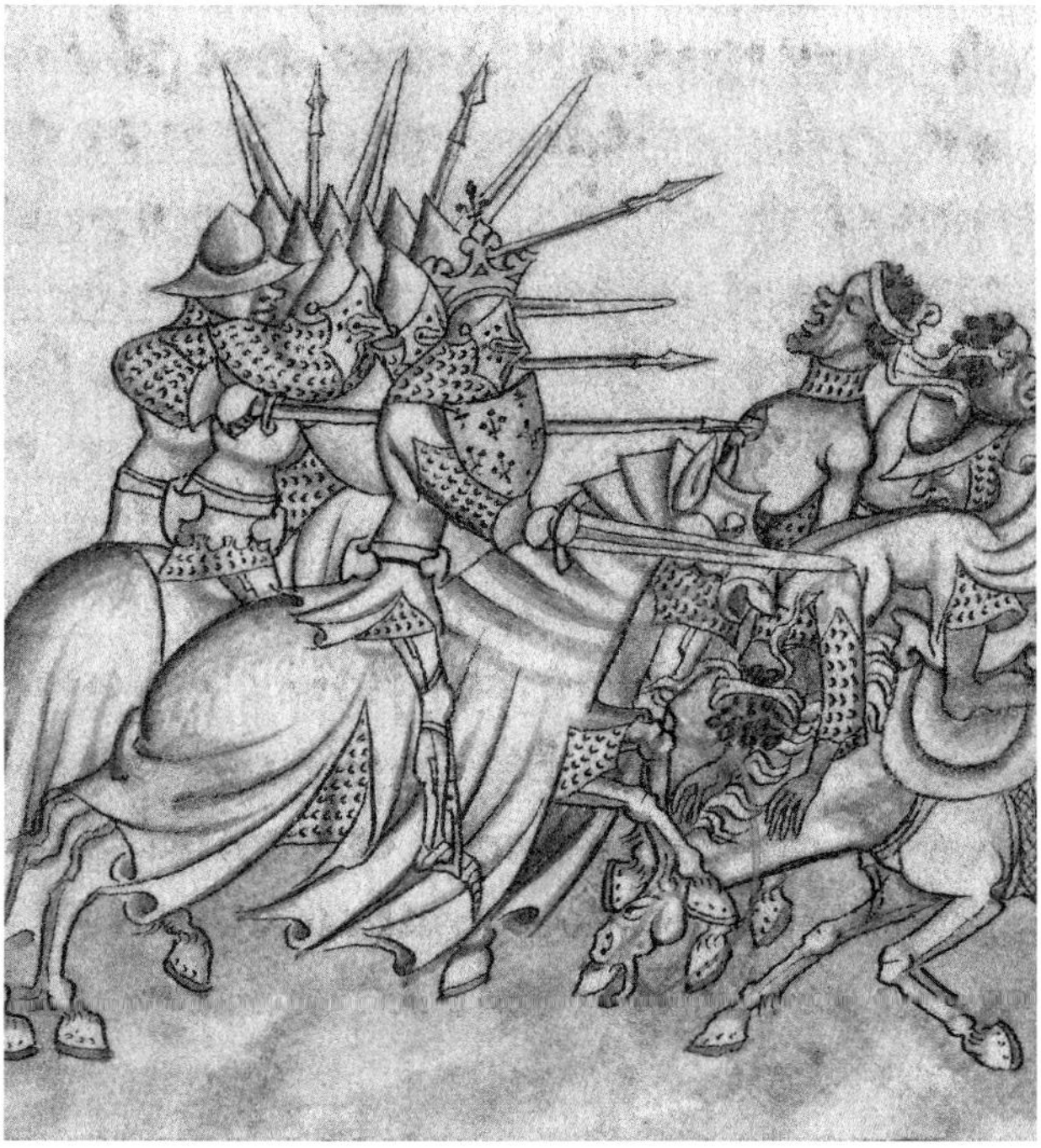

ェー国王シグル一世率いるノルウェー艦隊の賜であった。このようにして、ボードゥアン一世の時代には、ティール（現スール）とアスカロンを除く港町が、十字軍国家の支配下に入ることとなる。ボードゥアン一世は、兄と同様にエジプト攻略を試みるも、一一一八年四月二日、遠征の最中で死去した。

彼の後を継いだのは、同じくエデッサ伯であったボードゥアン・ド・ブルクであったが、ボードゥアン一世と同様に、その国王即位は円滑に進まなかった。ボードゥアン二世の場合、その国王即位の妨げとなったのは、貴族たちの反発であった。ボードゥアン一世には、ゴドフロワとともに十字軍に参加した長兄ユスターシュ三世・ド・ブーローニュがおり、貴族の一部は彼こそが次期国王となるべきであると強く主張した。最終的にはユスターシュ三世が国王即位を辞退したことでボードゥアン二世が即位することとなるが、重要なのは、彼がその即位に際して反対分子という不安材料を抱えていたことである。

即位から五年後、その不安は現実のものとなった。一一二三年、アレッポのアタ－・ベクのヌールッダウラ・バラク（ジャズィーラ総督イール・ガーズィー〔一〇六二頃～一一二二〕の甥）によって、ボードゥアンは捕縛され、約一年間に及ぶ捕虜期間（一一二三年四月一八日捕囚、二四年八月二九日釈放、二五年四月頃までに帰還）を過ごすこととなった。この間に再び反ボードゥアン二世派が活動し、彼らは新たな国王としてフランドル伯シャルル一世（在位一一一九～二七）を据えようとしたのである。ところが、このシャルル

▶**シグル一世**（在位一一〇三〜三〇）ヨルダン川を渡るボードゥアン一世（右）とノルウェー国王シグル一世・マグヌッソン。

▶**カエサレア占領** 一一〇一年五月、カエサレアの占領の際にも多くの血が流された（上）。アンティオキア侯ボエモンド一世（下中央）とエデッサ伯ボードゥアン二世（下右）も駆けつけたが、手持無沙汰でチェスに興じているところに、エルサレム国王ボードゥアン一世（下左）が挨拶しにやって来る。

ル一世も申し出を断ったため、ボードゥアンは事なきをえたが、様々な形での王権の強化政策が必要となった。

ボードゥアン二世の時代

ボードゥアン二世には、アルメニア人の妻モルフィアとの間に四人の娘がいた。長女のメリザンドは後に父の後を継ぐこととなり、四女のイヴェットは修道女となった。次女のアリクスはアンティオキア侯ボエモンド二世と結婚したが、その経緯は次のようである。

一一一九年、「血の平原の戦い」と呼ばれるサルマダ（もしくはバラート）の戦いで、幼少のアンティオキア侯ボエモンド二世の摂政であったサレルノ侯ルッジェーロが、イール・ガーズィー軍に敗れて没すると、新たな摂政としてボードゥアン二世がアンティオキア侯国の実権を握った。既に一一二六年にボエモンドは成年に達していたが、アリクスとボエモンドを結婚させることでボードゥアンは侯国に対する影響力を保持した。このことは、既にエルサレム国王の影響下に置かれていたエデッサ伯国とトリポリ伯国と合わせて、四つの十字軍国家がボードゥアン二世の下に統合されたことを意味する（なお、三女のオディエルヌは、ボードゥアン没後の一一三五年頃にトリポリ伯レーモン二世と結婚する）。

加えて、ボードゥアン二世の支持によってテンプル騎士修道会が誕生したことは、その後の十字軍国家にとって大きな意味を持つこととなった。後に十字軍国家における最有力貴族家系となるイブラン家の祖が擡頭してきたのも、その統治期である。そして、このような新興勢力の擡頭は、上級貴族（バロン）層の形成を促すこととなった。

またボードゥアン二世は、都市エルサレムの人口不足という問題を解消すべく、免税特権を付与することでシリア人のエルサレムへの移住や、ヨーロッパからの移住を促進するなどして、王国民の増加を図った。その結果として、ブルジョワ（教会人・騎士以外の都市住民）層が形成され、各都市において都市行政のシステムが整っていくこととなる。またボードゥアンの統治期に、軍事指揮官であるマレシャル（厩舎長）に元ムスリムのサード（生没年不詳）が登用されたり、アラブ人家系（アッラービー家）・アルメニア人家系（アルメヌス家）・グルジア人家系（ゲオルギウス家）といった現地人の家系も擡頭した。このように有能・有力な現地人を重用することが、王権の基盤を強固にするための政策の一つであった。ボードゥアン二世の政策は、政治的側面に限定されず、経済基盤の安定化にまで及んだ。関税を廃止することで、ムスリムも含む商人の活動の活性化が促された。また、フランク人による農村支配が本格化していくのも、この時期である。

　さて、前述の「血の平原の戦い」は、エルサレム国王とアンティオキア侯国との関係を強化した他に、次の二つのことをもたらした。

　まず一つは、フランク人によるティールの占領である。この戦いの報を耳にした教皇カリクストゥス二世（在位一一一九～二四）は十字軍を呼びかけ、これに呼応したのがヴェネツィア共和国であった。そして、ボードゥア

◀**捕虜の様子**　捕虜に与えられた選択肢は四つであった。図は命乞いをしているところで首を刎ねられた者（左）と、これから首を刎ねられようとする者（右）であるが、一般には保釈金を支払って釈放されることが多かった。その他の選択肢は、改宗することと奴隷となることである。

▼**ティール包囲戦**　ヴェネツィアからの十字軍の助力によって、一一二四年にティールを占領した。この結果、ヴェネツィアはティール領の三分の一を獲得することとなった。

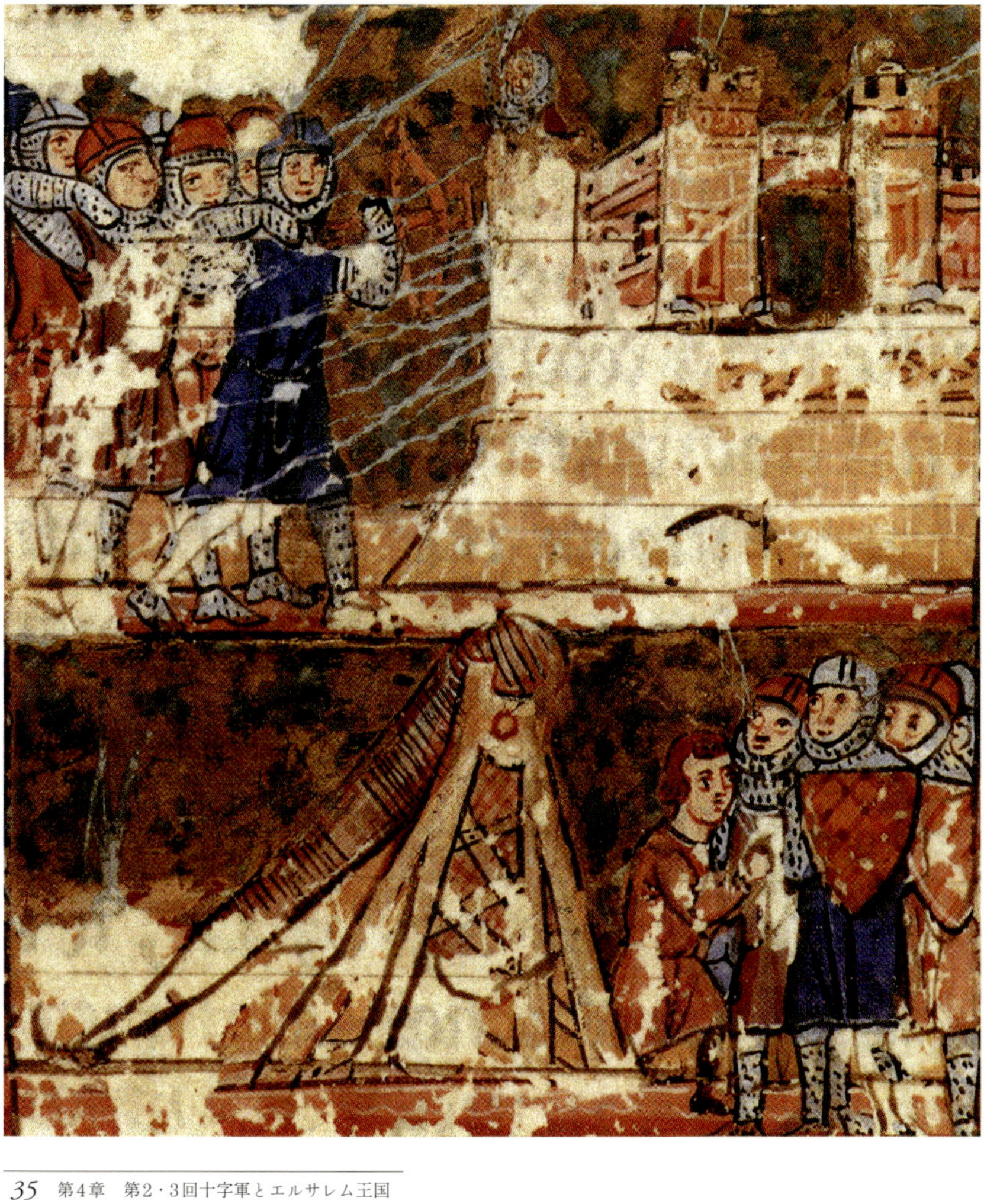

Column_❷

十字軍国家を支えた軍勢――騎士修道会とトゥルコポーレース

十字軍国家の軍隊の核が、封建君主たちとその家臣であったことは言うまでもない。また、断続的に到来する十字軍士たちも、それを増強した。しかし、血縁・血統に基づくがゆえに、彼らが安定した軍事力の供給源となることは難しかった。このような問題を慢性的に抱えた十字軍国家を軍事力の面で支えることになったのが、騎士修道会とトゥルコポーレースである。

シャンパーニュ出身の騎士ユーグ・ド・パイヤン(もしくはユーグ・ド・パン)を中心として、巡礼者の保護を目的とした兄弟団が、一一一九年にボードゥアン二世の許可の下で結成された。そしてクレルヴォー修道院長ベルナールの強力な支援のおかげで、一一二八年には教皇からの認可も得ることができた。こうして成立したのがテンプル騎士修道会であり、瞬く間に人員・経済力を蓄えていった。

テンプル騎士修道会成立に刺激される形で、聖ヨハネ修道会も騎士修道会化していった。既に一一一三年に、同修道会は教皇パスカリス二世(在位一〇九九〜一一一八)の認可を受けていたが、この時はあくまでもクセノドキウム(「病院」もしくは「宿坊」)としてであった。その後一一五〇年代までには、両騎士修道会は十字軍国家の軍事力を支える大きな柱となった。

そして、第三回十字軍に参加したブレーメンやリューベック出身の一団が、イスラーム軍に包囲されている最中のアッコンで聖母マリア施療院を設立し、一一九七年に展開された神聖ローマ皇帝ハインリヒ六世(在位一一九一〜九七)の十字軍の際に、同施療院は急速に軍事化してドイツ騎士修道会へと転身した。ここに、いわゆる三大騎士修道会が出そろうこととなった。

さて本文で触れたように、ボードゥアン二世は現地人を積極的に登用したが、彼らは一一六〇年頃までには没落していく。それと入れ替わるような形で擡頭してくるのが、トゥルコポーレースと呼ばれる集団である。トゥルコポーレースという用語自体は、ギリシア語で「トルコ人の息子たち」を意味する「トゥルコプロイ(τουρκόπουλοι)」を語源とするが、十字軍国家におけるそれは必ずしもトルコ人に限定されず、(短弓)軽装騎兵全般を示す。

▶ボードゥアン二世に謁見するユーグ・ド・パイヤン(一〇七〇頃〜一一三六、左から二人目)と、その仲間でフランドル出身の騎士のジョフロワ・ド・サントメール(生没年不詳、左)

その筆頭たちは都市内での居住を許されたが、トゥルコポーレースの多くは日常的には農民として生活した。従って、都市内に居住するフランク人と農民たちとの関係が密接でなければ、トゥルコポーレースが機能することはなかった。

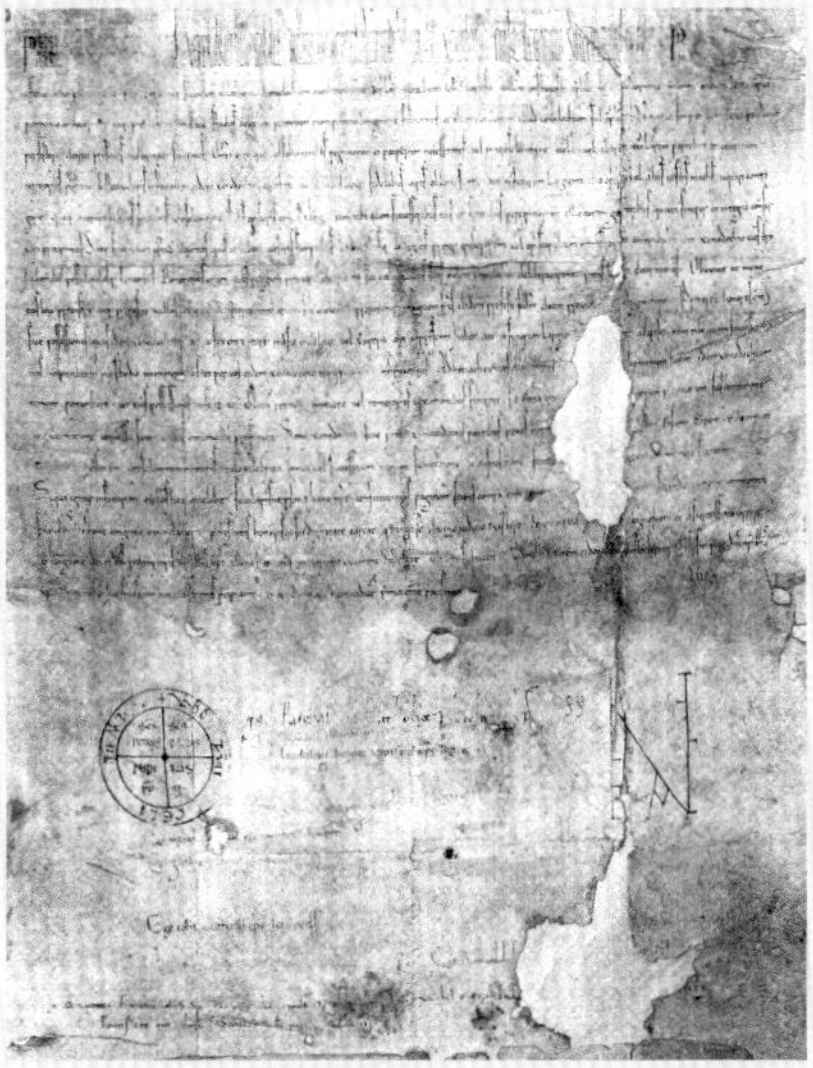

▲パスカリス2世による聖ヨハネ修道会の認可書

▶クレルヴォーの聖ベルナール（1090 ～ 1153） シトー会系クレルヴォー修道院長の聖ベルナールは、テンプル騎士修道会の認可だけでなく、第2回十字軍でも大きな役割を果たした。

▼クラック・デ・シュヴァリエ　1144年にクラック・デ・シュヴァリエを与えられた聖ヨハネ騎士修道会は、それを堅牢な城塞に造りあげた。その人員力と経済力の豊かさをうかがわせる。しかし、この城塞も1271年にマムルーク朝のスルタン、バイバルス（在位1260～77）によって占領された。

ンの捕囚中の一一二四年、ヴェネツィア艦隊がティールを包囲・占領したのである。

　もう一つは、それまではフランク人に押され気味であったイスラーム勢力の中に、ジハードの記憶を呼び起こさせたことである。当時はまだシリア地域におけるイスラーム勢力が分裂状態であったため、しばらくの時間を必要とさせたが、フランク人へのジハードという考えが、やがてイスラーム勢力の統一を導くこととなる。

2 エルサレム王国の分裂（フルク期）とイスラーム世界の統一

　一一三一年、ボードゥアン二世は死に際して、後継者としてメリザンドとその夫アンジュー伯フルク五世、そして前年に二人の間に生まれたボードゥアン（三世）を指名した。これはエルサレム国王位の継承権が、アンジュー伯家に移行するのを危惧しての処置であったが、エルサレム国王となったフルクは、アンジュー伯領から伴ってきた者たちを重用することで自らの王権の強化を図った。このような「新参者」の強権的な政策に対して、一一三四年にはヤッファ（現ヤッフォ）伯ユーグ二世・デュ・ピュイゼ（一一〇六頃～三四）が反乱を起こすなどして抵抗した。その結果、一一三八年までにはフルクの権力は抑えられ、代わってメリザンドの権力が大きくなった。一一四三年一一月一〇日にフルクが事故死すると、王位は息子ボードゥアンへと移った。しかし、当時の彼はまだ一二歳であったため、実権は摂政となった母メリザンドが握った。

　この間、シリアのイスラーム世界では、統一への動きが見られた。ただし、それはイール・ガーズィーを輩出したアルトゥク朝勢力

▶メリザンドの祈禱書　象牙で作られており、ダビデの生涯が彫られている。

▼ボードゥアン二世の死（上）とアンジュー伯フルク五世の戴冠式（下）

とエルサレム王国との同盟軍と、モースルのアミール総督であったイマードゥッディーン・ザンギー（一〇八七／八～一一四六）とのせめぎ合いの結果として生じたものであった。

ザンギーは、一一二八年にアレッポに入城してアターベク政権を樹立すると、次にアター・ベク政権ブーリー朝の支配下に置かれたダマスクスの支配を目指した。しかし、ダマスクスのアミールのムイーヌッディーン・ウヌル（在位一一三七～四九）は、エルサレム王国と提携してザンギーの野望を退けた。

このように、それぞれの勢力が、宗教という枠組みには固執せずに、生き残るための努力として様々な外交政策を展開したのであるが、エルサレム王国の一連の政策の主導権は、メリザンドが握っていた。というのも、権力独占の試みに失敗して以降のフルクは、メリザンドの助言なしでは何も行えなくなったからである。

▲ビザンツ皇帝ヨハネス２世・コムネノス（在位1118～43） ヴェネツィアとも抗争を繰り広げた。

エデッサ陥落

さてその一方で、ビザンツ皇帝ヨハネス二世コムネノスも、小アジアやシリア北部における支配権の回復を目指して、南進してきた。ダマスクス攻略に進展が見込めないために、ザンギーは北方の攻略に焦点を定め、一一四四年一二月にエデッサの町を降伏させることに成功した。このことは、イスラーム世界における対フランク人ジハードの意識をさらに高揚させたばかりでなく、ジハードの達成者としてのザンギーを英雄へと押し上げることとなった。

当時の十字軍国家では、一三歳で成人とみなされたため、当該年齢に達したボードゥアン三世にはもはや摂政は必要なかったが、母親のメリザンドは実権を握り続けていた。そのメリザンドが、エデッサ陥落の報を伝えるためにフランス国王ルイ七世の下に特使を派遣したことで、いわゆる第二回十字軍が組織されることとなった。

3 第二回十字軍

エデッサ陥落の報告を受け取ったルイ七世は、教皇エウゲニウス三世（在位一一四五～五三）に十字軍勅書を発するように要請した。一一四五年一二月一日、教皇は「いかに先人たちは（Quantum praedecessores）」を発布し、ルイ七世はそれに基づいて同年のクリスマスに、ブールジュの町で来るべき東方遠征のための会議を開催した。しかし参加者はほとんどおらず、ルイの計画は頓挫する。当時のフランス王権は、いまだ力強いものではなく、教皇も、市民の反乱によってローマを離れざるをえない状況にあった。

このブールジュ会議の失敗を受けて、教皇は自身の師にあたり、当時カリスマ的存在としてその名を轟かせていたクレルヴォー修道院長ベルナールに援助を仰ぐ。まずベルナールは「いかに先人たちは」を書き換え、それを一一四六年三月一日に教皇に再発布させた。それを基にしてヴェズレーで会議を開催し、フランス王国内の多くの諸侯たちの参加表明にこぎ着けた。その後もベルナールはヨーロッパ各地を行脚して、多くの参加者たちを獲得した（その際、彼はユダヤ人に対して攻撃しないようにも呼びかけた）。

その中でも特筆すべきは、教皇との関係が良好ではなかったドイツ国王コンラート三世

▶ダマスクス侵攻について協議するルイ七世（左）、コンラート三世（中央）、ボードゥアン三世（右）

の勧誘に成功したことである。ベルナールの成功を支えたのは、そのカリスマ性ばかりではない。そもそも十字軍とは贖罪（現世における罪の贖い）であったが、彼は、さらに来世における魂の救済も付け加えたのである。

ビザンツ皇帝マヌエル一世

フランス国王とドイツ国王の参加する軍事遠征には、多くの期待が寄せられた。第一回十字軍の主力部隊と同様に陸路をとった両者は、一一四七年秋にはコンスタンティノープルに到着したが、これはビザンツ皇帝の援軍要請によるものではなかった。当時のビザンツ皇帝マヌエル一世コムネノスは、父ヨハネス二世と同様に、小アジアやシリアにおける復権を狙っていた。同時に、シチリア国王ルッジェーロ二世（在位一一三〇～五四）とも戦闘状態にあった。

このような状況に置かれたマヌエルにとって、ヨーロッパからの軍勢は招かれざる客でしかなかった。マヌエル一世は、十字軍士たちに援助の提供を約束した上でコンスタンティノープルを通過させたが、彼が実際に提供したのは様々な計略であった。最も効果的だったのが、道案内役が敵陣近くなどで姿を消したことであった。一一四八年春にエルサレム王国に到達した十字軍士の数は、当初の十分の一にまで減っていた。

▶ビザンツ皇帝マヌエル一世コムネノス（在位一一四三～八〇、左）に謁見するドイツ国王コンラート三世　なお、マヌエル一世の后ベルタ・フォン・ズルツバハは、コンラート三世の后ゲルトルートの妹であった。

「罪深きゆえ」の敗北

同年六月二四日に開催されたアッコン会議において、進軍先がダマスクスに決定された。この時、エルサレム王国側の代表として列席したのは、長らくダマスクスとの同盟政策を推進してきたメリザンドではなく、ボードゥアン三世であった。この後に両者は激しく対立することになるが、その原因の一つがここにあった。

翌七月、十字軍士たちはダマスクスを包囲した。それに対して、ウヌルは長らく敵対していたザンギー朝勢力（一一四六年にザンギーは暗殺され、モースルは長男サイフッディーン・ガーズィー〔一一〇六／七～四九〕に、アレッポは次男ヌールッディーン・マフムード〔一一一八～七四〕に割譲されていた）に援軍を要請し、十字軍勢力を退けた。結果として第二回十字軍はイスラーム世界の統一、およびジハード精神のさらなる高揚を後押しすることとなったが、十字軍の歴史にもたらした変化はそれだけではない。

ベルナールが呼びかけた十字軍は、東方遠征のみではなかった。当時のヨーロッパ世界において、イベリア半島ではレコンキスタが、ドイツ北東部ではスラヴ系の異教徒ヴェンド人の討伐活動が展開されていた。キリスト教世界の防衛にとって重要な戦いを展開しているこれら地域の人々に対して、ベルナールは聖地で戦うことと同等の権利が獲得されることを認めたのであった。一一四七年には、教皇も特権の付与という形でそれを追認した。レコンキスタに対する特権の付与は必ずしも新しいものではないが、この段階において、聖地十字軍と非聖地十字軍が、肩を並べることになったのである。

また、第二回十字軍に対する人々の期待が高かった分だけ、その失敗に対する失望も大きく、批判の的はベルナールに集中することとなった。これに対して彼は、『熟慮について（*De consideratione*）』の中で、失敗の原因を「キリスト教徒の罪深さ」に帰している。すなわち、直接・間接に十字軍に関与した者たちが罪深かったがゆえに神が勝利を許さなかった、というのである。逆にこのことは、十字軍を成功させるためには、まずはキリスト教徒の罪の浄化が必要であることを意味する。一般に、第二回十字軍は、失敗という結末のみが語られがちであるが、十字軍の歴史においては実に大きな転換点の一つだったのである。

Column_❸

レコンキスタとバルト十字軍

▲十字軍士たち　マヨルカに向けて進軍する、アラゴン国王兼バルセロナ伯ハイメ１世「征服王」（在位1213～76、モンペリエ領主位1219～76）指揮下の十字軍士たち。

一一四七年、イベリア半島南部を支配していたベルベル系イスラーム王朝のムラービト朝が、同じくベルベル系のムワッヒド朝に取って代わられた。一方のキリスト教国家は、一一四三年、カスティーリャ国王兼レオン国王アルフォンソ七世（在位一一二六～五七）の下から、ポルトガル王国が独立した。アルフォンソ七世の死後にはカスティーリャ国王とレオン国王は再び分裂したものの、積極的な南下政策をとるようになった。

このように、第二回十字軍を呼びかける過程で十字軍に位置づけられたレコンキスタでは、一一四〇年代から大きな動きが見られるようになる。ピレネー以北からレコンキスタに身を投じる十字軍士の数は必ずしも多くなかったものの、イベリア半島に多くの騎士修道会領が設置されたことが、レコンキスタの推進を大きく支えた。

カスティーリャ国王アルフォンソ八世(在位一一五八～一二一四)は、一一九五年のアラルコスの戦いで敗北するも、ナバラ王国やアラゴン王国との同盟軍で臨んだ一二一二年のナバス・デ・トロサの戦いにおける勝利によって、レコンキスタの大勢を決した。アルフォンソ一〇世（在位一二五二～八四）の統治期には、イスラーム勢力はナスル朝グラナダ王国を残すのみとなり、事実上レコンキスタは完了した。ポルトガル王国も、一二四八年までにはアルガルヴェ地方の制圧を終えていた。アラゴン国王ハイメ一世は、バレンシアやバレアレス諸島を支配下に収め、地中海進出の基盤を形成した。

レコンキスタと同じく十字軍に位置づけられたヴェンド十字軍は、その後の一一九〇年代からより規模を大きくしたバルト十字軍として展開されることとなる。一二二〇年までにはデンマーク王国軍がエストニア北部を、三〇年までにはリガ大司教アルベルト（一一六五頃～一二二九）がリヴォニア（ラトビア）を制圧した。また一二四〇～九二年には、スウェーデン王国軍がフィンランドに侵攻した。イベリア半島と同様に、これらにおいても騎士修道会組織が活躍した。

異教徒の世界として残ったのは、リトアニアおよび、そのポーランドとの間の地であるプロイセンであった。そこにおける十字軍運動は、一二二六年以降、ドイツ騎士修道会が中心となって展開されていくことになるが、それについては後で見ることとしよう（本書第6章第1節）。

主立った騎士修道会（三大騎士修道会を除く）

イベリア半島	カラトラヴァ騎士修道会	1164 ～ 1487	スペイン国王の管轄下で統合
	聖ヤコブ（サンチャゴ）騎士修道会	1170 ～ 1493	
	アルカンタラ騎士修道会	1177 ～ 1523	
バルト海沿岸	リヴォニア帯剣騎士修道会	1202 ～ 1237	ドイツ騎士修道会に吸収
	ドブジン騎士修道会	1228 ～ 1240	ドイツ騎士修道会に吸収
十字軍国家	聖ラザロ（騎士）修道会	1119 ～ 1572	聖モーリス騎士団と統合
	聖トマス騎士修道会	1191 ～ 1538	リチャード1世によって創設、ヘンリ8世によって解体

▲**トマールのキリスト教修道院**　12世紀半ば頃にテンプル騎士修道会によって建設された。テンプル騎士修道会の解体後も、キリスト騎士修道会として名称を改められた組織によって維持・管理された。

4 エルサレム王国の内紛 ――ボードゥアン三世〜ギー・ド・リュジニャン期

一一五〇年、メリザンドとボードゥアン三世の対立は、王国を二分する内紛状態へと発展した。エルサレムを拠点としたメリザンドは、教会人・聖ヨハネ騎士修道会・ジェノヴァ、そして次男アモーリーの支持を得た。かたや、アッコンを拠点にしたボードゥアン三世側には、世俗諸侯・テンプル騎士修道会・ヴェネツィアがついた。最終的には一一五二年にボードゥアンがエルサレムを制圧することで事は収まるが、この間に表面化した対立構造は、その後も王国を苦しめることとなった。

▲**マヌエルとマリーの結婚**　1159年に后のベルタが死去し、61年のクリスマス、ビザンツ皇帝マヌエル1世コムネノスと、アンティオキア侯ボエモンド3世の妹マリーとの婚姻の儀がなされた。この時期、ビザンツ帝国と十字軍国家は様々な婚姻関係を結ぶことで、国家間の関係強化を図っていた。

ボードゥアン三世の毒殺

この間、イスラーム世界では、ザンギーの息子ヌールッディーンがシリア地域の統一を進めており、一一五四年にはついにダマスクスを支配下に収めることに成功した。ヌールッディーンは、一一五七年にはエルサレム王国の有力諸侯たちを、また六一年にはアンティオキア侯ボエモンド三世を捕縛するなどして、十字軍国家を苦しめた。

親政を始めたボードゥアン三世は北部地域の安定化を図り、一一五八年にはビザンツ皇帝ヨハネス二世の孫テオドラを妻に迎えることで、長年敵対していたビザンツ帝国との関係を修復した。しかし一一六三年、トリポリ伯レーモン三世の主治医であったバラクの処方した薬を飲んだ結果、ボードゥアン三世は死去した。その薬とは、毒であった。そして、弟のアモーリーが即位した。血統上では何も問題はなかったが、ボードゥアン三世とメリザンドとの対立時に後者を支持したアモーリーの戴冠式には、多くの世俗諸侯たちは出席しなかった。

アモーリーの放棄

不安定な船出となったアモーリーの政策は、次の三つであった。まず一つは、リージュ法(Assise sur la ligece)の施行である。リージュ法とは、国王から見て直接の家臣(直臣)の家臣(陪臣)たちも、国王に対して忠誠を誓わねばならないことを定めたものである。これによってアモーリーは、貴族層を形成する直臣層を牽制した。

二つ目は、彼に反発した世俗諸侯の穴を埋めるべく、新たにヨーロッパから渡来した「新

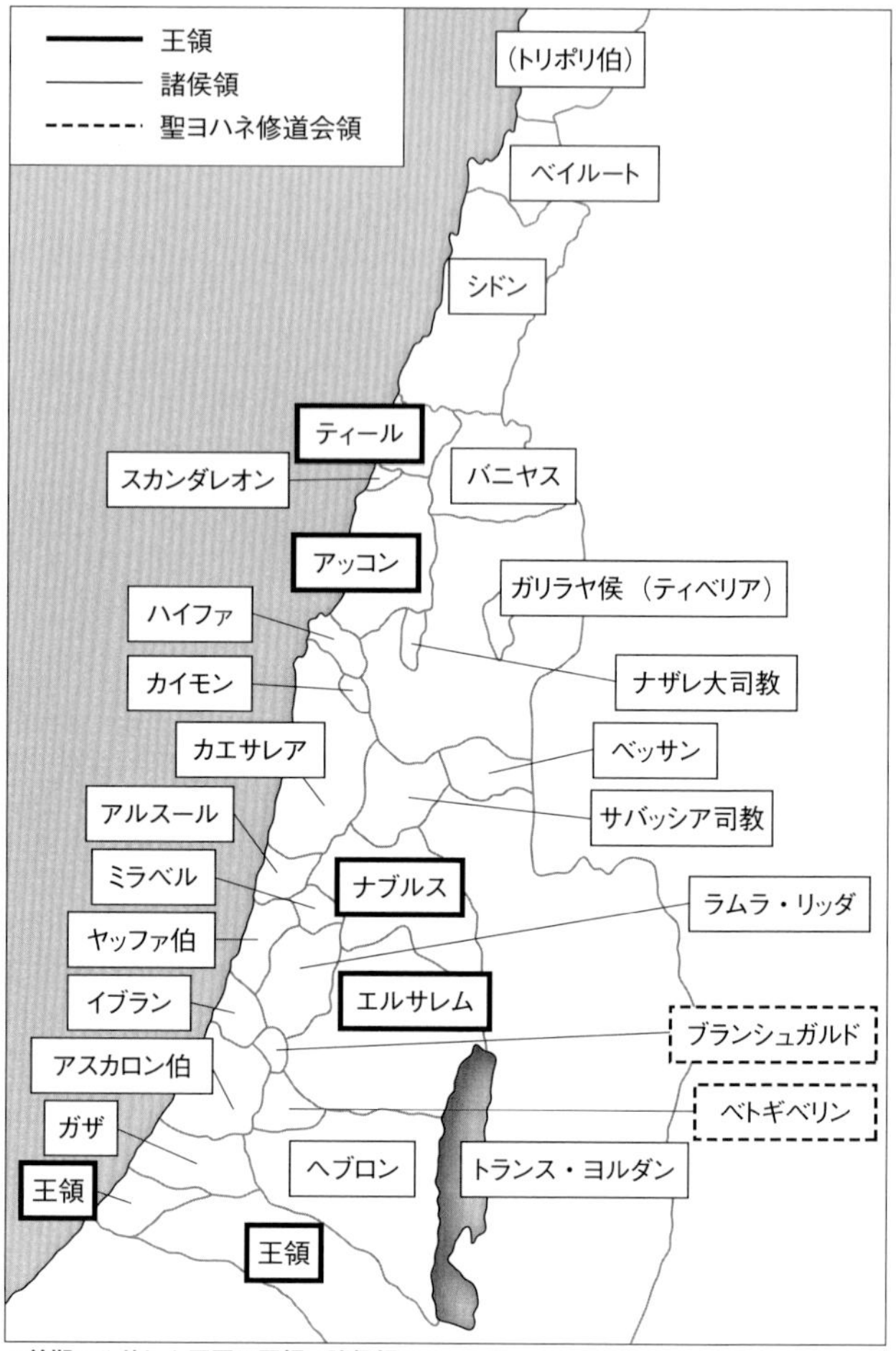

▲前期エルサレム王国の国領・諸侯領

参者」を重用したことである。その中には、後にエルサレム国王となる兄エメリーと弟ギーのリュジニャン兄弟や、元アンティオキア侯のルノー・ド・シャティヨンなどが含まれていた。必ずしも明瞭に線引きできるわけではないが、十字軍国家で生まれ育った貴族層（バロン派）と、新参者からなる貴族層（王党派）との対立は、その後の王国を苦しめることとなる。

　そして三つ目は、有能かつ強力な軍事指揮官としての姿を見せるべく、エジプト侵攻を推し進めたことである。この背後には、兄ボードゥアン三世と同様、一一六七年にビザンツ皇帝家のマリア・コムネナとの婚姻を通じて同帝国との関係を安定させることにより、北方のイスラーム勢力を牽制できたこともあった。

エジプト争奪戦

　さかのぼって一一五三年、ボードゥアン三世の指揮下で、ファーティマ朝がシリアおよびパレスチナの沿岸地域で唯一死守していたアスカロンを、苦難の末に占領した。そして新たに誕生したアスカロン伯領は、アモーリーに委ねられた。アスカロン陥落は、エジプト侵攻の入り口であり、アモーリーは国王に即位するやいなやそれを実行し、一一六九年までの間に計五回の大規模な軍事遠征を行った。

　ただし、これはヌールッディーンのエジプト政策も刺激した。アモーリーは一時的にエジプトを保護領とすることに成功するも、一一六九年、ヌールッディーンの派遣したシールクーフの甥サラーフッディーンがエジプトの実権を握ることで、最終的にはエジプト争奪戦はヌールッディーンの勝利に終わった。しかし同年、サラーフッディーンが新たな王朝（アイユーブ朝）を創設するにおよんで、ヌールッディーンとの関係は悪化した。

　言わば三竦《すく》みの状態となったが、一一七四年五月にはヌールッディーンが、そして同年七月にはアモーリーが死去することで、状況は変化していった。ヌールッディーンの後を継いだのは当時まだ一一歳のアッサリフ・イスマイル（一一六四～八一）であり、ザンギー朝は求心力を失うこととなった。一方のアモーリーの後を継いで即位したのは、嗣子のボードゥアン四世であった。既に成年に達していた彼には、摂政は必要なかったが、彼は九歳頃からハンセン病の兆候を見せ、病は進行した。ボードゥアン四世は一七歳の時、フランス国王ルイ七世に宛てた書簡の中で、「手足の自由を奪われ、統治活動に支障が生じております。もしナアマンの病（ハンセン病）が癒されるならば、ヨルダン川の水で七度身を清めましょう。しかし目下のところ、私の病を癒してくれるエリシャ（旧約聖書に登場する預言者の一人）は現れておりません」と綴っている。そしてティール大司教ギヨーム（在位一一七五～八六）は、一一八三年時のボードゥアンの病状を、「病の恐るべき兆候が露わになった。手足と顔面が特にやられた。ナザレにいる時、国王は激しい熱に襲われた。彼の視力は失われ、手足は潰瘍で覆い尽くされたので、手足を動かすことができなくなった。肉体的にはもはや不能であったが、国王はその高貴なる精神力のみで王国の命運を肩に負っていた」と記している。

ビザンツ帝国との関係悪化

ボードゥアン四世を苦しめていたのは病だけではなかった。トリポリ伯レーモン三世を中心とするバロン派と、ボードゥアン四世の姉シビーユとの結婚を通じて王位継承権を得たギー・ド・リュジニャンを中心とする王党派との間で展開された、病に苦しむ国王の摂

▲ビルベイス包囲　1168年、アモーリーはエジプト北東部の都市ビルベイスを包囲した。

▼サラーフッディーン（1137頃～93）　アサドゥッディーン・シールクーフ（？～1169年）の甥サラーフッディーン（本名ユースフ・ブン・アイユーブ）。いずれも、クルド人である。

政権を巡る争いが完全に表面化していた。その争いはやがて、国王位を巡る争いへと移行する。このような内紛に苦しむエルサレム王国は、ザンギー朝勢力と同盟を結ぶことでアイユーブ朝に対抗した。シリア進出を狙うサラーフッディーンとボードゥアン四世との戦いは、まさに一進一退の攻防であったが、情勢はサラーフッディーン側に傾いていく。この背景の一つには、当時のビザンツ帝国の状況もあった。

　先に述べたように、マヌエル一世は、婚姻政策を通じて十字軍国家との関係修復を図り、シリアおよびパレスチナへの影響力を強めようとしていた。しかしシチリア王国との闘争は続き、また、交易権を巡ってヴェネツィアとも対立したため、領内のヴェネツィア人を追放した。

　また小アジアにおいても、一一七六年のミ

▶ボードゥアン四世がアスカロン近郊でサラーフッディーンを打ち破る　ボードゥアン四世は、病状は進行したが、彼は騎士としての鍛錬を怠らず、主治医であったアラブ人のアブー・スライマーン・ダウードから膝だけでの馬の乗り方を教わるなどした。

▲アモーリーの死（上）とボードゥアン四世「癩王」の戴冠式（下）　ボードゥアン四世の家庭教師を務めていたティール大司教ギヨームは、「ある日、彼が貴族の子供たちと遊んでいる時のこと、彼らはお互いの腕を爪先でつねり始めた。他の少年たちは泣き叫んでその痛みを露わにするのに対し、ボードゥアンはあたかも何も感じないかのように痛みにじっと耐えていた。最初、それは感覚の欠如ではなく痛みに耐える彼の能力であると私は思った。しかし、彼を呼び問うてみると、彼の右腕が部分的に麻痺しており、従ってつねっても噛んでもまったく痛みを感じないということがわかった」と記している。

ユリオケファロンの戦いで、ビザンツ帝国はザンギー朝と敵対するルーム・セルジューク朝（小アジアにおけるセルジューク朝政権）のクルチ・アルスラーン二世（在位一一五六〜九二）に敗北し、小アジアへの影響力を失った。

マヌエルの後を継いだ幼王アレクシオス二世コムネノス（在位一一八〇〜八三）を排して皇帝位に就いたアンドロニコス一世コムネノスは、マヌエル以上にラテン人の弾圧を行った結果として、シチリア国王グリエルモ二世（在位一一六六〜八九）の侵攻を受けてバルカン半島の一部を失うなどした。最終的にアンドロニコスは住民暴動の中で殺害され、

◀**ギーとシビーユの結婚式**　ギー・ド・リュジニャンとシビーユとの結婚式は、一一八〇年に行われた（下）。上段は、それを憂慮するアンティオキア侯ボエモンド三世（中央）と、トリポリ伯レーモン三世（右）。

▶**住民に殺害されるアンドロニコス一世コムネノス**（在位一一八三〜八五）

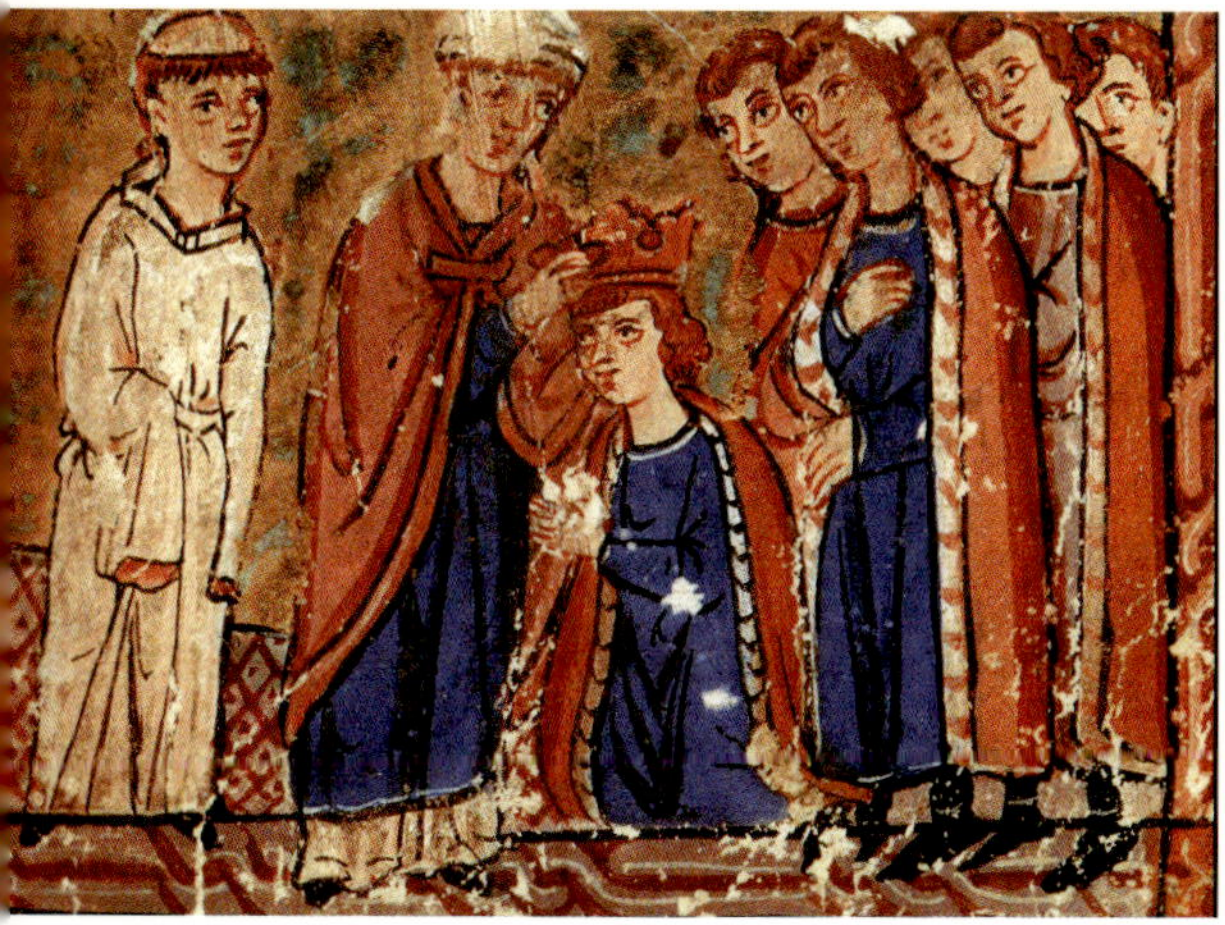

◀**ボードゥアン五世の戴冠式**　九歳で即位した彼は、翌年に没した。

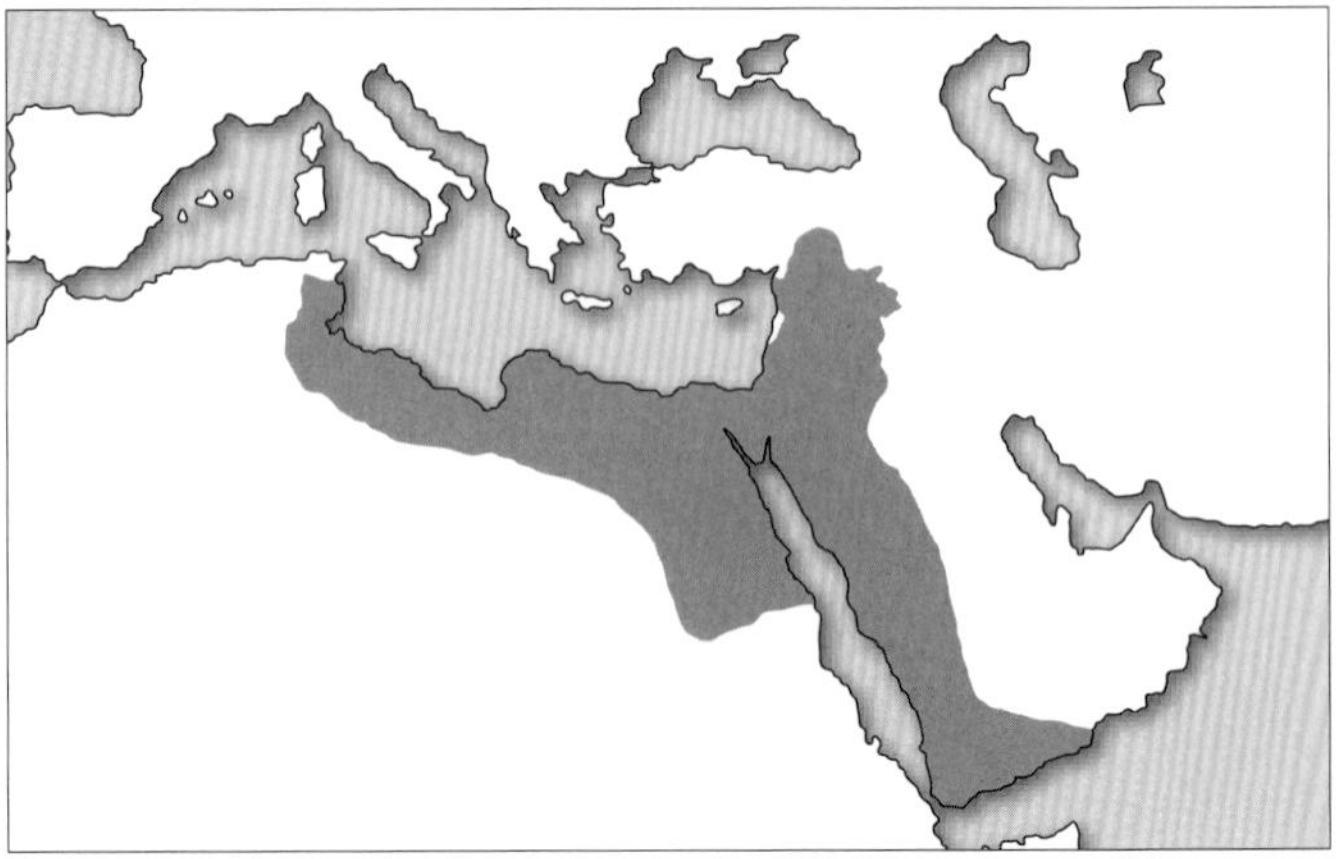

▲アイユーブ朝の最大版図

反乱勢力を統率したイサキオス二世アンゲロスが皇帝に登位した。

ここでのポイントは、ビザンツ帝国の小アジア方面における影響力の低下と、ビザンツ帝国と十字軍国家、ひいてはヨーロッパ勢力との関係悪化である。なお後者は、後の第四回十字軍の動向に大きな影響を与えることとなる。

以上のような状況において、サラーフッディーンの優勢は加速した。一一八三年にはアレッポが、八六年にはモースルが制圧され、エジプトとシリアにまたがるイスラーム世界が統一された。一一八五〜八六年の間、病に苦しんでいたサラーフッディーンは、十字軍国家と休戦条約を結んだが、一一八七年初頭には回復した。あとは、十字軍国家に侵攻するきっかけさえあればよかったのである。

▶**イサキオス二世アンゲロス**（在位一一八五〜九五、一二〇三〜〇四）第四回十字軍の中での登場人物の一人である。

5 第三回十字軍

第二回十字軍に参加したシャンパーニュ出身の騎士ルノー・ド・シャティヨンは、アンティオキア侯位継承権を持つコンスタンスとの婚姻を通じて、一一五三年にアンティオキア侯となった。一一六〇年、彼はヌールッディーンとの戦いに敗れて、一六年間の捕虜生活を送っていた。一一六三年にコンスタンスが死去したため、保釈後の彼にはアンティオキア侯位は残されていなかったが、その後ルノー・ド・シャティヨンは、広大なモンレアル（トランス・ヨルダン）領を領有するフィリップ・ド・ミイィの娘エティエネットとの婚姻を通じてモンレアル領主となる。そして度々領内を通過するキャラバンを襲撃したばかりでなく、メッカやメディナに侵攻する素振りすら見せた。ルノーが休戦協定下の一一八七年初頭に行ったこのキャラバン攻撃は、病気から回復したばかりのサラーフッディーンにとって、十字軍国家に進軍するためのジハードを提唱する絶好の機会となった。

サラーフッディーン

一一八七年六月三〇日、サラーフッディーンは一万二〇〇〇の騎兵を含む三万の軍勢を率いてヨルダン川を越え、ティベリアの町を制圧した。これに対してギー・ド・リュジニャンは、同じく一万二〇〇〇の騎士を含む二万の軍勢を率いてティベリアの解放を目指した。

しかし、水の補給が困難な場所に陣を張らざるをえなくなったギー軍は、不利な状況に追い込まれた。同年七月四日、ティベリアの西に位置するハッティーン（ヒッティン）の地における戦いは、サラーフッディーン軍の大勝利に終わった。トリポリ伯レーモン三世のみが逃れることに成功し、ギーを始めとするほとんどの者たちが捕虜となった。六日後にはアッコンが陥落し、まもなくヤッファも占領された。九月五日にはアスカロンが、一〇月二日にはエルサレムも制圧された。

　エルサレム王国に残されたのは、ティールのみとなった。その間、サラーフッディーンの軍勢は北方へも進軍し、トリポリ伯国も多くの領土を失った。アンティオキア侯国は、支配領域の約三分の一を失った一一八八年九月二六日、サラーフッディーンと休戦協定を結ぶことで、ようやくその命運を保つことができた。サラーフッディーンの意図の中には、アンティオキア侯国を防波堤とすることで、戦闘の多極面化を避けることもあった。

　さてティールを防衛できたのは、モンフェッラート辺境伯コッラードの到来の賜であった。コッラードの父グリエルモ五世（一一一〇頃～九一）は、甥に当たるフランス国王ルイ七世とともに、第二回十字軍に参加している。この時に東方世界との間にパイプを築いたようで、一一七六年に長男である「長刀の」グリエルモ・デル・モンフェッラート（一一四〇頃～七七）が、エルサレム王位継承権を持つシビーユと結婚し、後のボードゥアン五世を授かった。

▲12世紀半ば頃の十字軍国家

　グリエルモ五世は、孫の戴冠式に列席するため、モンフェッラート辺境伯領を次男コッラードと三男ボニファーチョ一世（一一五〇頃～一二〇七）に委ねて東方に向かったが、その後のハッティーンの戦いで捕虜となった。コッラードは、一一八七年初頭、ビザンツ皇帝イサキオス二世からの打診により、その姉のテオドラと結婚するためにコンスタンティノープルを訪れた。そして父グリエルモ五世を追ってティールに到着した、まさにその時、サラーフッディーンが町を攻撃している最中であった。サラーフッディーンは捕虜となったグリエルモ五世を盾にして屈服を迫るも、コッラードはそれをはねのけた。そして、彼は東方世界の危機的状況を西方に告げるために、ティール大司教ヨスキウス（在位一一八六～九八）を派遣した。

第三回十字軍前夜

　まずシチリア国王グリエルモ二世（在位一一六六～八九）に謁見したヨスキウスは、シチリア艦隊の派遣の約束を取り付けた。ローマでは、エルサレム陥落の報告を耳にして急死した教皇ウルバヌス三世（在位一一八五～八七）の後を継いだグレゴリウス八世（在位一一八七）が、十字軍勅書「恐るべき災禍を耳にして（Audita tremendi）」を発布する。当時、フランスとイングランドは対立状態にあったが、ヨスキウスはフランス国王フィリップ二世尊厳王、および当時はまだポワトゥー伯であった後のイングランド国王リチャード一世獅子心王、さらにはフランドル伯フィリップ一世・ダルザスをジゾールの地に招いて和睦させ、東方遠征を誓わせることに成功した。

その後の一一八八年三月、神聖ローマ皇帝フリードリヒ一世が十字軍への参加を表明する。その背後には、一一八四年に結ばれた息子ハインリヒ（六世）とシチリア国王ルッジェーロ二世の娘コンスタンツァとの婚姻を通じたシチリア王国との関係もあった。ここに、いわゆる第三回十字軍の主人公たちがそろうこととなった。

フリードリヒ一世の死

フリードリヒが十字軍宣誓を行った頃、多額の身代金の支払いとサラーフッディーンに対して攻撃をしないことを条件に釈放されたギーは、ティールに向かったが、コッラードは入市を拒否した。行き場を失ったギーは、翌一一八九年八月、いち早く西方から到来していた軍勢とともにアッコン攻略を試みる。それは容易ではなかったが、ギーたちが事を優位に進められた背景には、フリードリヒ一世の存在があった。

一一八九年五月にレーゲンスブルクを発ったフリードリヒは、コンスタンティノープルを迂回する形で陸路で小アジアに至った。彼

▲自分を諫めたアンティオキア総大司教を非難するルノー・ド・シャティヨン（1125頃～87）　ハッティーンの戦いで捕虜となった彼は、すぐさま処刑された。

▼ハッティーンの戦い（1187）　左側がサラーフッディーン、右側がギー・ド・リュジニャン。

の出陣を知ったサラーフッディーンが、先手を打つ形でビザンツ皇帝イサキオス二世と同盟を結んだからである。しかし一一九〇年六月、フリードリヒ一世は小アジアの出口にさしかかろうとするも、セレフ（ギョクス）川にて溺死してしまった。そのため、フリードリヒ一世とともに十字軍に参加していた息子のシュヴァーベン大公フリードリヒ六世（在位一一七〇～九一）が軍を統率した。フリードリヒ一世の死によって多くの者は帰郷し、当初は一〇数万と言われた軍勢も五〇〇〇人程度にまでその数を減らしてしまったが、神聖ローマ皇帝の脅威は、サラーフッディーンの注意を小アジア方面に集中させるのには十分であった。

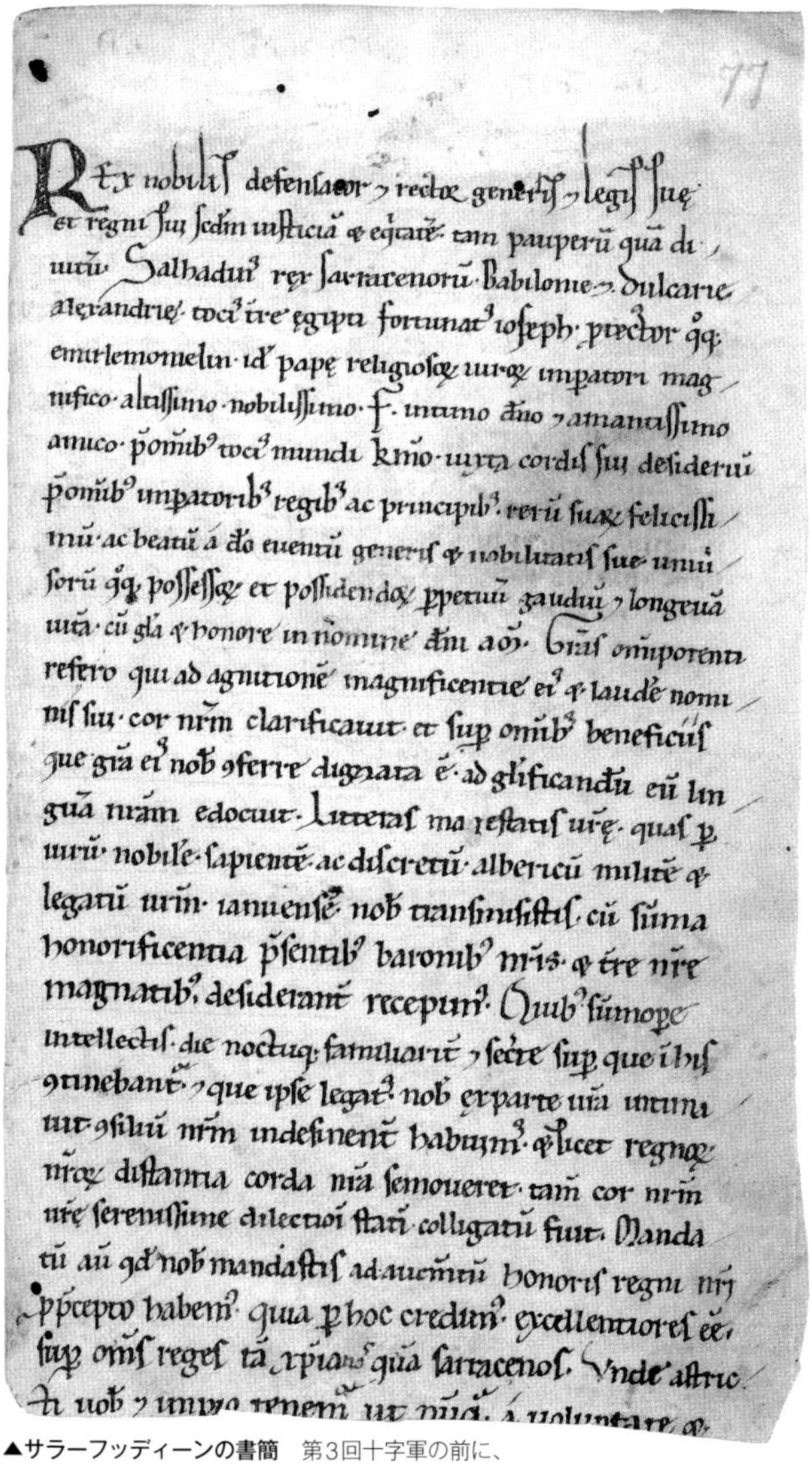
Rex nobilis defensator et rector generis legis sue et regni sui secundum iusticiam et equitatem tam pauperum quam divitum Salhadinus rex sarracenorum Babilonie et dulcarie alexandrie totius terre egypti fortunatus ioseph procter qq emirlemomelin id est pape religiose viro et imperatori magnifico altissimo nobilissimo F. intimo domino et amantissimo amico potentibus totius mundi kario iuxta cordis sui desiderium potentibus imperatoribus regibus ac principibus rerum suarum felicissimum ac beatum a deo eventum generis et nobilitatis sue unum sorum qq possessorum et possidendorum perpetuum gaudium et longevam vitam cum gloria et honore in nomine domini amen. Gratias omnipotenti refero qui ad agnitionem magnificentie eius et laudem nominis sui cor nostrum clarificavit et super omnibus beneficiis que gratia eius nobis conferre dignata est ad glorificandum eum linguam nostram edocuit. Litteras maiestatis vestre quas per virum nobilem sapientem ac discretum albericum militem et legatum vestrum ianuensem nobis transmisistis cum summa honorificentia presentibus baronibus nostris et terre nostre magnatibus desiderantes recepimus. Quibus summopere intellectis die noctuque familiariter et secrete super que in his continebantur et que ipse legatus nobis ex parte vestra intimavit consilium nostrum indesinenter habuimus. Et licet regnorum nostrorum distantia corda nostra semoveret tamen cor nostrum vestre serenissime dilectioni statim colligatum fuit. Mandatum autem quod nobis mandastis ad augmentum honoris regni nostri percepto habemus quia per hoc credimus excellentiores esse super omnes reges tam christianos quam sarracenos. Unde astricti nobis et unito tenemur ut nunquam a voluntate

▲**サラーフッディーンの書簡**　第3回十字軍の前に、サラーフッディーンが神聖ローマ皇帝フリードリヒ１世に送ったとされる書簡。サラーフッディーンは、フリードリヒの十字軍参加を最も恐れていた。

キプロス島制圧とアッコン陥落

フリードリヒの死の翌月、相争っていたフィリップ二世とリチャード一世（イングランド王）が、それぞれに出立した。ともに海路での遠征であったが、一一九一年四月、先に目的地に到着し、アッコン包囲軍に合流したのはフィリップだった。リチャード一世は、道中、キプロス島での足止めを余儀なくされたからである。

当時のキプロス島はビザンツ皇帝家（アンゲロス家）に抵抗するイサキオス・コムネノス（一一五五頃～九五）の統制下にあったが、彼によってリチャードの船団の一部が拿捕《だほ》されてしまったのである。一度は返還に応じたイサキオスだが、結局その約束を破ったため、激怒したリチャード一世は約三週間でキプロス島を制圧した。同年六月、リチャードもアッコン包囲に参戦し、翌七月にはようやくアッコンが陥落したが、間もなくフィリップは帰郷してしまった。

あとは、残されたリチャードとサラーフッディーンとの間での一進一退の攻防が繰り広げられることとなる。最終的には、一一九二年九月、両者の間で三年間の休戦協定（ヤッファ協定）が締結され、エルサレム王国はティールからヤッファに至る沿岸部を回復し、その命運を保つことができた。エルサレム巡礼者には安全が保証されたものの、聖都そのものはキリスト教徒の手に戻らなかった。内陸部に位置するエルサレムを維持するのは困難であるとのリチャードの判断による措置であったが、これがやがて、第四回十字軍の動機となる。

こうしてサラーフッディーンとの戦いには一つの決着を付けたリチャード一世だったが、彼にはまだ大きな仕事が残されていた。エルサレム王国における政治的秩序の回復である。

▲フランス国王フィリップ二世尊厳王（在位一一八〇～一二二三、左）とイングランド国王リチャード一世獅子王（在位一一八九～九九、右）

▲フリードリヒ一世バルバロッサ（赤髭王）（在位一一五二～九〇）　彼の時から、「ローマ皇帝」の称号に「神聖なる（Sacer）」という形容詞をつけ始めた。

6 後期エルサレム王国の船出

都市エルサレムは失われたが、エルサレム王国は復活した。これ以降を後期エルサレム王国と、ここでは呼んでおこう。その船出は、ティールを死守したコッラードと、アッコンを回復したギーとの間の激しい対立から始まる。

　第三回十字軍の最中の一一九〇年に、シビーユは既に死去していたため、ギーは王位を失っていた。エルサレム王国の王位は、アモーリーとマリア・コムネナとの間に生まれたイザベル一世に移っていた。当時のイザベルはトロン領主オンフロワ四世を夫としていたが、貴族たちの協議の結果、両者の婚姻関係は解消され、コッラードが新たな夫となった。コッラードはビザンツ皇帝イサキオス二世の姉と婚姻関係にあったが、もはやその実態はなかった。

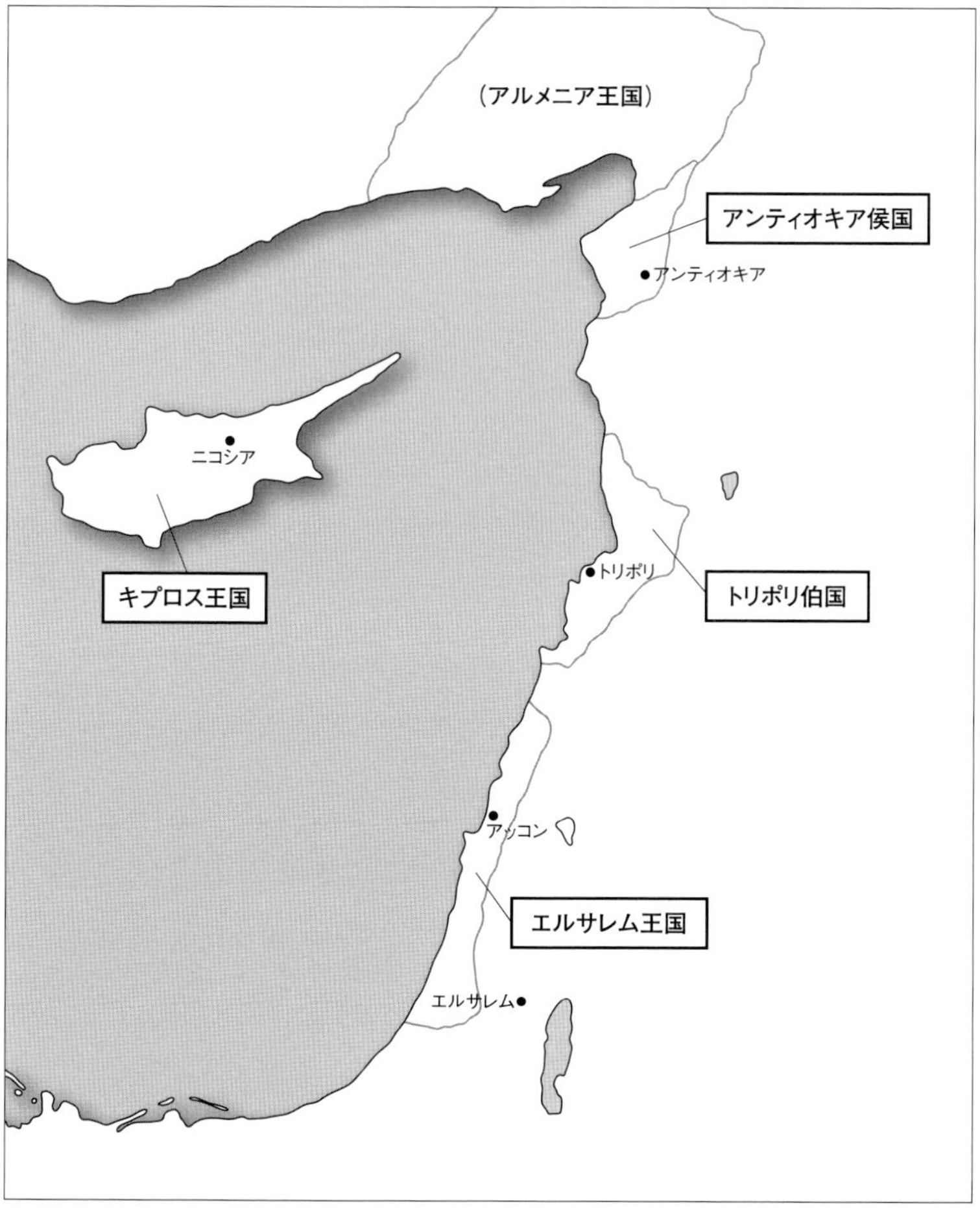

▲第3回十字軍後の十字軍国家

　エルサレム王位をめぐっては、血縁上の問題から見てもギーの不利は明らかであったが、それでも彼は自らの王位を主張した。一一九〇～九二年の間、両者は自らの王位を主張するための一環として、第三回十字軍を海上からサポートした商業都市、とりわけヴェネツィア、ジェノヴァ、ピサに対して様々な特権を与えていったが、このことは後に王国を大きく苦しめることとなる。

キプロス王国の誕生

　新たなエルサレム国王の選出が、リチャード一世にとっての最後の仕事だった。最終的にはコッラードが国王に選出され、ギーにはリチャードが制圧したキプロス島が売却された。キプロス島は、一度テンプル騎士修道会に売却されたが、指定金額の支払いを困難と見た同騎士修道会はそれを辞退していた。ギーは、トリポリの商人たちから融通してもらうことで、購入資金を捻出した。ここに第五の十字軍国家とも言えるキプロス王国が、イングランド国王を宗主とする形で誕生した。

　役目を終えたリチャードは、帰路の道中、オーストリア公レオポルト五世（在位一一七七～九四）によって捕縛され、一一九三年には神聖ローマ皇帝ハインリヒ六世に引き渡される。

　この背景には様々な理由があった。第三回十字軍に参加したレオポルト五世は、自軍の

▶コッラードとイザベル一世の結婚式
▼サラーフッディーンの廟　一一九三年三月四日、ダマスクスにて死去。

旗をリチャード一世に引きずり落とされたことで、リチャードに対して強い怨念を抱いていた。また、神聖ローマ皇帝フリードリヒ一世の従弟であり、フリードリヒと激しく対立したザクセン兼バイエルン公のハインリヒ獅子公（一一二九～九五）は、一一八二年に帝国から追放され、義父に当たるイングランド国王ヘンリ二世（在位一一五四～八九、リチャードの父）の下に身を寄せていた。つまり、ハインリヒ獅子公はリチャードと義兄弟の関係だったのである。

　さかのぼること一一八九年、フリードリヒ一世が東方遠征で留守にしている最中に、ハインリヒ獅子公自身はドイツへと戻り、自身に対する裏切り行為の報復としてバルドヴィックの町を破壊した。ハインリヒ獅子公は、フリードリヒ一世の死を受けて皇帝位についたハインリヒ六世に討伐されたものの、皇帝がリチャードを快く思わないのには十分な理由があった。そのため、ハインリヒ六世とレポルト五世の二人と、東方遠征からいち早く帰還したフランス国王フィリップ二世が結託するのは自然なことであった。最終的には一一九四年二月、リチャードは解放されるが、それは多額の身代金の支払いに加えて、キプロス王国の宗主権の譲渡という代償を支払っての上でのことだった。

休戦

　コッラードは、翌月に国王戴冠式を控えた一一九二年四月に死去した。誰が放ったかは不明であるが、シーア派の一派であるニザール派の間者によって暗殺されたのである。次に新たな統率者として白羽の矢が立ったのは、第三回十字軍の後もエルサレム王国に留まっていたシャンパーニュ伯アンリ二世であった。彼は、自らを国王ではなく、あくまでも「領主（seigneur）」にすぎないとしたが、事実上の国王として、死去するまでの五年間、王国の統治に当たった。その政策の中心は、イスラーム勢力との間に結ばれた休戦条約の更新によって、王国を延命させることであった。

　アイユーブ朝のほうも、一一九三年三月にサラーフッディーンが死去すると、後継者たちの間で領土が分割されてしまい、当初の力を失っていった。すなわち、当時のエルサレム王国とアイユーブ朝はともに、戦う理由も余力もなかったのである。

　このような状況は、アンリの後継者となったエメリー・ド・リュジニャンの統治期でも大きく変わることはなかった。エルサレム王位を巡る争いに敗れたギーだが、一一九四年に死去するまで自身をエルサレム国王と称していた。そして、彼の後を継いでキプロス国王となったのが、常に弟の陰にいた兄エメリーであった。彼は、弟ほどに嫌悪されていなかったようである。いずれにせよ、エメリーがエルサレム国王に即位した翌年に、ヨーロッパ世界では第四回十字軍が呼びかけられた。

Column_❹

十字軍家系その2——リュジニャン家

エメリーとギーのリュジニャン家出身の兄弟が「新参者」であったことは本文に記したとおりであるが、それは彼らが十字軍国家で生まれたわけではないことを意味し、十字軍とは無関係であったということではない。彼らもまた、十字軍家系の立派な一員であった。

始まりは、「千人隊長」の異名を持つユーグ四世・ド・リュジニャンが、一〇二〇年にレコンキスタに参加したことに始まる。その孫にして「悪魔」の渾名が付けられたユーグ六世・ド・リュジニャンは、異父兄弟に当たるトゥールーズ伯レーモン四世とともに第一回十字軍に参加した。さらにその孫にしてエメリー兄弟の父に当たるユーグ八世・ド・リュジニャンも、イングランドからの軍勢に交じる形で第二回十字軍に参加した。その際にユーグ八世は捕虜となったが、保釈後にトリポリでとある領主の娘と結婚し、同地に領土を得た。

一一六八年、エメリー兄弟たちは、イングランド国王ヘンリ二世および当時ポワトゥー伯であったリチャード（後の一世）に対する反乱を起こし、その中でソールズベリー伯パトリック（?〜一一六八）を殺害した。この事件から逃避することが、彼らが東方に向かった直接の動機であるが、父親がトリポリに残した所領を継承すること、加えて、血縁関係の上で実は彼らにはトリポリ伯位およびアンティオキア侯位継承権を有していたことも関連があった。

彼らはまずトリポリに向かったが、ヌールッディーンの捕虜となったエメリーの身代金をエルサレム国王アモーリーが捻出したことが、両者を結びつける契機となった。

ヤッファ兼アスカロン伯であったギーがエルサレム国王になるに当たって、伯領は兄ジョフロワに委ねられた。ジョフロワが東方に向かったのも、一一八八年にポワトゥー伯リチャードの友人を殺害したためであった。このような形で第三回十字軍に参加することとなったジョフロワは、アッコン包囲戦などでの活躍により、英雄として讃えられた。後にリチャード一世がリュジニャン家にキプロス島を譲った背景には、ポワトゥー伯時代に彼らの反乱に苦しんだリチャードが、ギー兄弟の帰欧を好まなかったためである、とも言われている。いずれにせよ、その後もリュジニャン家の者たちの多くは、一二九〇年に至るまで十字軍に身を捧げ続けたのであった。

▲**リュジニャンの町**　ポワティエの南西約25kmにある。門に掲げられた紋章の中には、エルサレム王家の紋章（左側の左上）も見られる。

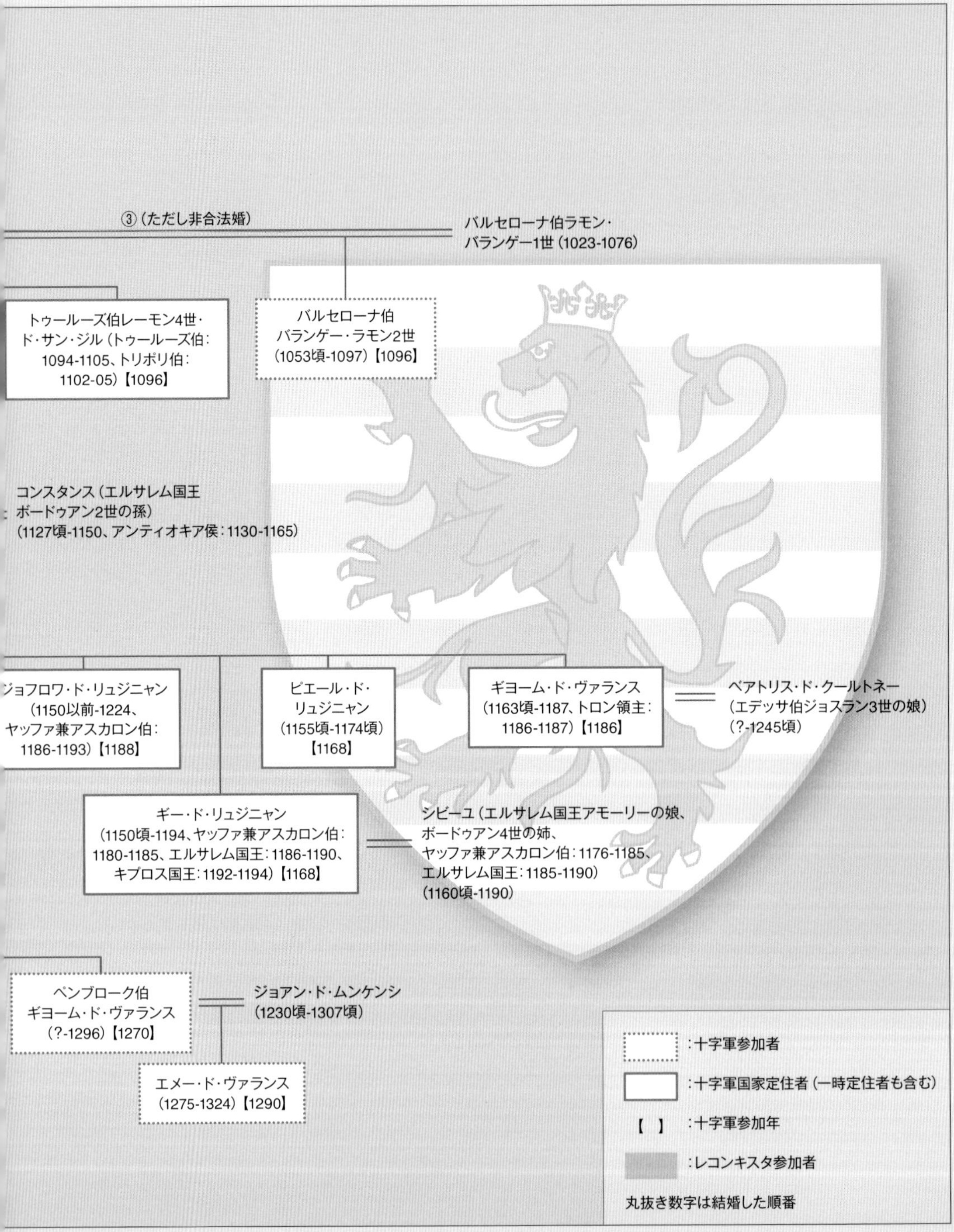
③（ただし非合法婚）
バルセローナ伯ラモン・
バランゲー1世（1023-1076）
トゥールーズ伯レーモン4世・
ド・サン・ジル（トゥールーズ伯：
1094-1105、トリポリ伯：
1102-05）【1096】
バルセローナ伯
バランゲー・ラモン2世
（1053頃-1097）【1096】
コンスタンス（エルサレム国王
ボードゥアン2世の孫）
（1127頃-1150、アンティオキア侯：1130-1165）
ジョフロワ・ド・リュジニャン
（1150以前-1224、
ヤッファ兼アスカロン伯：
1186-1193）【1188】
ピエール・ド・
リュジニャン
（1155頃-1174頃）
【1168】
ギヨーム・ド・ヴァランス
（1163頃-1187、トロン領主：
1186-1187）【1186】
ベアトリス・ド・クールトネー
（エデッサ伯ジョスラン3世の娘）
（?-1245頃）
ギー・ド・リュジニャン
（1150頃-1194、ヤッファ兼アスカロン伯：
1180-1185、エルサレム国王：1186-1190、
キプロス国王：1192-1194）【1168】
シビーユ（エルサレム国王アモーリーの娘、
ボードゥアン4世の姉、
ヤッファ兼アスカロン伯：1176-1185、
エルサレム国王：1185-1190）
（1160頃-1190）
ペンブローク伯
ギヨーム・ド・ヴァランス
（?-1296）【1270】
ジョアン・ド・ムンケンシ
（1230頃-1307頃）
エメー・ド・ヴァランス
（1275-1324）【1290】
：十字軍参加者
：十字軍国家定住者（一時定住者も含む）
【 】：十字軍参加年
：レコンキスタ参加者
丸抜き数字は結婚した順番

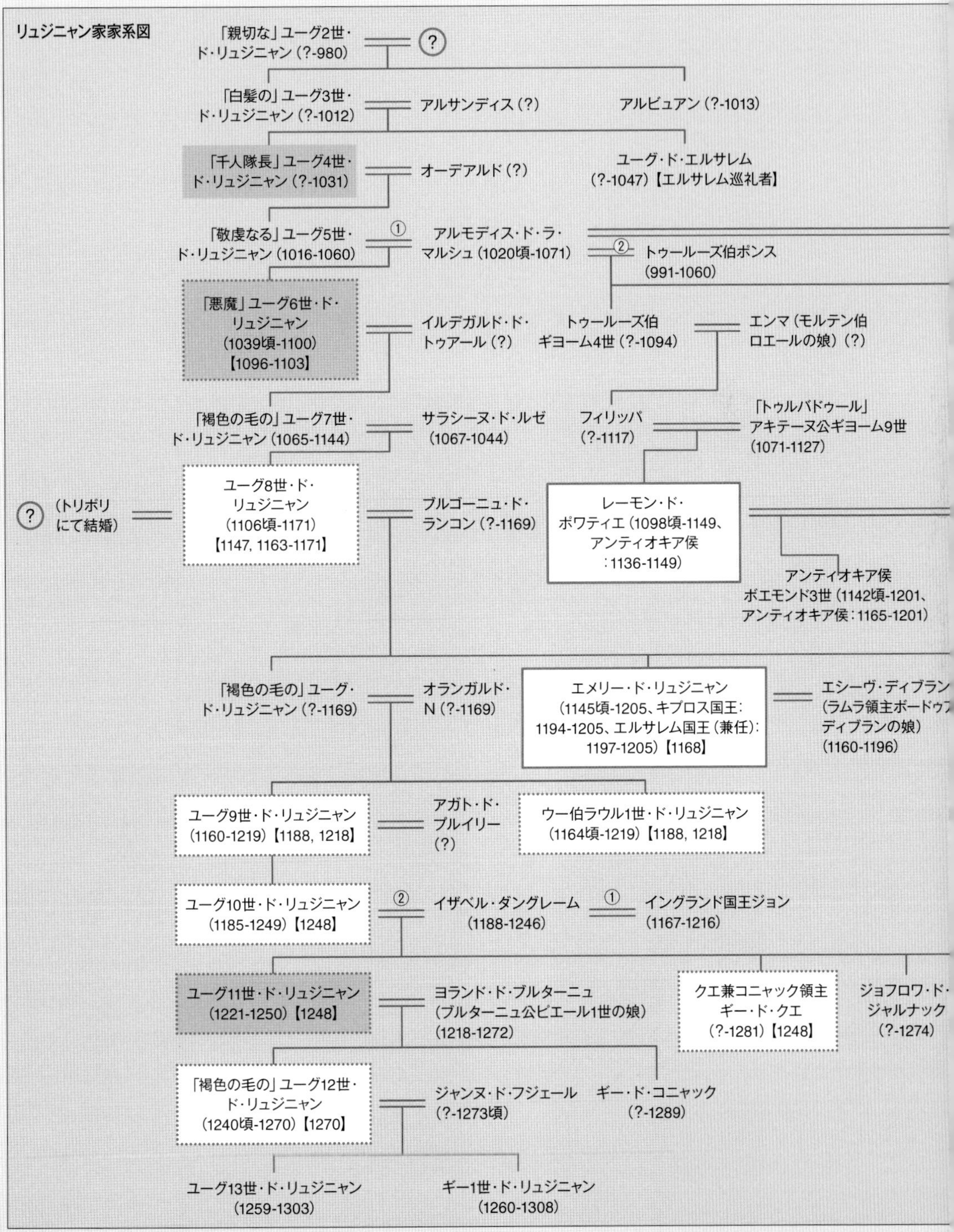
リュジニャン家家系図
「親切な」ユーグ2世・ド・リュジニャン（?-980）
?
「白髪の」ユーグ3世・ド・リュジニャン（?-1012）
アルサンディス（?）
アルビュアン（?-1013）
「千人隊長」ユーグ4世・ド・リュジニャン（?-1031）
オーデアルド（?）
ユーグ・ド・エルサレム（?-1047）【エルサレム巡礼者】
「敬虔なる」ユーグ5世・ド・リュジニャン（1016-1060）
①
アルモディス・ド・ラ・マルシュ（1020頃-1071）
②
トゥールーズ伯ポンス（991-1060）
「悪魔」ユーグ6世・ド・リュジニャン（1039頃-1100）【1096-1103】
イルデガルド・ド・トゥアール（?）
トゥールーズ伯ギヨーム4世（?-1094）
エンマ（モルテン伯ロエールの娘）（?）
「褐色の毛の」ユーグ7世・ド・リュジニャン（1065-1144）
サラシーヌ・ド・ルゼ（1067-1044）
フィリッパ（?-1117）
「トゥルバドゥール」アキテーヌ公ギヨーム9世（1071-1127）
?
（トリポリにて結婚）
ユーグ8世・ド・リュジニャン（1106頃-1171）【1147, 1163-1171】
ブルゴーニュ・ド・ランコン（?-1169）
レーモン・ド・ポワティエ（1098頃-1149、アンティオキア侯：1136-1149）
アンティオキア侯ボエモンド3世（1142頃-1201、アンティオキア侯：1165-1201）
「褐色の毛の」ユーグ・ド・リュジニャン（?-1169）
オランガルド・N（?-1169）
エメリー・ド・リュジニャン（1145頃-1205、キプロス国王：1194-1205、エルサレム国王（兼任）：1197-1205）【1168】
エシーヴ・ディブラン（ラムラ領主ボードゥアン・ディブランの娘）（1160-1196）
ユーグ9世・ド・リュジニャン（1160-1219）【1188, 1218】
アガト・ド・プルイリー（?）
ウー伯ラウル1世・ド・リュジニャン（1164頃-1219）【1188, 1218】
ユーグ10世・ド・リュジニャン（1185-1249）【1248】
②
イザベル・ダングレーム（1188-1246）
①
イングランド国王ジョン（1167-1216）
ユーグ11世・ド・リュジニャン（1221-1250）【1248】
ヨランド・ド・ブルターニュ（ブルターニュ公ピエール1世の娘）（1218-1272）
クエ兼コニャック領主ギー・ド・クエ（?-1281）【1248】
ジョフロワ・ド・ジャルナック（?-1274）
「褐色の毛の」ユーグ12世・ド・リュジニャン（1240頃-1270）【1270】
ジャンヌ・ド・フジェール（?-1273頃）
ギー・ド・コニャック（?-1289）
ユーグ13世・ド・リュジニャン（1259-1303）
ギー1世・ド・リュジニャン（1260-1308）

第5章 報復の連鎖——一三世紀

I 第四回十字軍

グレゴリウス八世は、第三回十字軍のための勅令を発布するという役割を終えた後に死去した。彼は神聖ローマ皇帝フリードリヒ一世と和睦を結んでいたが、その後を継いだクレメンス三世（在位一一八七～九一）およびケレスティヌス三世（在位一一九一～九八）の時代、教皇と皇帝との関係は再び悪化する。先述のリチャード一世の捕縛に対して、教皇はレオポルト五世およびハインリヒ六世を破門した。またハインリヒ六世は、シチリア国王ルッジェーロ二世の娘コンスタンツァとの婚姻を理由にシチリアに侵攻し、一一九四年、シチリア国王位に就いた。この神聖ローマ皇帝による南イタリアへの進出は、教皇との関係のさらなる悪化を導いた。両者の対立構図は、教皇インノケンティウス三世とドイツ国王フィリップとに引き継がれた。

要請なき出陣

教皇座に就いたインノケンティウスは、一一九八年の夏より、十字軍勅書「悲惨さの後に（Post miserabile）」を各地に送付した。東方からの要請に基づかない十字軍の呼びかけは、実にウルバヌス二世以来のことであった。

ウルバヌスが十字軍の喧伝にクリュニー修道会のネットワークを利用したのと同様に、インノケンティウスはシトー会のネットワークを利用した。とりわけ、当時カリスマ的な存在であったシトー会士のフルク・ド・ヌイ

▲インノケンティウス三世（在位一一九八～一二一六）　教皇インノケンティウス三世は、様々な点で十字軍に変化をもたらすこととなった。

▶ドイツ国王フィリップ（在位一一九八～一二〇八）　皇帝戴冠を受ける前に暗殺された。

ィに、十字軍のための説教を行う権限を与えた。その結果、一一九九年には、シャンパーニュ伯ティボー三世（在位一一九七〜一二〇一）と、その従兄弟に当たり、第三回十字軍にも参加していたブロワ兼シャルトル伯ルイ一世（在一一九一〜一二〇五）が参加を表明した。翌年には、ティボーは、エルサレム「領主」アンリ・ド・シャンパーニュの弟であった。ティボーの義兄弟に当たるフランドル伯ボードゥアン九世と弟のアンリも参加を表明した。

こうして、東方遠征の主立った顔ぶれが出そろい、ティボーが軍事統率者として選出された。諸侯たちは、十字軍士たちの運搬役となる海運都市を模索した。

▲フルク・ド・ヌイィ（?〜1202）　クレルヴォー修道院長ベルナールと同様に、カリスマ的存在として多くの人々に知られていた。

▶フランドル伯ボードゥアン九世　後に初代ラテン帝国皇帝ボードゥアン一世となる。図は彼の皇帝選出（上）と、その死（下）。その後は、弟のアンリ（一一七六頃〜一二一六）に引き継がれた。

まずはジェノヴァやピサに打診したが、ドイツ国王フィリップなどからの圧力があったため拒否された。

最終的には一二〇一年四月、ヴェネツィアとの合意に至る。その内容は、四五〇〇人の騎士、九〇〇〇人の従者、二万人の歩兵を、八万五〇〇〇マルクでアレクサンドリアまで運搬すること、参加者は翌年の聖ヨハネの祝日（六月二四日）までに各自が費用を携えてヴェネツィアに集結すること、であった。ヴェネツィアは、同年既にアイユーブ朝スルタンのアル・アーディル一世（在位一二〇〇〜一二一八）と交易を重視した協定を結んでいたが、それを一年間休止して、十字軍士たちの運搬の準備に専念した。

しかし、ヴェネツィアとの合意に至る直前の三月、ティボー三世が急死する。ティボーに代わる統率者が必要となった諸侯たちは、モンフェッラート辺境伯ボニファーチョ一世に打診し、彼はそれを受諾した。ボニファーチョに白羽の矢が立ったのは、彼の父や兄が既に東方世界で活躍しており、事情に明るいと思われたからである。

ただし、彼はドイツ国王フィリップとも強いつながりを持っていた。一二〇一年のクリスマスにフィリップの下に参じた彼は、そこでビザンツ帝国を追われた皇子アレクシオス・アンゲロス（後のアレクシオス四世（在位一二〇三〜〇四））に出会った。一一九五年、アレクシオスの父イサキオス二世は、弟のアレクシオス三世アンゲロス（在位一一九五〜一二〇三）によって廃位させられた上に幽閉されたため、皇子アレクシオスは帝国を離れることを余儀なくされたが、彼の向かった先が、姉エイレーネーの嫁いだフィリップの下であった。そこでボニファーチョとアレクシオスは、様々な情報を交換したであろう。

ヴェネツィアの動き

また、ティボーが死去した翌年の一二〇二年には、人々の心の中に東方遠征の熱狂を植え付けていたフルク・ド・ヌイィも死去し、彼の死は、多くの参加予定者の熱を冷ました。

結局、約束の日にヴェネツィアに集結したのは、当初予定の三分の一程度であった。従って、ヴェネツィアへの支払いも、当初の予定の三分の一程度となったため、ヴェネツィアは、集結した十字軍士たちを軟禁状態にし、九月まで新たな十字軍士たちの到来を待ったが、状況は好転しなかった。

そこでヴェネツィアのドージェ（総督）のエンリコ・ダンドーロは、出航と引き替えに、十字軍士たちにザラ（現ザダル）の攻撃を提案した。ハンガリー王国領であったザラは、ヴェネツィアへの抵抗感を露わにしており、ヴェネツィアにとってはアドリア海におけるまさに邪魔者であった。一〇月一日に出航した十字軍士たちとヴェネツィア人たち（なお、彼らは十字軍宣誓を行っていない）は、一一月二四日にザラを降伏させた。ザラ攻撃に対して、教皇は破門宣告を行う。十字軍の持つ贖罪価値の消失を恐れた十字軍士たちは、ソワソン司教ニヴロン（在位一一七五～一二〇七）を中心とした謝罪使を教皇庁に派遣して、破門からの解放を求めた。破門は解かれたが、謝罪師の帰りを待つために、十字軍士たちはザラでの越冬を余儀なくされた。そして、そこにビザンツ皇子アレクシオスがやって来たのである。

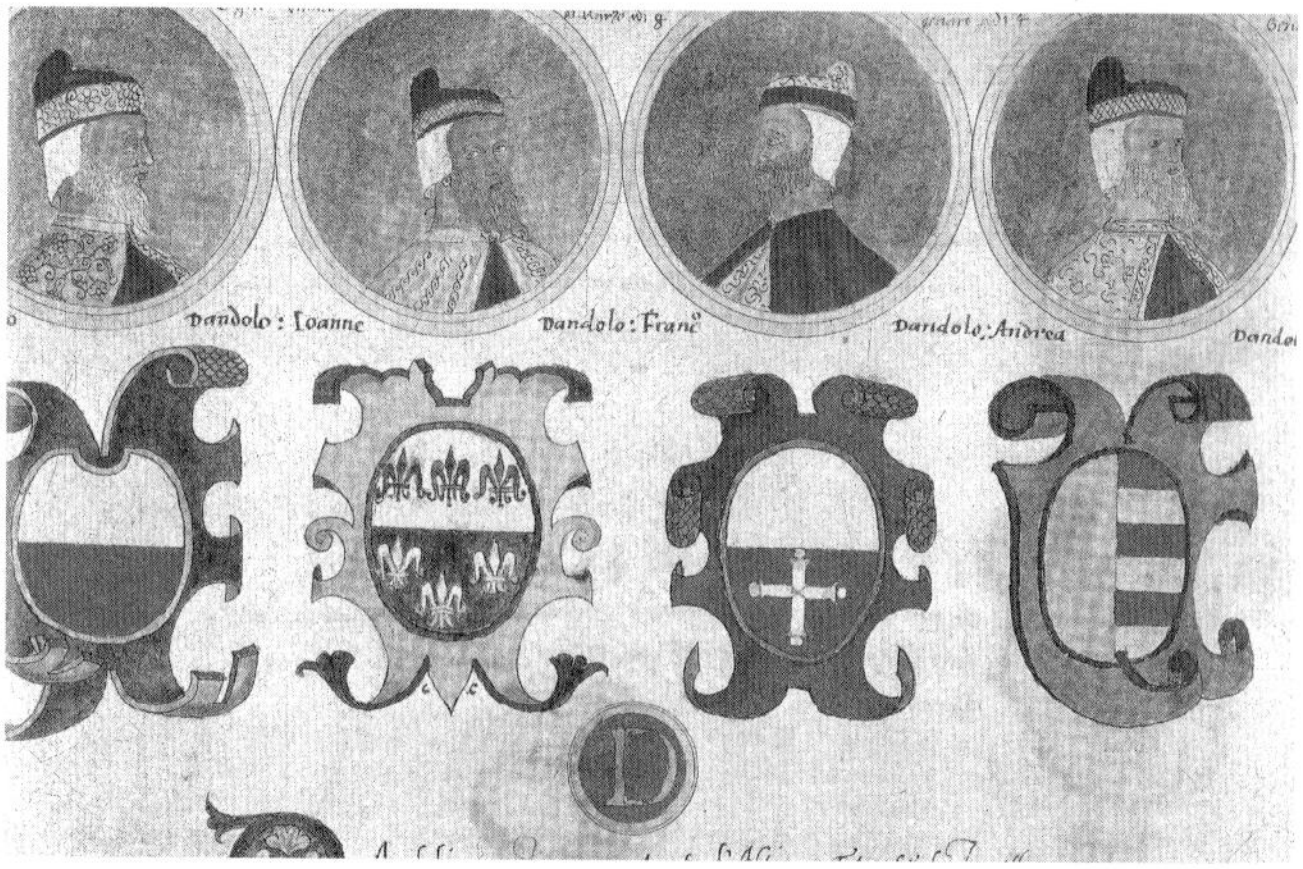

▲ダンドーロ家　一番左がエンリコ・ダンドーロ（在位1192 ～ 1205）。

▼ザラ（現ザダル）の正門　ヴェネツィアの支配下に入ったザラの町は、その後のオスマン帝国からの攻撃を跳ね返し続けた。

コンスタンティノープル略奪

復権を目指すアレクシオスは、二〇万マルクの授与、エジプト遠征のための必要物資の供給、一万人のビザンツ軍の提供、ギリシア正教会のローマ教会への帰属、十字軍国家における五〇〇人の騎士の永続的配備を条件として、十字軍士たちに助力を仰いだ。これに反対する一部の者たちは離脱して十字軍国家を目指したものの、多くの者たちはアレクシオスの提案を受諾した。

一二〇三年四月にザラを出航した主力部隊は、コルフ（ケルキラ）を経由して、七月にはコンスタンティノープルに至った。同月一七日に攻撃が始まり、コンスタンティノープルが制圧され、八月一日にはイサキオス二世とアレクシオス四世の親子が皇帝位に就いた。

当初は約束を果たしていたアレクシオスであったが、財源不足とギリシア人住民たちの反ラテン人感情の後押しにより、それを反故にしたばかりでなく、十字軍士・ヴェネツィア人たちに対して攻撃をしかけた。しかし、この攻撃が失敗に終わると、ビザンツ帝国内

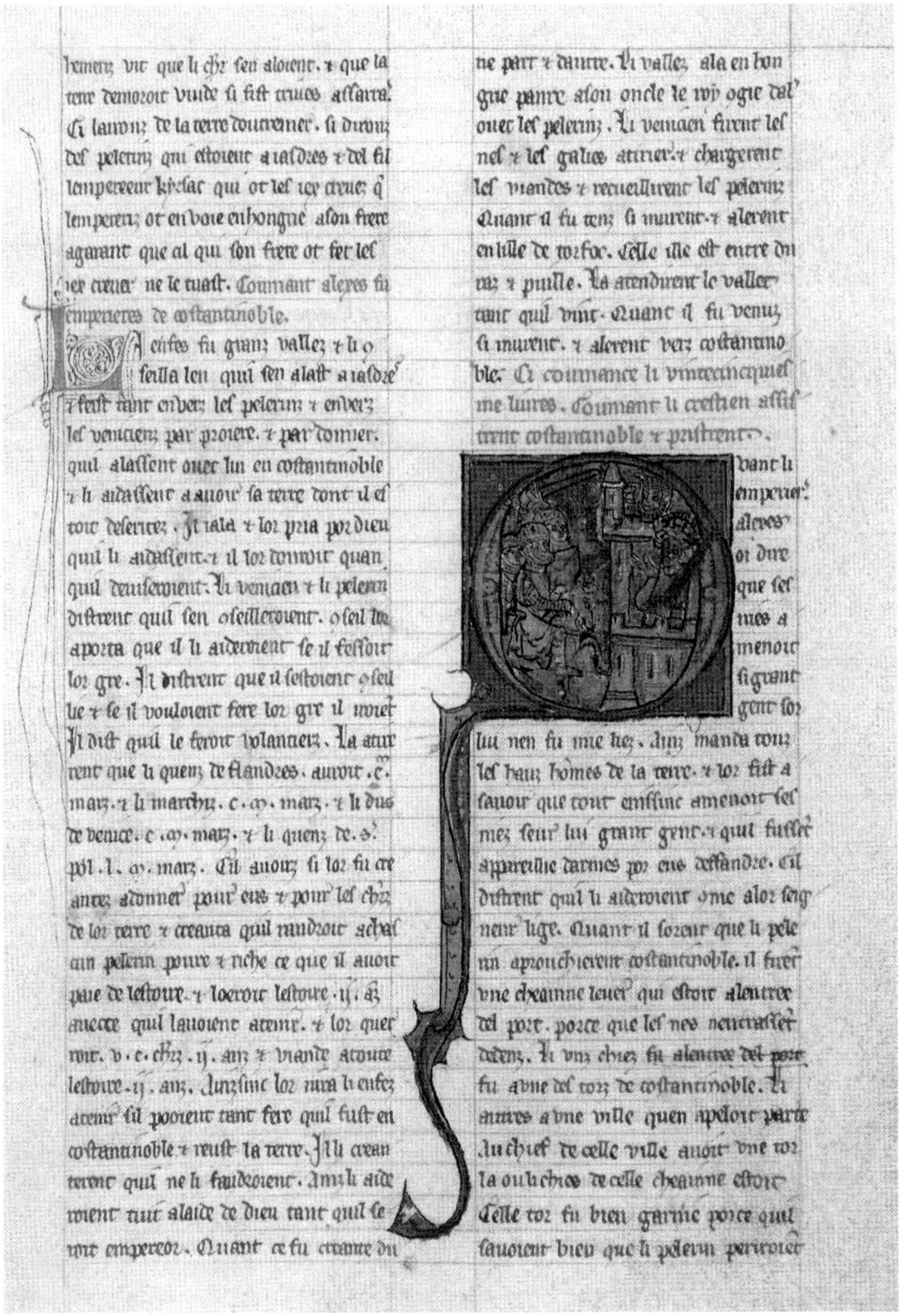

◀コンスタンティノープルに向かう第4回十字軍

▲**馬のブロンズ像**　第4回十字軍がコンスタンティノープルから多くの物を持ち去ったことは周知のとおりである。写真は、現在ヴェネツィアのサン・マルコ教会に置かれる、コンスタンティノープルから持ち去られた馬のブロンズ像。

でクーデターが生じ、アレクシオス五世ドゥーカス（在位一二〇四）が帝位に就いた。アレクシオス四世を殺害した上で、十字軍士たちへの攻撃を再開した。

これに対して、一二〇四年四月一二日、十字軍士たちはコンスタンティノープルの町になだれ込んだ。既にアレクシオス五世は逃亡しており、十字軍士たちによる三日間におよぶ略奪が行われた。

その後、十字軍士たちに必要となったのは、新たな統治者の選出だった。十字軍士たちから六人、ヴェネツィア側から六人の代表者で構成された一二人委員会において、新たな皇帝にはフランドル伯ボードゥアンが選出され、五月一六日、初代ラテン帝国皇帝として即位した。ボニファーチョが選出されなかったのは、その弟コッラードがかつてビザンツ皇女と結婚していたことから、彼とビザンツ人との関係を危惧したヴェネツィア人たちの意向によるものであった。

コンスタンティノープルの町への攻撃に対して、インノケンティウス三世は二度目の破門を通告していた。しかし、図らずとも成し遂げられた東西教会の統一の歓びの中で、その破門宣告はうやむやのものとなった。

ラテン帝国を樹立した十字軍士たちの多くは、その後に聖地を目指した。しかし前述のとおり、当時の十字軍国家はアイユーブ朝との休戦条約を更新している状況にあったため、十字軍士たちは、十字軍国家の防備強化や近隣地域における威嚇行為以外に何もすることがなかった。

東西教会の統一はなしえたものの、当初の目的が果たせなかった点において、この度の十字軍も失敗に終わった。その原因についてインノケンティウスは、第二回十字軍時のベルナール以上に、キリスト教徒の罪深さを強調し、キリスト教世界の浄化の必要性を訴えたのである。

Column_❺

マルティン・フォン・パイリスの第4回十字軍

他の十字軍と第四回十字軍との一番の違いは、参加者による記録が多いことである。それは、第四回十字軍が数多くの聖遺物の「移葬（奉遷、translatio）」を伴ったからである。

後世の目から見ると、第四回十字軍はコンスタンティノープルを「略奪」したとなるが、当時の人々にとってはそうではなかった。というのも、聖遺物の運搬には神の意志が働くのであり、運搬が成功した場合は神の望みを実行したことになり、神が運搬を認めない場合は天罰などによりそれが不可能となるはずである、と彼らは考えていたからである。そもそもコンスタンティノープルにあった聖遺物も各地から「移葬」されてきたものであり、第四回十字軍の参加者たちは、それをさらに「移葬」したにすぎなかった。その偉業を世に知らしめるために、彼らは移葬記を残したのである。

そのような記録を残した者の一人に、コルマール近くのシトー会系アルスティアン修道院長マルティン・フォン・パイリス（生没年不明）がいる（正確には、修道士のギュンターに自身の話を記述させた）。彼は、ザラ攻撃の後に本隊から離脱して、まずアッコンに向かった。それからコンスタンティノープルに向かったため、聖遺物の採集に乗り遅れてしまった。それでも彼が、イエスの血痕をはじめとする約六〇の聖遺物を獲得して、パイリス修道院まで無事に持ち帰ることができたのも、当時の人々にとっては神の思し召しであった。

一二〇六年九月のシトー会総会において、マルティンは、修練士に一日三食（本来は冬期一食・夏期二食）を与えるなどして贅沢な生活をしていること、祭壇でオウムを飼っていること、自室で診療行為を行っていることについて強く非難されている。清貧を重んじるシトー会だったからこそ大きな問題になったのかもしれないが、聖遺物のもたらす経済効果は、かなり大きかったようである。

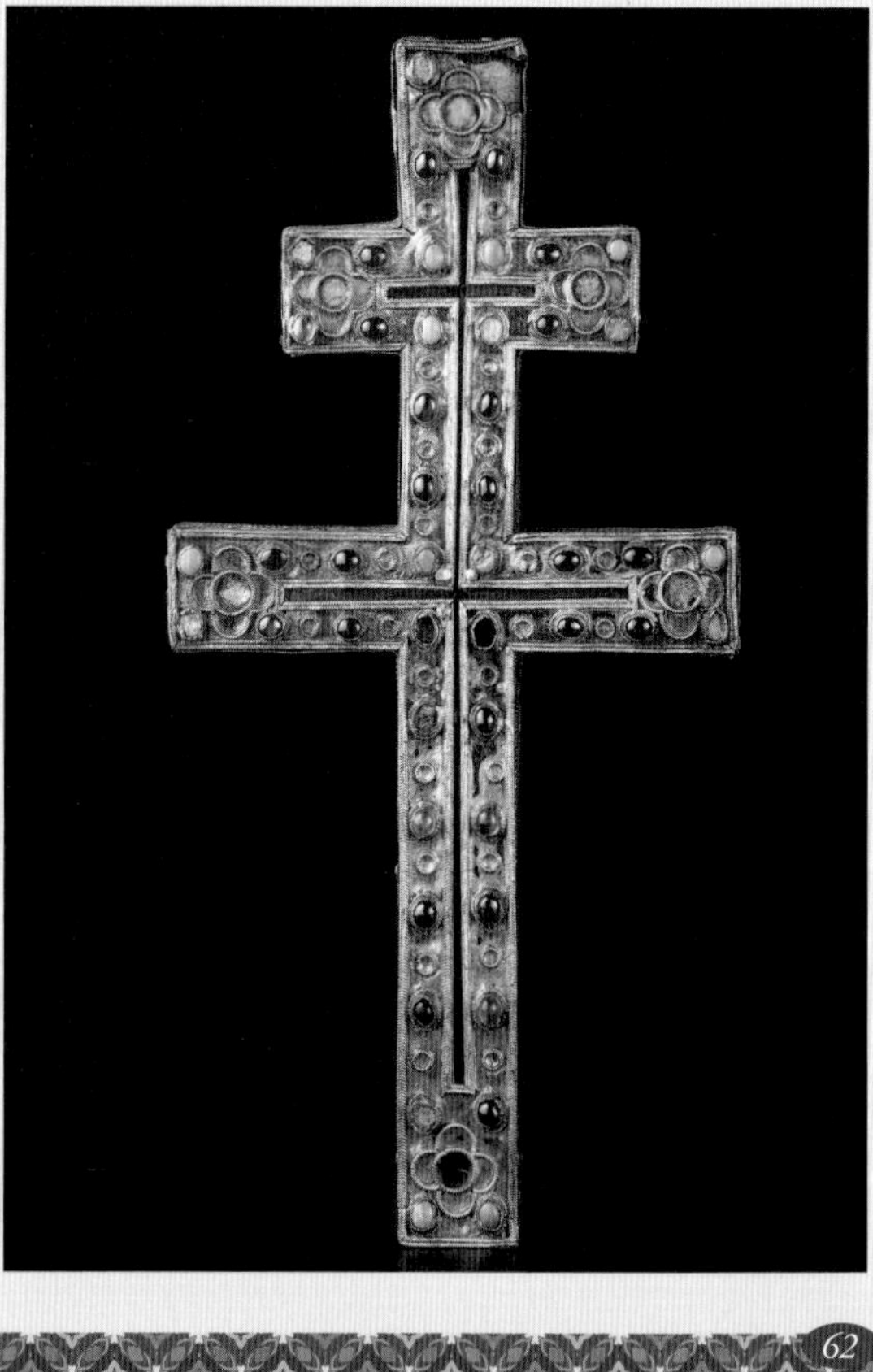

▶真十字架（イエスの磔刑の際に用いられた十字架）の聖遺物　正確には、我々が目にするのは豪華な聖遺物容器であり、本体はその中に収められている。

▶シトー会系アルスティアン修道院

2 ラテン・ギリシアの形成

皇帝位を巡る争いに敗れたボニファーチョは、ビザンツ帝国第二の都市テサロニキを制圧し、ラテン皇帝を宗主とするテサロニキ王国（一二〇四～二四）を建国した。さらにそこから勢力を南に伸ばし、家臣であったブルゴーニュ出身の騎士オトン・ド・ラ・ロシュにアテネ周辺域の統治を委ねた。また、別の家臣のシャンパーニュ出身の騎士ギヨーム・ド・シャンリットとジョフロワ一世・ド・ヴィルアルドゥアンが、一〇〇人の騎士を含む五〇〇の軍勢でペロポネソス半島に侵攻し、ナフプリオ、コリント、パトラスの地を制圧し、アカイア地方の中心地であったアンドラビダを支配下に収めた。ここに、アカイア（モレアス）侯国が建国された。侯位にはギヨームが就いたが、一二〇八年にギヨームが帰郷するとジョフロワ一世が後を継ぎ、七八年まではヴィルアルドゥアン家がアカイア侯国を治

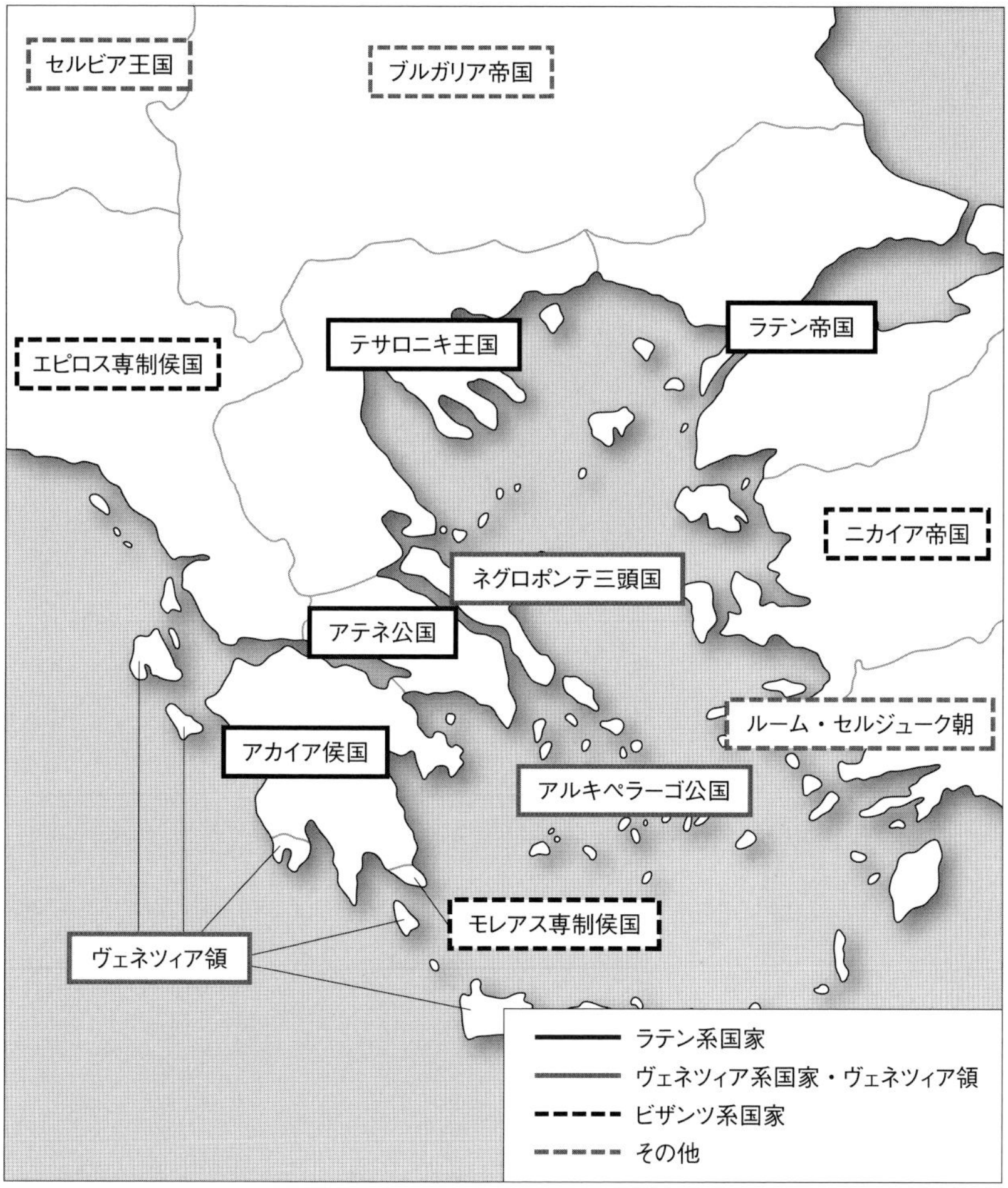

▲13世紀前半のギリシア世界

◀モネンバシア　モネンバシアはペロポネソス半島の沖合にある島だが、現在では本島とは橋でつながっている。城塞は山の頂点に建造された。

めた。

　その後アカイア侯国は勢力を拡大し、一二四八年にモネンバシアを占領することで、ペロポネソス半島のほぼ全域を支配下に収めた。ただし、一二〇九年のサピエンツァ協約により、モドン（メソニ）やコロン（コロニ）などの主要な沿岸都市は、ヴェネツィアに譲渡された。

　ヴェネツィアも、第四回十字軍によって、多くの領土を獲得した。ケファロニア島・ザンテ（ザキントス）島・チェリーゴ（キティラ）島・クレタ島など、東地中海における交易圏拡大のための主要な地点が、ヴェネツィアの直轄下に置かれた。ナクソス島を中心とした島々はアルキペラーゴ（群諸島）公国（一二〇七～一五七九）としてまとめられた。またネグロポンテ（エヴィア）島には、当初はロンバルディア人の勢力によってネグロポンテ三頭国（一二〇四～一四七〇）が誕生したが、すぐにヴェネツィアの影響下に置かれた。いずれも体裁としてはアカイア侯を宗主としたが、実際にはヴェネツィア人の直轄領であった。

　以上のようにしてラテン人たちは旧ビザンツ帝国領を制圧していったが、すべてが武力によるものではなかった。例えばテサロニキ王国では、ボニファーチョの勢力拡大に対して、アレクシオス三世の娘婿にしてアルコン（土着貴族）の筆頭レオン・スグロス（?～一二〇八）が抵抗したが、その他の多くのアルコンたちはボニファーチョの支配下に置かれることを選択した。またアカイア侯国の場合、ギヨームとジョフロワは、アンドラビダに入城した際に周辺域のアルコンたちと会談し、信仰の自由や既得権益を保障するという約束の下で、多くのアルコンたちと封建主従

▲▼**モドン（メソニ）（上）とコロン（コロニ）（下）**「ペロポネソスの双眼」と呼ばれた。いずれも、1500年にオスマン帝国に占領されたが、1686～1715年にヴェネツィアが奪回した。

▼**クレタ島のカンディア（イラクリオン）の港にあるヴェネツィア要塞**

関係を結んだのであった。イサキオス二世アンゲロスの従兄弟に当たるミカエル一世コムネノス・ドゥーカス（在位一二〇四～一二一五）は、バルカン半島南西部にエピロス専制侯国（一二〇四～一四七九）を建国したが、それもボニファーチョの封建家臣となることで可能となったのである。

ビザンツ帝国の復活

しかしミカエル一世は、一二一〇年頃よりテサロニキ王国と敵対するようになり、最終的には一二二四年に同王国を滅亡に追い込んだ。その後、テサロニキ王国領は、エピロス専制侯国に対抗するためにラテン人たちが同盟を結んでいた第二ブルガリア帝国（一一八五～一三九六）によって一二三〇年に征服され、さらに四六年までには、コンスタンティノープルの奪回を目指して勢力を伸ばしていた、ビザンツ帝国の亡命政権国家であるニカイア帝国（一二〇四～六一）によって吸収された。ニカイア帝国の勢力拡大は、アカイア侯国とエピロス専制侯国との距離を縮めた。

一二五九年、アカイア侯ギヨーム二世と、エピロス専制侯ミカエル二世アンゲロス・コムネノス・ドゥーカス（在位一二三〇～六八）の娘アンナ・コムネナ・ドゥカイナ（?～一二八六）との婚姻が成立した。しかし同年、ペラゴニア平原の戦いにおいて、ニカイア皇帝ミカエル八世パレオロゴスが、アカイア侯国・エピロス専制侯国・ブルガリア帝国などの連合軍を打ち破り、ギヨーム二世を始めとする多くの者たちを捕囚した。そして一二六一年、彼らの保釈の条件として、ミストラやモネンバシアなどがミカエル八世に割譲された。さらに同年七月、ミカエル八世はコンスタンティノープルを制圧し、約六〇年ぶりに

◀**ブランカ・デ・カスティーリャ**（一一八八～一二五二）カスティーリャ国王アルフォンソ八世（在位一一五八～一二一四）の娘。一二歳で即位したルイ九世「聖王」（在位一二二六～七〇）の摂政を務めたが、その影響力はルイ九世が成人した後も続いた。また、ルイ九世の十字軍遠征中も、国政の舵をとった。

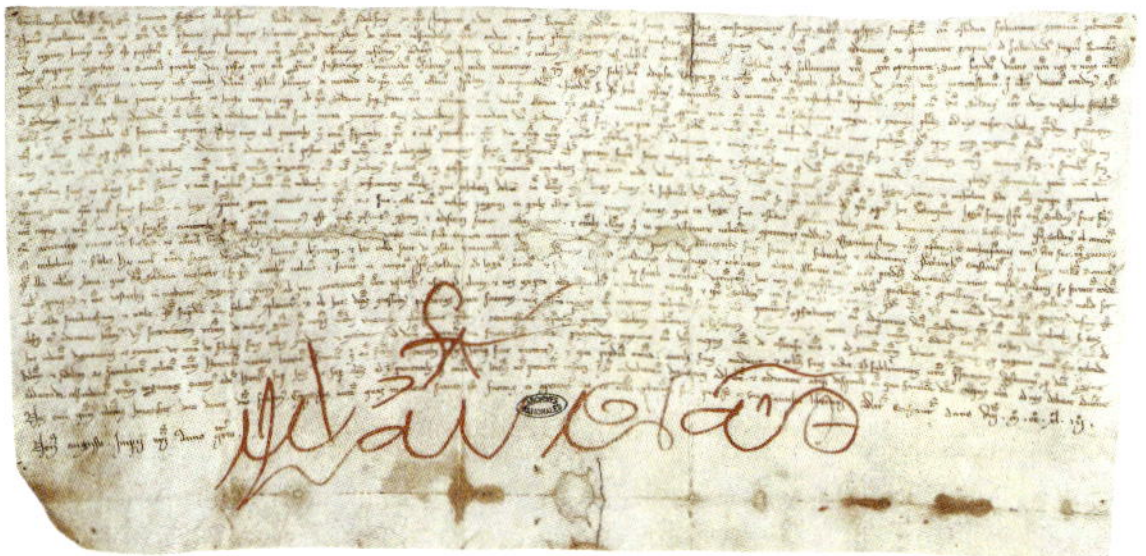

▲**ボードゥアン2世の書簡**　1243年にラテン帝国皇帝ボードゥアン2世が、故フランス国王ルイ8世（在位1223～26）の妃ブランカ・デ・カスティーリャ（1188～1252）に宛てた、救援を要請する書簡。

▼**ミストラ**　1249～50年に建造された城塞も、1261年に失われた。

▶フランス国王ルイ九世（在位一二二六～七〇）

◀弟のアンジュー伯シャルル一世（シチリア国王〈カルロ一世・ダンジョ〉、在位一二六六～八二）　この二人は、本書でもこの後度々登場することとなる。

▲ミカエル8世パレオロゴス（ニカイア皇帝位1259～61、ビザンツ皇帝位1261～82）

ビザンツ帝国が復活した。

このような状況に対して、教皇ウルバヌス四世（在位一二六一～六四）は、対ビザンツ帝国の十字軍を提唱するも、事態は好転しなかった。窮状の打開を目指すギヨーム二世は、一二六七年のヴィテルボ会議にて、フランス国王ルイ九世の弟であるシチリア国王アンジュー伯シャルル一世の宗主下に入ることを選択したのであった。

3 アルビジョワ十字軍

一二〇八年一月一四日、異端とされたカタリ派の一派であるアルビジョワ派に関する調査のため、教皇特使として南仏に派遣されていたシトー会士のピエール・ド・カステルノー（?～一二〇八）が、前年にその領内の異端を擁護した廉《かど》で破門されていたトゥールーズ伯レーモン六世の家臣によって殺害された。ピエールの殺害は、レーモンと、隣接するボー領主ユーグ三世（在位一一八一～一二四〇）との間の権力闘争に巻き込まれたためであるとも言われているが、インノケンティウス三世は直ちにレーモンを再度破門し、勅書「その（讒言《ざんげん》）が我々を欺くことなかれ（Ne nos ejus）」を発布して十字軍を呼びかけた。これが、世に言うアルビジョワ十字軍の始まりである。

◀トゥールーズ伯レーモン六世（在位一一九四～一二二二）トリポリ伯国の祖レーモン四世の末裔。

ただし、異端に対する十字軍の呼びかけは、これが初めてのことではない。一一七九年に開催された第三ラテラノ公会議において、教皇アレクサンデル三世（在位一一五九～八一）は、二年分の贖罪価値を与える形で、アルビジョワ派などの異端に対する攻撃を呼びかけている。しかし、神聖ローマ皇帝フリードリヒ一世との共同で進められたこの計画は、両者の関係悪化により実現することはなかった。

ベジエの虐殺

一二〇九年の春、約一万人の十字軍士がリヨンに集結した。まず彼らはモンペリエに向かい、そこから、レーモン六世の甥であり、アルビジョワ派の支援者であるフォワ伯にしてベジエとカルカソンヌ副伯であったレーモン・ロジェ・トランカヴェル（一一八五～一二〇九）の領土を目指した。同年七月、ベジエは略奪され、約一万五〇〇〇人の住民が、

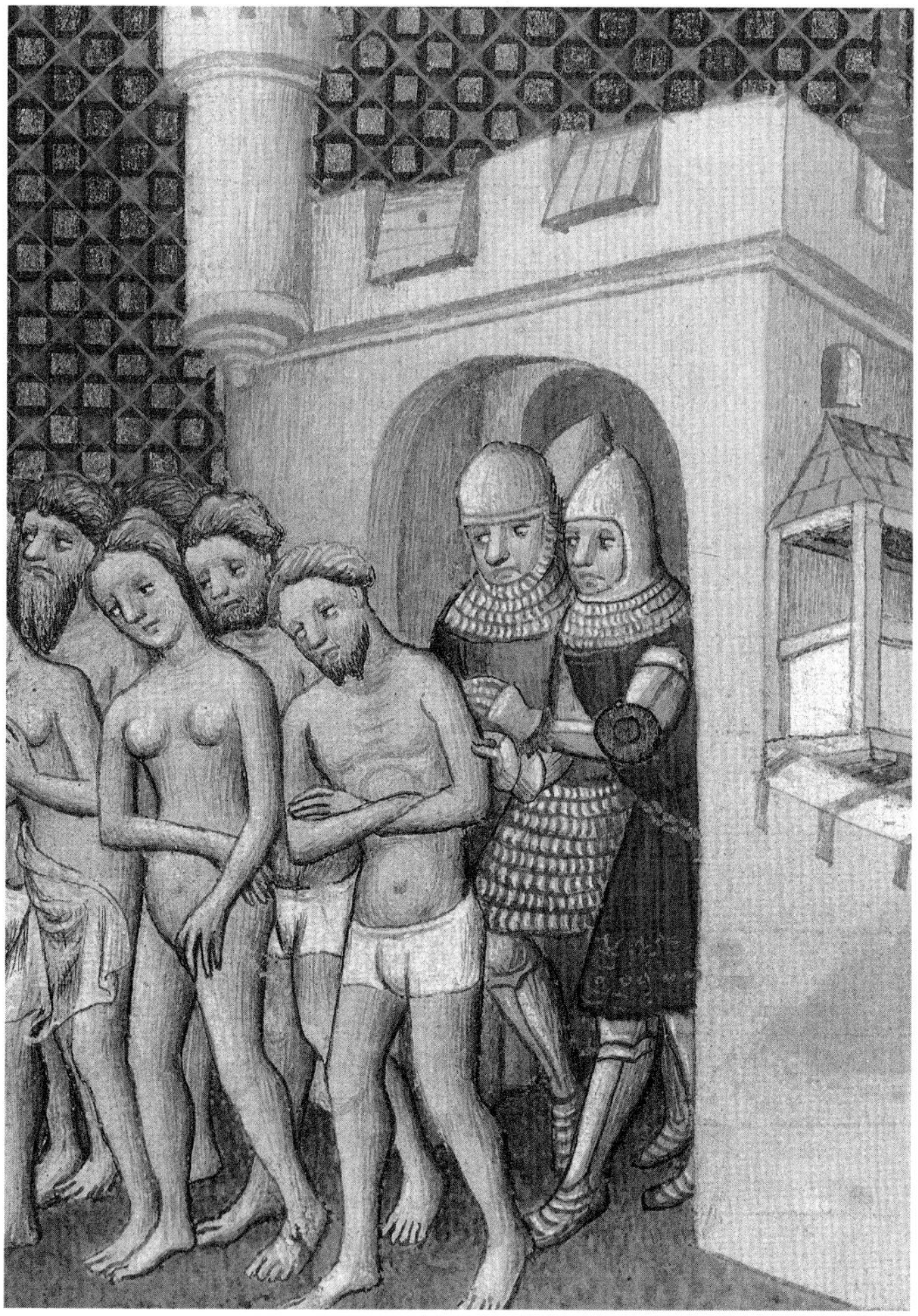

▲**アラゴン国王兼バルセロナ伯ペドロ二世**（在位一一九六～一二一三）

▲**レスター伯シモン四世・ド・モンフォール**（在位一二〇七～一八）「シモン・ド・モンフォールの乱」で有名な人物の父である。

◀**カルカソンヌ制圧**　捕らえられた異端者たち。

異端か否かを問わずして殺害された。翌月には、カルカソンヌが陥落した。

　レーモン・ロジェが支配していた地の新たな領主には、レスター伯シモン四世・ド・モンフォールが収まった。彼は、シャンパーニュ伯ティボー三世と親交があり、第四回十字軍にも参加した経歴を持っていた。

　二年の間で、シモンは近隣の抵抗勢力を抑えていった。一二一一年、シモンは、レーモンに異端に対する攻撃のための助力を仰ぐも、レーモンがそれを拒否したため、トゥールーズの攻撃に打って出た。しかし、この段階では多くの十字軍士たちが帰郷してしまっていたため、それまでにシモンが獲得していた多くの領土がレーモンの下へと戻っていった。

　さらに一二一三年の夏には、レーモンと義兄弟でもあったアラゴン国王ペドロ二世が、問題に介入してきた。彼もまた当該地域に多くの所領を持っており、それがシモンたちによって脅かされていると感じたからである。しかし、ミュレの戦いにおいてアラゴンとトゥールーズの連合軍は敗北し、ペドロ自身も殺害された。レーモンは逃亡を余儀なくされ、トゥールーズ兼プロヴァンス伯となったシモンは、アルビジョワ派をケルシーにまで追い詰めていった。

フランス国王による制圧

　しかし一二一六年、レーモンと息子のレー

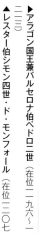

▲トゥールーズ包囲戦　1218年のトゥールーズ包囲戦。この戦いでシモン・ド・モンフォールが戦死した。

◀アルビジョワ十字軍による住民の殺害

モン（七世）が舞い戻ってきて、翌年にはトゥールーズを奪還した。再度トゥールーズを回復しようとしたシモンであったが、一二一八年六月、市壁から放たれた石に当たったことが原因で死去した。

　シモンの死を受けて、翌年にはフランス王太子ルイ（後のルイ八世（在位一二二三〜二六））が進軍してきた。イングランド国王ジョン「欠地王」（在位一一九九〜一二一六）との戦いに勝利したフランス王権は、ようやく南フランスの問題に力を注ぐことができる状況になっていたのである。しかしこの段階では、レーモン父子の攻勢を止めることはできず、状況が変わるのは、国王となったルイによる一二二六年の再遠征を待たねばならなかった。

　ルイ八世は、南仏のほとんどを無抵抗のま

◀ルイ九世に臣従を誓うレーモン七世（在位一二二二〜四九）

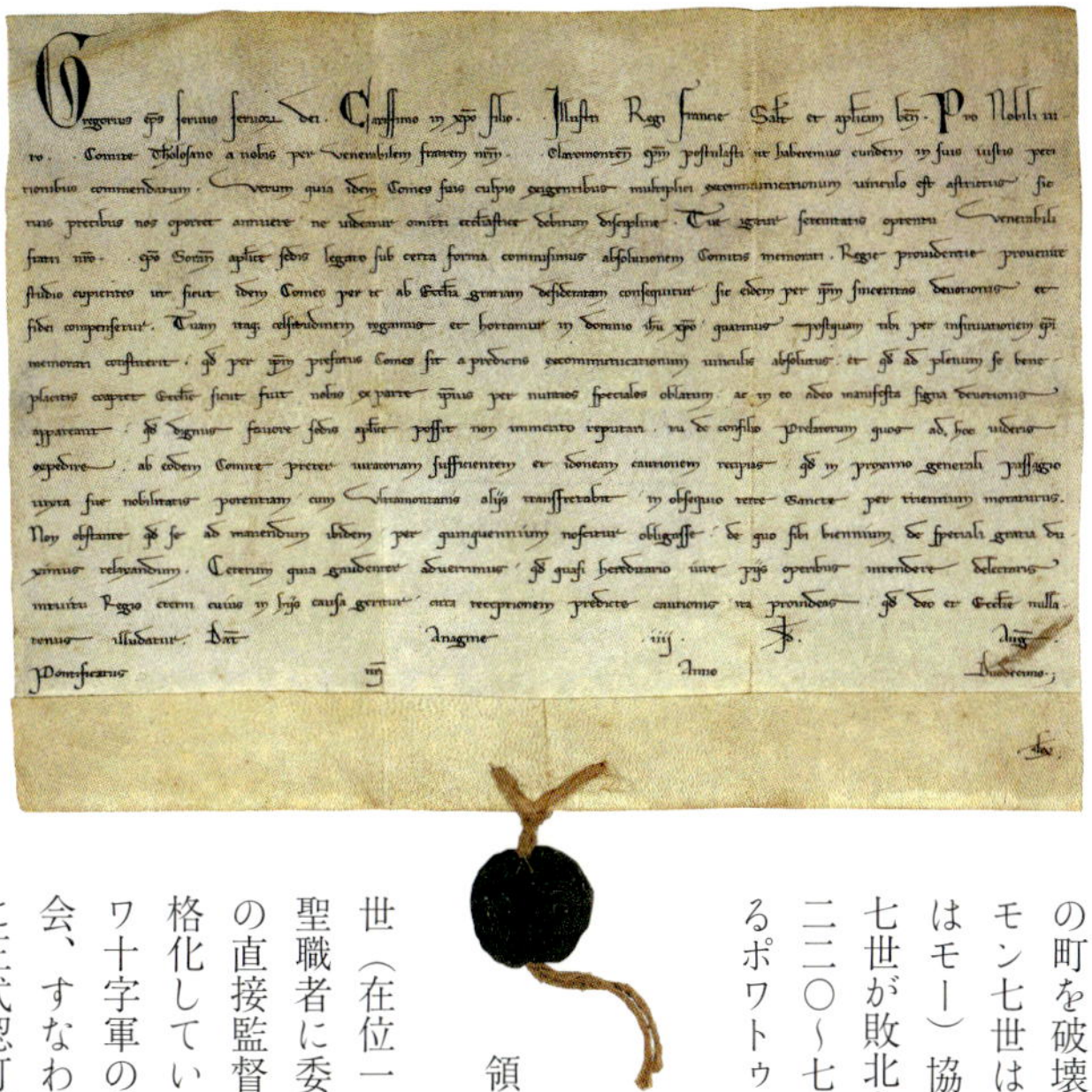
Gregorius eps servus servorum dei. Carissimo in xpo filio. Illustri Regi Francie Salt et aplicam ben. Pro Nobili viro. Comite Tholosano a nobis per venerabilem fratrem nrm. Claromonten epm postulasti ut haberemus eundem in suis iustis petitionibus commendatum. Verum quia idem Comes suis culpis exigentibus multiplici excommunicationum vinculo est astrictus sic tuis precibus nos oportet annuere ne videamur omitti ecclastice debitum discipline. Tue igitur serenitatis optentu venerabili fratri nro .. epo Sorann aplice sedis legato sub certa forma commisimus absolutionem Comitis memorati. Regie providentie provenit studio expientes ut sicut idem Comes per te ab Ecclia gratiam desideratam consequitur sic eidem per ipm sinceritas devotionis et fidei compenserur. Tuam itaq. celsitudinem rogamus et hortamur in domino ihu xpo quatinus postquam tibi per insinuationem epi memorati constiterit. qd per ipm prefatus Comes sit a predictis excommunicationum vinculis absolutus. et qd ad plenum se beneplacitis coaptet Ecclie sicut fuit nobis ex parte ipius per nuntios speciales oblatum. ac in eo adeo manifesta signa devotionis appareant. qd dignus favore sedis aplice possit non inmerito reputari. tu de consilio Prelatorum quos ad hoc videris expedire. ab eodem Comite preter iuratoriam sufficientem et idoneam cautionem recipias. qd in proximo generali passagio ultra sue nobilitatis potentiam cum Ultramontanis aliis transfretabit in obsequio terre Sancte per triennium moraturus. Non obstante qd se ad manendum ibidem per quinquennium noscitur obligasse. de quo sibi biennium de speciali gratia duximus relaxandum. Ceterum quia gaudenter advertimus qd quasi hereditario iure piis operibus intendere delectaris invictu Regio etiam cuius in hiis causa geritur circa receptionem predicte cautionis ita provideas qd deo et Ecclie nullatenus illudatur. Dat Anagnie iiij. Id. Aug.
Pontificatus nri Anno Duodecimo.

▶**教皇グレゴリウス九世からレーモン七世への許可状**　一二三八年八月一〇日、トゥールーズ伯レーモン七世は、教皇グレゴリウス九世から聖地巡礼および一〇年間の十字軍国家滞在の許可を得た。体のいい追放であった。

まに制圧した。神聖ローマ帝国の支配下に置かれていたアヴィニョンは抵抗したものの、約三カ月で陥落した。その後、パリに戻る道中でルイ八世は死去し、南仏政策はその子のルイ九世に引き継がれた。

一二二九年、ルイ九世の代理人として派遣されたアンベール五世・ド・ボージュー（一一九八～一二五〇年代半ば）がトゥールーズの町を破壊した。その結果、同年四月、レーモン七世は、ルイ九世との間でパリ（あるいはモー）協定の締結に追い込まれ、レーモン七世が敗北を認めた上で、彼の娘ジャンヌ（一二二〇～七一）と、ルイ九世の弟の一人であるポワトゥー伯アルフォンス（一二二〇～七一）との婚姻が成立した。この協定によりアルビジョワ十字軍は終了し、事実上トゥールーズ伯領は王領に編入されることとなった。

さらに同年、教皇グレゴリウス九世（在位一二二七～四一）は、従来は在地の聖職者に委ねていた異端審問制度を、教皇庁の直接監督下に置いた。一二三〇年代より本格化していく異端審問において、アルビジョワ十字軍の最中に認可された二つの托鉢修道会、すなわちフランチェスコ会（一二二三年に正式認可）とドミニコ会（一二一六年に正式認可）が、やがて審問官として主導的役割を果たしていくこととなる。

4　第五回十字軍

第四回十字軍の失敗および南仏における異端討伐運動を受けて、いち早く行動を起こしたのは民衆たちであった。一二一二年のいわゆる「少年十字軍」は、少なからぬ影響をインノケンティウス三世に与えた。

アルビジョワ十字軍が展開されている最中の一二一三年四月、インノケンティウス三世は、十字軍勅書「それゆえに大きな（Quia maior）」を発布した。この勅令がそれまでの十字軍勅令と大きく異なるのは、第四回十字軍の失敗と少年十字軍の末路ゆえに、十字軍のための資金の問題が重要視されたことである。とりわけ革新的なのは、十字軍宣誓代償制の導入である。この制度は、自らが軍事遠征に参加しない代わりに、参加者のための資金を提供することで、参加者と同等の特権、すなわち贖罪を得ることができるというものである。宗教改革の時代に問題となる

◀**オーストリア公レオポルト六世**（在位一一九八～一二三〇）かつてリチャード一世を捕縛したレオポルト五世と、ハンガリー国王ゲーザ二世（在位一一四一～六二）の娘イロナとの間に生まれた次男。アルビジョワ十字軍やレコンキスタにも参加するなど、彼は教皇の呼びかけに対して忠実であった。

▶ハンガリー国王兼クロアチア国王アンドラーシュ二世（在位一二〇五〜三五） レオポルト六世とは祖父を同じにする関係となる。

◀ジャン・ド・ブリエンヌとマリーの結婚 一二一〇年、ジャン・ド・ブリエンヌは、エルサレム国王位継承権を持つマリーと結婚した。

贖宥状の原点となるこの制度であるが、当時としては画期的なものであった。それは資金問題の軽減のみならず、十字軍をより多くの人々に関与させることを可能としたからである。

勅書「それゆえに大きな」は、やや形を変えて、一二一五年一一月に開催された第四ラテラノ公会議での決議「解放されるべきために（Ad liberandam）」として採択された。しかし翌年七月、インノケンティスが死去した。後任のホノリウス三世(在位一二一六〜一二七)は、教皇としての仕事を「解放されるべきために」の再発布から始めた。

この教皇たちの呼びかけにいち早く反応してアッコンに向かったのが、オーストリア公レオポルト六世であった。やや遅れてハンガリー国王兼クロアチア国王アンドラーシュ二世がアッコンに到着した。一二一五年にラテン皇帝アンリ・ド・エノーの姪ヨランドと結婚していた彼は、皇帝の座も狙っていたと言われている。キプロス国王ユーグ一世も合流した。当時エルサレム国王の摂政位にいたジャン・ド・ブリエンヌとともに、彼らはパレスチナで越冬した。

エルサレム王国の状況

ここで時計を少し巻き戻して、当時のエルサレム王国の状況を見てみよう。一二〇五年にエメリー・ド・リュジニャンが死去すると同時に、エルサレム王位継承権は年老いたイザベル一世から、彼女とモンフェッラート辺境伯コッラードとの間に生まれたマリーに移った。マリーの共同統治者としての結婚相手が求められ、白羽の矢が立ったのがブリエンヌ伯エラール二世（?〜一一九〇頃）の三男ジャン・ド・ブリエンヌだった。ジャンは、一二〇八年に十字軍士として東方世界にやって来た。その後一度帰郷するが、この時に東方の貴族たちとのパイプを作っていたようである。

一二一〇年、マリーとジャンの結婚式が行われた。この時ジャンは既に六二歳であったが、故郷から伴ってきた者たちを重用するなどの、強権的な政策を展開した。一二一二年四月、わずか二〇歳でマリーがこの世を去ると、王位は二人の間に儲けられていたイザベル二世へと移ることになったが、ジャンは幼王の摂政という立場で王国の舵取りを行った。では、話を第五回十字軍に戻そう。

エジプト侵攻

第五回十字軍は、当初は一万人の騎兵を含む大軍勢であったが、一二一八年一月にアンドラーシュが離脱すると兵力は大幅に削減された。それでも同年春までには、断続的に十字軍士たちが到来し、その結果として主導者たちはエジプト侵攻を決意した。一二一八年五月から、ダミエッタ（現ディムヤート）攻略戦が始まった。

　秋になると、様々な増援部隊がヨーロッパ各地からやって来たが、その中心にいたのが教皇特使ペラギウス（ペラージョ・ガルバーニ）であった。しかし、何かにつけて破門を盾にするその高圧的な態度は、彼と他の者たち、とりわけジャン・ド・ブリエンヌとの間に大きな溝を作ってしまった。

　一二一九年一一月、ようやくダミエッタが陥落した。そもそも第五回十字軍によるエジプト侵攻は、アイユーブ朝にとってみれば休戦協定違反であった。サラーフッディーン没後、その領土は親族の間での権力闘争の場となっていたが、サラーフッディーンの息子たちを抑えて、一二〇〇年に再びアイユーブ朝を統一したのが、弟のアル・アーディル一世であった。アル・アーディル一世の政策は、モースルを拠点とするザンギー朝や、ルーム・セルジューク朝に対抗するために、十字軍国家と休戦協定を締結することだった。

　一二一八年八月にアル・アーディルが死去し、エジプトの地とスルタン位は息子の一人であるアル・カーミル（在位一二一八～三八）が継いだが、アイユーブ朝は再び分裂した。

　ダミエッタが陥落すると、アル・カーミルはダミエッタの町と、都市エルサレムを含む旧エルサレム王国領（ただし、トランス・ヨルダン地域は除く）の交換や、三〇年間の休戦協定などを条件とした和睦を提案した。ジャン・ド・ブリエンヌは和睦を受け入れるよう主張したが、ペラギウスは拒否し、カイロまで侵攻する考えを示した。最終的には後者の主張が通ることとなり、ジャンは一時的に帰国した。

▲ダミエッタの包囲（一二一八～一九）

◀教皇特使ペラギウス（ペラージョ・ガルバーニ、一一六五頃～一二三〇）

カイロ攻略の失敗

　カイロ攻略を確固たるものとするために、ペラギウスは約二〇カ月の間、ダミエッタにてドイツ国王兼シチリア国王フリードリヒ二世の到来を待った。フリードリヒ二世は、既に一二一五年のローマ国王としての正式な戴冠式の際に、十字軍宣誓を行っていたからである。しかし彼は来ず、代わりにバイエルン公ルートヴィヒ一世（在位一一八三～一二三一）がやって来た。また、ジャン・ド・ブリエンヌも戻ってきた。

　一二二一年七月、これらを受けて十字軍士たちは南進を開始した。その間、アル・カーミルは、十字軍士たちによるカイロへの侵攻を阻止すべく、ナイル河沿いの軍事基地として、マンスーラの町を建設した。ペラギウスは再びジャンの提案を無視する形で、マンスーラを攻略すべく陣を張った。
しかし、ダミエッタからの供給線を断たれた上に、ナイル河の氾濫期で不利な戦いを強いられた十字軍士たちは、翌八月三〇日にアル・カーミルに対して停戦を申し出ざるをえなかった。そこでは、ダミエッタの返還、八年間の休戦、および双方とも捕虜を解放することなどが定められた。

その際に捕虜となった者の中に、フランチェスコ会の祖であるアッシジのフランチェスコがいた。アル・カーミルに謁見した彼は、直接スルタンにキリスト教への改宗を勧めた。その態度に感心したアル・カーミルは、彼に多くの贈答品を渡そうとしたが、フランチェスコは受け取りを断った。さらに感銘を受けたアル・カーミルは、フランチェスコを無条件で解放した。

▶アッシジの聖フランチェスコ（一一八二～一二二六）一二二八年に列聖された。
◀シチリア国王フリードリヒ二世（在位一一九七～一二五〇）十字軍誓約と引き替えにする形で、ローマ国王位（一二一五）や神聖ローマ皇帝位（一二二〇）を獲得して固めていった。

これらは聖人伝に描かれている情報のため、そのまま受け入れることはできないが、それ以降、フランチェスコ会やドミニコ会が、異教徒に対する布教（ミッション）を活動の中心の一つにしていったことは周知のとおりである。かつては、言葉による布教は、武力による十字軍と対置されて平和的なものであるとされ、十字軍運動衰退の一因にもなったと考えられていた。しかし現在においては、ミッションも根底では十字軍と目的を同じくするものであり、従って、十字軍の一形態として「霊的（もしくは精神的）十字軍」と呼べるものであったと考えられている。実際、一三世紀半ば頃より、托鉢修道会が十字軍召集において主導的役割を果たしていくようになったことは、このように考えることの妥当性を証明する。

5 フリードリヒ二世の東方遠征とロンバルディア戦争

第五回十字軍を退けたアル・カーミルであったが、その後、ダマスクスの統治を委ねられていた弟のアル・ムアッザム（在位一二一八～一二二七）をスルタンに擁立しようとする動きが生じるなど、内乱に苦しんだ。そして第五回十字軍の時に、アル・カーミルを苦しめていたのは十字軍士たちだけではなかった。一二一八年の段階で、モンゴル人の勢力がイラクやアゼルバイジャン方面まで進出していたため、アイユーブ朝は迫り来るモンゴル人の脅威とも戦わねばならなかったのである。

フリードリヒ二世の出陣

一方、神聖ローマ皇帝ともなったフリードリヒ二世は、一二一五年の十字軍宣誓を履行しないまま、ホノリウス三世との関係を悪化させており、教皇は、第五回十字軍失敗の原因をフリードリヒ二世に負わせた。しかし一二二二年、ジャン・ド・ブリエンヌがヨーロッパにやって来て状況は変わる。ジャンの目的は、援軍要請およびエルサレム国王である娘イザベル二世の婚姻相手を探すことであった。一二二五年七月、フリードリヒから二年の内に東方遠征に出発するという再度の十字軍宣誓を受けていた教皇は、彼をイザベルの婚姻相手に推薦する。そして一二二五年一一月、両者の結婚式がブリンディジで挙行された。それは同時に、エルサレム国王フリードリヒの誕生であった。

しかし一二二七年九月、東方に向かう準備は整っていたものの、フリードリヒ二世は病に倒れた。同年三月にホノリウスは死去しており、その後を継いだグレゴリウス九世は、十字軍宣誓の不履行を理由にフリードリヒを破門に処した。一二二八年六月二八日、病から回復したフリードリヒは東方に向かったが、まだ破門は解かれていないままであり、従って彼の東方遠征は贖罪価値を伴う十字軍ではなかった。

◀フリードリヒ二世（左）とアル・カーミル

フリードリヒ二世は、まず立ち寄ったキプロス王国において、当時一一歳であった国王アンリ一世の摂政位に就いた。そしてアッコンに至った彼は続いて、ヤッファへと移り、町の防備体制を整えた。かねてより彼とアル・カーミルとの間には親交があり、既に和解の準備は進められていたと言われているが、事は単純には進まなかった。最終的には、フリードリヒの威嚇行為とモンゴル人の脅威が後押しとな

▲1240年頃の十字軍国家

▲**コンラート四世**（ドイツ国王位一二三七〜五四、シチリア国王位一二五〇〜五四）写真提供：Alamy / PPS通信社

り、一二二九年二月一一日、ヤッファにて協定が締結された。これによりエルサレム王国は、一〇年間の休戦と、エルサレム、ベツレヘム、ナザレといった聖所の回復を得ることができた。同年三月一七日にエルサレムに入城したフリードリヒは、聖墳墓教会にてエルサレム国王としての戴冠式を挙行した。

しかし破門された、すなわち異教徒扱いとなったフリードリヒの行動に、教皇が黙っているはずもなかった。直ちに教皇はフリードリヒが回復した地を聖務停止令下に置き、そこで執行される儀礼を一切無効化する処置をとった。また十字軍国家の民たちに対しては、彼には従わぬように命じ、同時に教皇の命を受けたジャン・ド・ブリエンヌを中心とする軍勢が、南イタリアの帝国領に攻撃をしかけた。一度はエルサレム王国における地位を保証されたにもかかわらずにそれを反故にされたジャンも、フリードリヒを敵視する一人となっていたのである。

一二二九年五月、それを受けたフリードリヒはエルサレム王国を後にする。彼がアッコンの港を立ち去る際に、住民たちは豚の内臓を彼に投げつけたとも言われている。彼が立ち去った後、十字軍国家における有力貴族の筆頭であるベイルート伯ジャン一世・ディブラン（一一七九頃〜一二三六）たちは、フリードリヒが残していった軍勢をキプロス王国を含む十字軍国家から駆逐した。

ロンバルディア戦争

これに対し、フリードリヒも沈黙していたわけではない。一二三〇年、帰郷した彼は、教皇の軍勢を退けた上で優位な形で和睦協定を結んだ。ヨーロッパでの状況を安定させたと見た彼は、一二三一年五月、代理人としてリッカルド・フィランギエッリ（一一九五頃〜一二六三頃）を東方に派遣した。リッカルドがまず行ったのが、ベイルート伯領などの没収と、ティールおよびニコシアの制圧であった。ここに、ロンバルディア戦争が勃発する。リッカルドがカンパーニャ出身の騎士であったように、フリードリヒの軍勢は南イタリア地域出身の者たちで構成されたが、十字軍国家の人々はそれを勘違いして「ロンバルディア人」とみなしていた。そのため、この皇帝派と反皇帝派の闘争は、ロンバルディア戦争と呼ばれるようになった。

さて、自領を没収されたベイルート伯ジャンなどの十字軍国家の有力者たちは、アッコンにある聖アンデレ教会の祭壇に集い、フリードリヒの勢力に対抗するための兄弟団「アッコン・コミューン」を結成した。一二三二年、まずはニコシアを奪回した後に、反皇帝派勢力はティールを除く領土を奪還した。リッカルドは、アンティオキア侯兼トリポリ伯ボエモンド五世などに援助を要請するも拒否され、事実上、ティールに籠城する状況に追い込まれた。

膠着状態が続いた後の一二四二年、戦争は終結した。そもそも、一二二八年四月二五日にイザベル二世が死去するにおよんで、エルサレム国王位は彼女とフリードリヒとの間に生まれたコンラート四世に移っており、もはやフリードリヒは摂政にすぎなかった。さらに、コンラートが一二四二年に成年に達するにおよんで、摂政権も失われた。

反皇帝派は、自ら東方にやって来ることのない国王コンラートの代理人として、イザベル一世とシャンパーニュ伯アンリ二世の間の子にして、キプロス国王ユーグ一世の未亡人、すなわちキプロス国王アンリ一世の母であるアリクスを選出した。アリクスは、直ちにリッカルドの捕縛を命じた。そして、一二四二年七月、皇帝派の拠点であるティールが、ついに奪還されたのである。

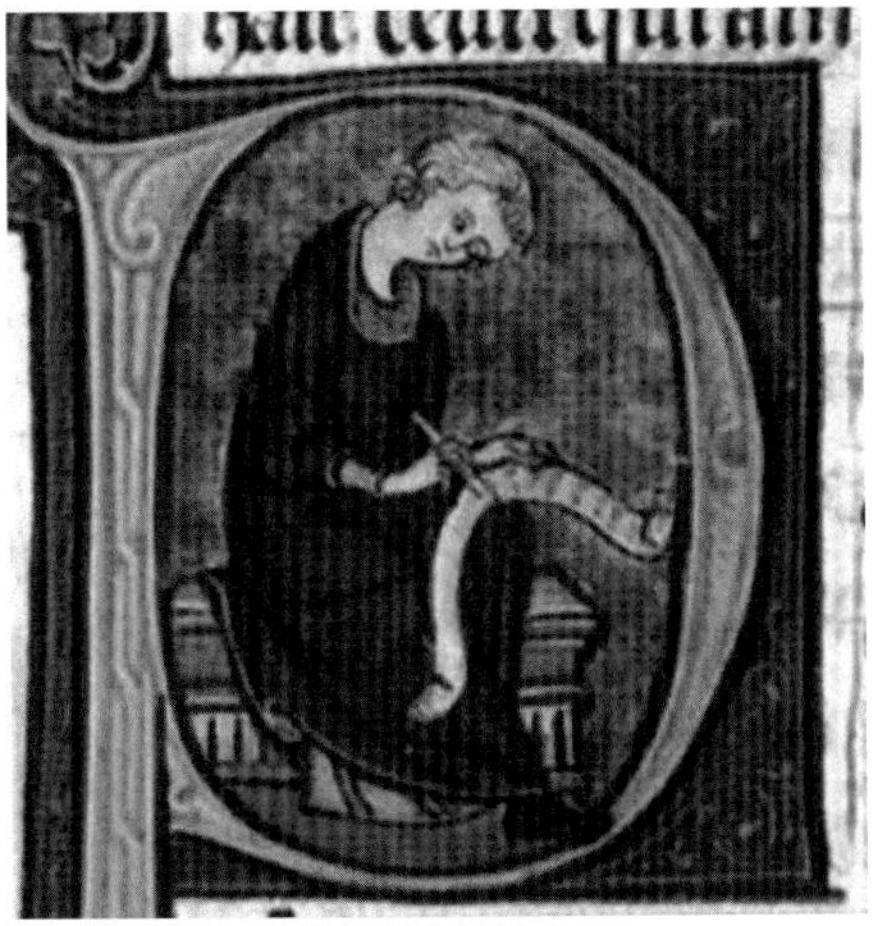

▼**ティボー四世**　シャンパーニュ伯兼ナバラ国王ティボー四世（シャンパーニュ伯位一二〇一～五三、ナバラ国王（テオバルド一世）位一二三四～五三）。詩人としても有名であり、「詩人王」とも呼ばれる。

以上がロンバルディア戦争の概要であるが、次の三点を付け加えておきたい。まずは、同戦争は決してクーデター的な性格は有していなかった、ということである。確かに、十字軍国家の諸侯たちはアッコン・コミューンを形成し、フリードリヒ二世に抵抗した。しかし、それは封主としての彼が不当に封臣の所領を没収したことに対するものであり、その摂政権を剥奪することが目的ではなかったのである。実際にその後も、フリードリヒ二世に始まるホーエンシュタウヘン家の者たち（コンラート四世およびコンラーディン）のエルサレム国王位継承権そのものは問題視されることはなかった。

二点目は、すべての十字軍国家の諸侯たちが反皇帝派であったわけではないことである。皇帝派につくか、反皇帝派につくかは、流動的なものであったが、ロンバルディア戦争はそれまでに潜在的であった様々な対立構造を顕在化させた。かねてよりライバル関係にあったヴェネツィア（反皇帝派）とピサやジェノヴァ（皇帝派、ただしジェノヴァは一二三三年に反皇帝派に鞍替えする）、テンプル騎士修道会（反皇帝派）と聖ヨハネ騎士修道会やドイツ騎士修道会（皇帝派）の対立はもとより、最有力貴族家系であるイブラン家も、ジャン一世が戦争の最中で死去すると、ベイルート伯位を継いだ長男バリアン（一二一〇～四七）が反皇帝派として、アルスール（現アルスーフ）領主となった次男ジャン（一二一二頃～五八）が皇帝派として相争う形で分裂した。このような対立構造は、後に展開される聖サバス戦争の中で、さらに激しい形で浮かび上がることとなるであろう。

最後の点は、ロンバルディア戦争の最中、二人の人物が十字軍を率いて十字軍国家にやって来たことである。一人は、シャンパーニュ伯兼ナバラ国王ティボー四世である。父のティボー三世は、かつてエルサレム王国の統治に当たったアンリ・ド・シャンパーニュの弟であり、第四回十字軍に際しては、インノケンティウス三世から軍事統率者に指名されていたものの、軍事遠征の前に死去したその人である。もう一人のコーンウォール伯リチャード（在位一二五七～七二）は、ジョン欠地王の次男であり、その妹のイザベラは、一二三五年にフリードリヒ二世の后となっていた。いずれも東方に向かう根拠を持つ者たちであった。当時のアイユーブ朝はエジプト勢力とシリア勢力に分かれて対立関係にあったが、ティボー四世が一二三九年にダマスクスのアイユーブ朝政府と協定を締結することによって、フランク人側は都市エルサレムの支配権を獲得した。一方のリチャードは、一二四一年にカイロ政府と休戦協定を結んだが、親ダマスクス政府の立場をとっていた十字軍国家は、それを無視してダマスクスのスルタンと休戦条約を結んだのであった。

6 第六回十字軍——聖王ルイの一回目の「十字軍」

　実際には、エルサレムを巡る問題は次のように展開していた。確かに、ヤッファ協定に基づいてフランク人側はエルサレムを領有していたが、一二三八年にアル・カーミルが死去すると、翌年にケラック（現カラク）領主のアル・ナーシル・ダーウード（在位一二二九〜四八）がエルサレムを制圧した。彼は、兄のアル・カーミルに対抗してダマスクスでスルタンを名乗っていたアル・ムアッザムの子であり、以前は父を継いでダマスクスのスルタン（在位一二二七〜二九）に収まっていた。父と同様にアル・カーミルに対抗すべく、彼は叔父の一人（すなわち、アル・カーミルの兄弟）のアル・アシュラフと提携したが、アル・アシュラフはアル・カーミルと同盟し、アル・ナーシルからダマスクスを奪って、その総督（在位一二二九〜三七）となった。

　一二三七年にアル・アシュラフが死去し、その弟のアッサーリフ・イスマーイール（在位一二三七、三九〜四五）にダマスクスの支配権が移ると、再びダマスクス政府とエジプト政府の関係は悪化した。アル・カーミルの後を継いでスルタンに登位したアル・アーディル二世（在位一二三八〜四〇）は、ダマスクスに軍を差し向け、それを制圧した。

▶ホラズム・シャー朝の支配領域（一二一七年頃）

　しかし一二三九年、アッサーリフ・イスマーイールはダマスクスを奪還し、アル・アーディル二世は、エジプト政府と対抗するためにアッサーリフ・イスマーイールと同盟関係にあったアル・ナーシルによって捕縛された。その後に解放されるも、異母兄弟のアッサーリフ（在位一二四〇〜四九）のクーデターにより、アル・アーディル二世は捕らえられて廃位された。

　その後、一二四三〜四四年の間、エジプトのスルタンにあったアッサーリフに対抗するためにアル・ナーシルに援軍を送るという約束の見返りとして、フランク人は再びエルサレムを手に入れた。それに対抗するためにアッサーリフが同盟を結んだのが、モンゴル人たちに追われる形で西進してきたホラズム・シャー朝の残党勢力であった。一二四四年六月、アッサーリフの招きでエルサレムに侵入したホラズム・シャー朝勢力は、翌月に同市を制圧した。そして同年一〇月、ガザ北東にあるラ・フォルビーの地で、ダマスクス政府およびエルサレム王国の連合軍と、カイロ政府およびホラズム・シャー朝の連合軍とが衝突し、後者の勝利に終わった。都市エルサレムの支配権は、再びカイロ政府の下に落ちた。

第一リヨン公会議

これに対応する形で、教皇インノケンティウス四世（在位一二四三～五四）は、一二四五年六月、第一リヨン公会議を開催した。会議の開催地がリヨンに移されたことについて、教皇自身は「より多くの者が参加しやすくするため」としているが、実際はグレゴリウス九世の時期から教皇庁と激しく戦ったフリードリヒ二世がローマに進軍したために、リヨンに逃れたからであった。

同会議においてまず提唱されたのは、フリードリヒの破門と廃位であり、その理由の一つに、カイロのスルタンとの密接な関係が挙げられた。会議の決議録は二部構成の体裁をとっているが、主として外交問題は第二部でとりあげられている。一つは、窮状に置かれたラテン帝国を援助するための十字軍の提唱であった。ただしそれは、聖地解放という最終目的を果たすための一手段として位置づけられている。

もう一つは、タルタル人（モンゴル人）についてである。一二四一年四月、ポーランド西部にあるリーグニッツ（リグニツア）において、東方から侵攻してきたモンゴル軍が、ドイツとポーランドの連合軍を打ち破った。「死体の山（ワールシュタット）」の戦いとも呼ばれるこの出来事は、ヨーロッパ世界を恐怖に陥れた。ただし第一リヨン公会議では、モンゴル人に対する十字軍が提唱されたわけではない。この段階では、教皇庁もモンゴル人にどのように対応すべきか、判断しかねていたようである。

そして決議録の最後を飾るのが、十字軍勅令の「心から打ち砕かれた（Afflicti corde）」である。その内容は、第五回十字軍を呼びかけた「解放されるべきために」と大きく変わってはいないが、逆にそのことは、インノケンティウス四世が、インノケンティウス三世と同じぐらい聖地解放に熱意を向けていたことを示している。

◀**ラ・フォルビーの戦い**　左側がホラズム・シャー朝の軍勢で、右側がエルサレム王国の軍勢。

ルイ九世の十字軍

ルイ九世の十字軍は、タイミングとしてはこれに呼応した形となる。しかし、ルイ九世

◀**十字の印を受け取る、すなわち十字軍宣誓を行うルイ九世**

は、それ以前に既に十字軍宣誓をなしていた。一二四四年一二月、重い病に苦しんでいたルイ九世は、夢の中で神に聖地解放を誓ったところ、翌日に回復したのであった。そして翌年初頭より、すなわち第一リヨン公会議に先んじて、ルイは十字軍への参加を広く呼びかけていた。兄弟のアルトワ伯ロベール一世（一二一六～五〇）、アンジュー伯シャルル一世、アルビジョワ十字軍の結果トゥールーズ伯にもなっていたポワトゥー伯アルフォンスなどを始めとする、多くの諸侯が参加を表明した。翌一二四六年より、実質的な準備が開始され、小さな漁村であったエーグ・モルトを軍港に改造した。この時はジェノヴァやマルセイユから三六隻のガレー船を貸借したが、将来を見据えて、エーグ・モルトには造船所も設けられた。また必要物資を集め、事前にキプロス島へと送ったが、その総額は年間の国王収入の六倍以上にも上った。

これが様々な形での税で賄われたのは言うまでもない。教会は収益の一〇分の一を徴収され、その総額は全体の経費の三分の二に上った。それまでも教会に一〇分の一税を納めていた一般の人々にとって、さらなる税の徴収は二重の負担となった。

インノケンティウス三世が制度化した十字軍宣誓代償は、あくまでも各人の意志に委ねられたが、ルイ九世による十字軍税の徴収は、否応なしに王国民たちを十字軍運動に巻き込んだ。このような政策が通例化し、さらには十字軍以外の戦費調達にも適用されていく中

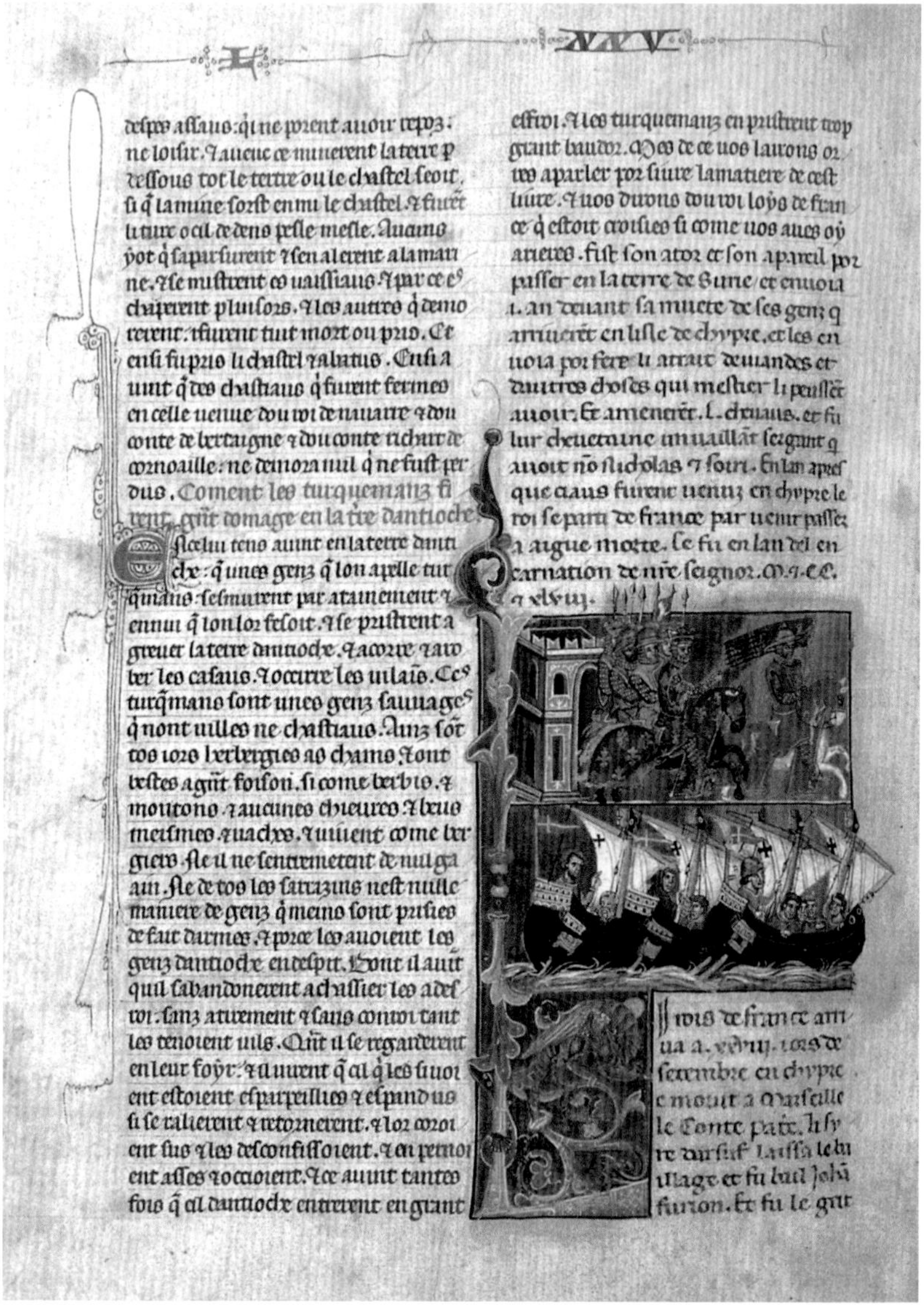

▲エーグ・モルトを出発するルイ9世 ルイ9世によるエーグ・モルト（「死んだ水」の意）港の建設は突貫作業で木材で行われたが、その息子のフィリップ3世（在位1270～85）の時代に本格的な建造がなされた。

で、税を徴収される側にある人々が、十字軍そのものに懐疑の目を向けるようになるのは時間の問題であった。

ルイ九世がすべての準備を整えるには、実に四年間を要し、一二四八年八月二五日、ついに出航した。約二五〇〇人の騎士を含む一万五〇〇〇人の軍勢に、約二〇〇人のイングランドなどからやって来た騎士が加わった。

▲ダミエッタの前に到着したルイ九世

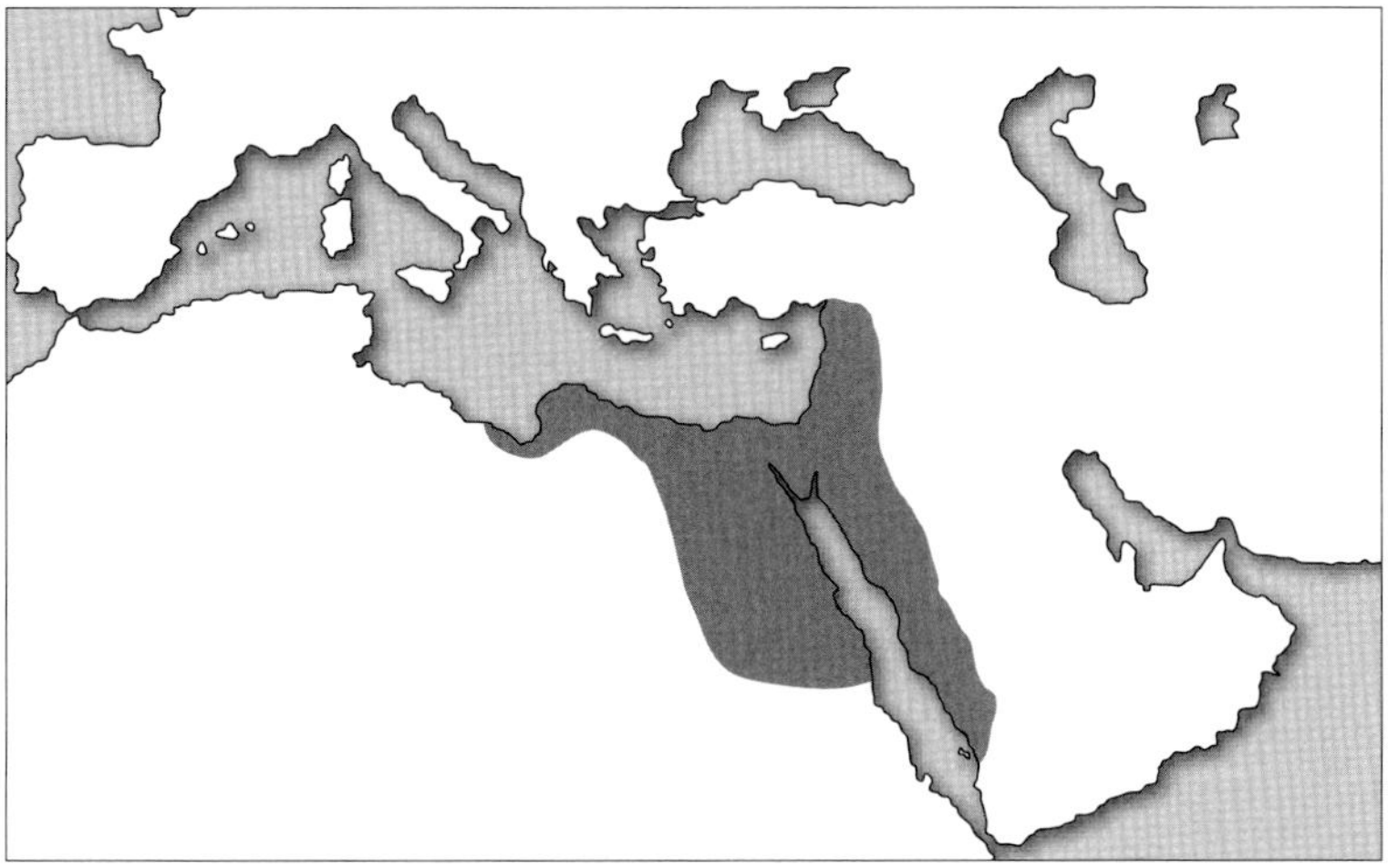

◀マムルーク朝（一二五〇～一五一七）の支配領域（一二七九頃）

同年九月一七日、一行はキプロス島のリマソル（レメソス）に到着した。ここでさらなる増援部隊と合流し、翌年の五月にエジプトに侵攻することが決定され、六月六日にはダミエッタが制圧された。そして第五回十字軍と同様に、次なる目的地はカイロと定められ、一一月二〇日、進軍が再開された。

進軍の間に、スルタンのアッサーリフが死去し、カイロ政府は大きく混乱していた。しかし十字軍士たちの前に、再びマンスーラが立ちはだかった。十字軍士たちはマンスーラの対岸に陣を張ったが、ナイル河の横断に苦慮する。一二五〇年二月八日、多くの犠牲を払いつつも、彼らはナイル河を横断してマンスーラの前に至ったが、先陣を切っていたアルトワ伯ロベールが、功を焦ったのか、当初の計画を無視して突撃を開始した。

まさに、これが転換点であった。十字軍士たちの損害は大きく、逆にアイユーブ朝側は、新しくスルタンとなっていたトゥーラーン・シャー（在位一二四九～五〇）の下で息を吹き返した。十字軍士たちはダミエッタへの撤退を余儀なくされたが、その道中でルイをはじめとする多くの者たちが捕らえられた。一二五〇年四月六日のことであった。

マムルーク朝の誕生

しかし同年五月二日、トゥーラーン・シャーが殺害された。首謀者は、彼の継母シャジャル・アッドゥッルを担ぎ出したバフリーヤ出身のマムルーク軍人たちであった。ここにアイユーブ朝は滅亡し、新たにマムルーク朝が誕生する。スルタン位にはシャジャル（在位一二五〇）が収まったが、女性スルタンに対する抵抗は強く、三カ月後にはシャジャルはマムルーク軍人の有力者の一人であるアイバク（在位一二五〇～五七）と結婚し、彼にスルタン位を移譲した。

このような状況の中、一カ月の捕虜生活を送ったルイ九世は、多額の身代金を支払うことで、五月六日に保釈された。その後に彼が向かったのは故国ではなく、エルサレム王国であった。ルイ九世はアッコンやヤッファといった港町の防備体制を強化し、そしてイスマーイール派といったシーア派勢力と同盟を結び、マムルーク朝を牽制する体制を整えようとした。また同盟や改宗の道筋を模索すべく、一二五三年、フランチェスコ会士のギョーム・ド・リュブリク（一二二〇頃～九〇頃）を、モンゴル皇帝モンケ（在位一二五一～五九）の下に派遣した。ルイ九世は、一二五四年四月二六日、約四年間を過ごした十字軍国家を離れたが、ジョフロワ・ド・セルジーヌ（一二〇五頃～六九）を中心とする約一〇〇〇人の騎士を含む駐屯軍を現地に残し、その維持経費として国庫の約四パーセントの金銭を送り続けたのであった。

▲**マムルーク軍**　マムルーク軍人になるための訓練の様子を描いたもの。

7 聖サバス戦争とアイン・ジャールートの戦い

一二五六年、一つの事件が勃発した。アッコン港近くの聖サバス教会の地所を巡る、ヴ

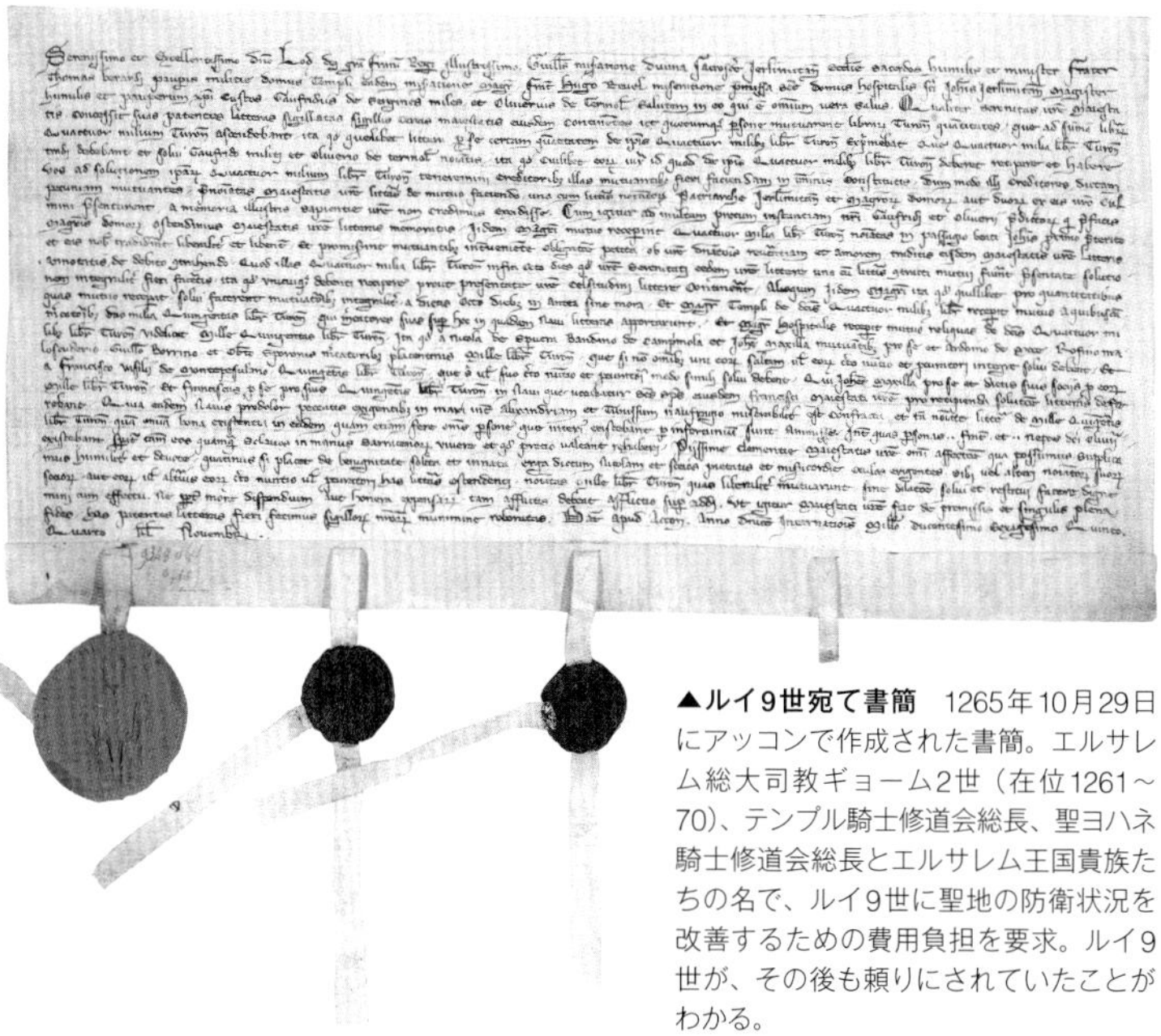

▲ルイ9世宛て書簡　1265年10月29日にアッコンで作成された書簡。エルサレム総大司教ギョーム2世（在位1261～70）、テンプル騎士修道会総長、聖ヨハネ騎士修道会総長とエルサレム王国貴族たちの名で、ルイ9世に聖地の防衛状況を改善するための費用負担を要求。ルイ9世が、その後も頼りにされていたことがわかる。

エネツィアとジェノヴァとの争いであった。ヴェネツィア人がジェノヴァ人を力ずくで追い払うと、これに対して、当時ティール領主であったフィリップ・ド・モンフォール（？～一二七〇）が介入した。フィリップは、アッコンからジェノヴァ人たちを救い出そうとしただけではなく、ティール領内からヴェネツィア人を追放した。ここにおいて、ジェノヴァとヴェネツィアの争いは、アッコン政府とティール政府との闘争へと拡大してしまったのである。一二七七年まで断続的に続くこととなった、この聖サバス戦争の中で、最終的には約二万人が命を落としたと言われている。

　そもそも、アッコンもティールも、エルサレム国王の直轄領であった。しかし国王不在の状況に加えて、ロンバルディア戦争の間には皇帝軍に支配されていたこともあり、同戦争終結後にティールは国王直轄領から外された。そこでティール領主として白羽の矢が立ったのが、フィリップであった。

　フィリップの父ギー（一一七五以降～一二二八）は、アルビジョワ十字軍で活躍したシモン四世の弟であり、ギーは、第三回十字軍に、そして兄シモンとともに第四回十字軍にも参加した。第四回十字軍では、モンフォール兄弟は十字軍によるザラ攻撃に反発して本隊から離脱し、ハンガリー国王イムレ一世とともに十字軍国家に赴いた。その際にギーは、シドン領主エルヴィーズ・ディブラン（一一七八頃～一二一六）と結婚したが、彼女には既に後継ぎのバリアン（一二〇二～四一）がいたため、バリアンが成年に達すると帰郷した。そして、兄シモンとともに身を投じたアルビジョワ十字軍の最中の一二二八年、彼は戦死した。

　その息子のフィリップが東方世界にやって来たのは、父の死後、さらにはロンバルディア戦争の勃発直後であったと思われる。彼は、叔父に当たるベイルート伯ジャン一世の軍勢、すなわち反皇帝派に加わったが、その際の活躍が高く評価され、同戦争の終結後にはエルサレム王国の軍務長官に抜擢された。一二四四年のラ・フォルビーの戦いでは敗北したものの、四六年、エルサレム国王の摂政位にあったキプロス国王アンリ一世から、フィリッ

◀ハンガリー国王兼クロアチア国王イムレ一世（在位一一九六～一二〇四）

プはティール領を委ねられたのである。さらにフィリップは、ルイ九世の一回目の十字軍にも参戦した。

モンゴルとの戦い

聖サバス戦争は、一二五八年に一時鎮静化する。同年初頭に、フレグ（一二一八〜六五）率いるモンゴル軍により、アッバース朝の首都バグダードが陥落したとの報告が飛び込んできたためだった。

当時のエルサレム王国は、ヴェネツィアを支援するアッコン政府側（テンプル騎士修道会、ベイルート伯ジャン二世・ディブラン〔？〜一二六四〕、ピサなど）と、ジェノヴァを支援するティール政府側（聖ヨハネ騎士修道会、アルスール領主バリアン・ディブラン〔一二三九〜七七〕など）とに完全に分断されていた。それは、モンゴル軍の西進への対応を巡る論争にも投影され、前者は、マムルーク朝との同盟を訴えた。一方後者は、モンゴル勢力との同盟を主張した。

平行線のままで出された結論は中立、すなわち両勢力と休戦協定を結ぶことであった。あわよくばマムルーク朝勢力とモンゴル勢力との共倒れも期待されたのかもしれないが、聖サバス戦争で体力を消耗した当時のエルサレム王国には他に実行可能な選択肢がなかったのである。その結果が、一二六〇年九月三日にモンゴル軍との間で戦われたアイン・ジャールートの戦いであり、合戦の地は、エルサレム王国領内にあった。

この戦いでモンゴル軍を退けた将軍バイバルスは、その後にスルタンに登位すると、十字軍国家への攻撃を本格化させた。その一方で聖サバス戦争は、一二六一年にジェノヴァがビザンツ皇帝ミカエル八世と提携するなど、さらに悪化した形で再燃していた。このような状況の中で、一二六五年にはカエサレアやアルスールが、バイバルスの手に落ちた。

一二六八年三月二八日、バイバルスによってヤッファも陥落した。新たなエルサレム国王に選出されたキプロス国王ユーグ三世は、アッコンへとやって来て様々な立て直しを試みた。まずはティール領主フィリップとヴェネツィアとの対立を収め、次に聖サバス戦争の中で駆逐されていたジェノヴァ勢力を呼び戻し、一二六九年五月には、アンティオキアを占領していたバイバルスと休戦協定を締結し

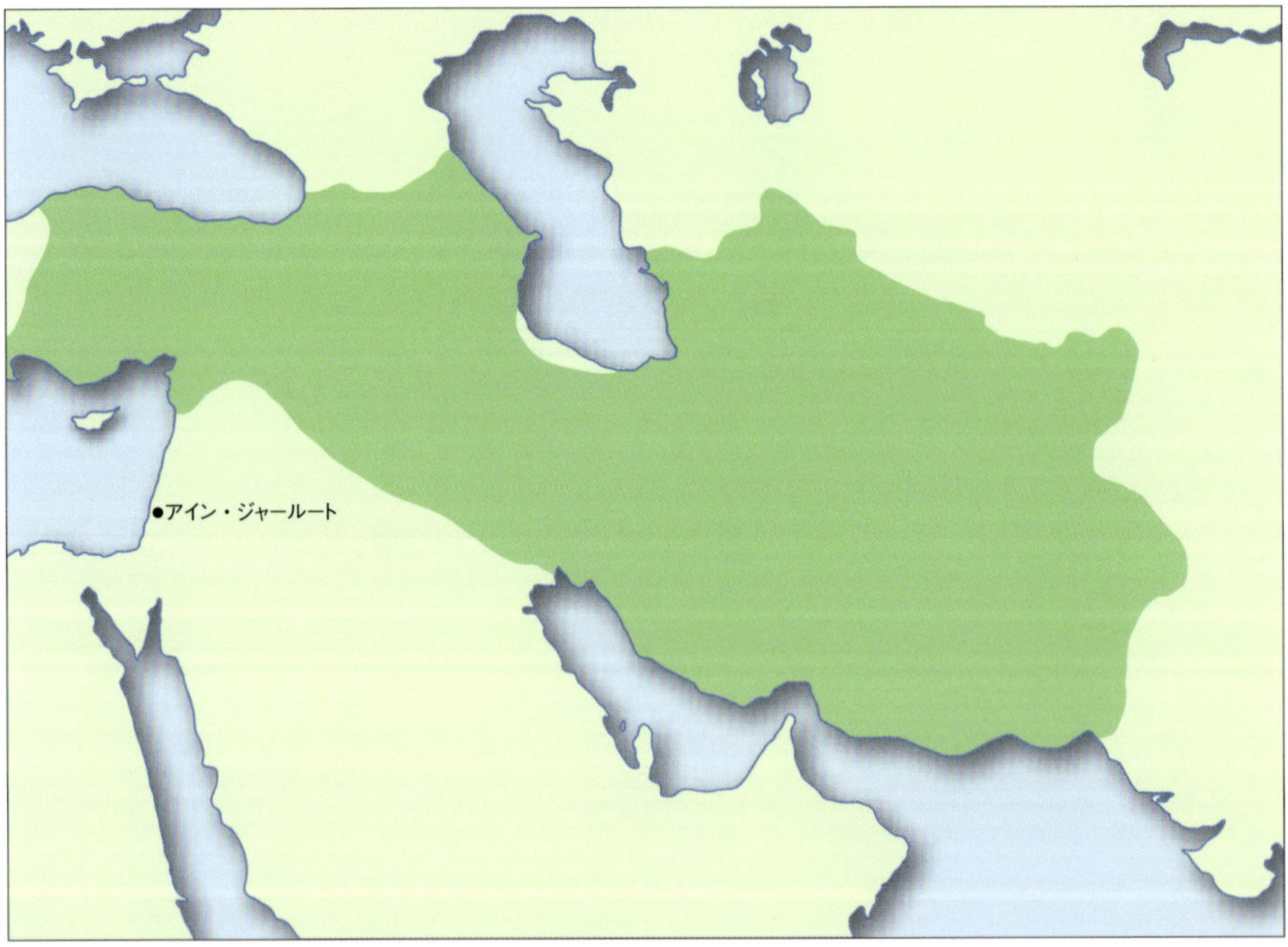

▲フレグ・ウルス（イルハン朝）の支配領域（13世紀後半）とアイン・ジャールート

た。しかし、その後間もなくしてこの協定は破棄され、アンティオキアも陥落した。聖サバス戦争に終止符が打たれるのは、当時シチリア国王となっていたアンジュー伯シャルル一世が、一二七七年一月五日にエルサレム国王位を購入するのを待たねばならなかった。

8 地中海の覇権争い

一二七四年五月七日から七月一七日にかけて、教皇グレゴリウス一〇世（在位一二七一～七六）の下、第二リヨン公会議が開催された。東西教会の合同を含む様々な案件について審議されたが、その決議事項の冒頭を飾るのが十字軍勅令「信仰への情熱（Zelus fidei）」である。十字軍の総力戦化を呼びかけたこの勅令は、後世の研究者たちの間では最も完成された十字軍勅令との評価を受けている。そこで来るべき十字軍の統率者とみなされたのが、アンジュー伯シャルル一世であった。先に述べたように、彼は兄ルイ九世に随行して第六回十字軍に参加したが、その後の経緯を少し追ってみよう。

エルサレム国王をめぐる争い

一二五八年、当時のシチリア国王にしてエルサレム国王は、まだ六歳のコンラーディンであったが、そのシチリア王位は叔父に当たるマンフレーディによって簒奪された。マンフレーディは、フリードリヒ二世と愛人ビアンカ・ランチア・ダリアーノ（一二〇〇～四四頃）の間に生まれた子、従って庶子であるとみなされていた。

この出来事は、マンフレーディと、コンラーディンの後見人ともなっていた教皇アレクサンデル四世（在位一二五四～六一）との対立を生んだ。アレクサンデル四世の後を継いだウルバヌス四世は、一二六三年、シャルルをシチリア国王として封じる措置をとった。シャルルとマンフレーディの対立は聖サバス戦争の最中にあったエルサレム王国にも飛び火し、シャルルはヴェネツィア側を、マンフレーディはジェノヴァ側を支持した。一二六五年、シャルルは十字軍特権を伴ってイタリアに侵攻し、翌年二月のベネヴェントの戦いでマンフレーディを敗死させた。これを受けて、ドイツに逃れていたコンラーディンがイタリアに侵攻するも、一二六八年八月のタリアコッツォの戦いで敗れ、一〇月二九日、ナポリにて斬首された。

コンラーディンの死を受けて、東方では二人の人物が次期エルサレム国王としての名乗りを上げた。一人はキプロス国王ユーグ三世、

▲マンフレーディ（在位1258～66）の戴冠

▼アラゴン国王兼バレンシア国王兼バルセロナ伯ペドロ3世（在位1276～1285、右）

もう一人はユーグ三世の大叔母マリー・ダンティオシュである。エルサレム国王イザベル一世を祖母とするマリーの方が、血筋的には優位にあった。しかし、アンリ一世以来のエルサレム国王不在という状況下では、キプロス国王がエルサレム国王の代理人となる慣例があったため、ユーグ三世も既にエルサレム王国での実績を積んでいた。

約一年間の議論を経た一二六九年九月二九日、ユーグ三世がエルサレム国王として戴冠された。先に見たように、彼は聖サバス戦争を収めようとし、そしてバイバルスと休戦協定を結ぼうともしたが、いずれも実を結ばなかった。休戦協定を破棄したバイバルスの勢いは止まらず、一二七一年四月八日には堅牢な要塞クラック・デ・シュヴァリエが陥落するなど、十字軍国家は再び危機的な状況にあった。

王位を巡る争いに敗れたマリーも諦めてはいなかった。一二七〇年にはシチリア島へ赴いてシャルル一世の支持を取りつけた上で、教皇庁に訴え続けた。そして一二七七年一月五日、マリーからエルサレム王位継承権を購入したシャルルは、ユーグ三世をキプロス島へと退去させる。

エルサレム王位を獲得するまでの間、シャルルは着々と地中海の覇権掌握への道を歩んでいた。コンラーディンを処刑する一年前の一二六七年には、シャルルはアカイア侯国の宗主権を獲得していた。また、一二七二年にはアルバニアを制圧して、自身をアルバニア国王とし、さらに翌年には、ラテン皇帝位も獲得した。一二七七年、ここにエルサレム国王位が加わったのである。しかし、地中海の覇権を狙うのは彼だけではなかった。それは、アラゴン国王ペドロ三世であった。

彼の祖父ペドロ二世は、アルビジョワ十字軍の中で命を落としたその人である。この時既に、アラゴン王家とフランス王家との関係は悪化していた。ペドロ三世の父ハイメ一世は、マヨルカ島を含むバレアレス諸島やバレンシアを支配下に収めることで、地中海進出の基盤を形成した。さらには、チュニスを拠点とするベルベル人のイスラーム王朝であるハフス朝（一二二九～一五七四）を宗主権下に収めることに成功していた。

▶チュニスに向かうルイ九世

交易上でヨーロッパ・キリスト世界と結びついていたハフス朝は、とりわけシチリア国王フリードリヒ二世とも良好な関係を築いていた。一二七〇年、ルイ九世が弟シャルルの獲得したシチリア島を経由してチュニスを目指したのも、このような関係を背景としていた。

後に第七回十字軍と呼ばれるルイ九世にとっての二度目の十字軍は、ハフス朝の抵抗と、疫病のためにルイ自身も死去したことで幕を閉じた。ハフス朝の抵抗の背後には、アラゴン王家との関係があったのかもしれない。しかし一二七七年、ハフス朝がアラゴン国王との関係を白紙に戻すと、ペドロ三世は、一二八〇年よりチュニスに艦隊を派遣して宗主権の回復を図った。

シチリアの晩禱

その最中の一二八二年三月三〇日、シチリア島でいわゆる「シチリアの晩禱《ばんとう》」が起こった。この、アンジュー家の支配を拒んだシチリア島住民たちの反乱は、シャルルをナポリに撤退させた上で、マンフレーディの娘婿であったペドロ三世のシチリア島支配を導いた。そして、新たに獲得したシチリア島からの援軍が、ペドロにハフス朝の宗主権回復を可能にさせた。なお「シチリアの晩禱」の背後に、ビザンツ皇帝ミカエル八世による煽動を見てとる研究者もいる。その是非はともかくとしても、シャルルによるギリシア進出が、ペドロとミカエルとの提携を生みだしていたのは事実である。

このようにして、ペドロはシャルルに対抗する体制を形成していったのであるが、教皇庁と密接な関係にあるシャルルを支援するために、第二リヨン公会議で召集された十字軍のエネルギーと資金の多くは対アラゴン国王に注がれることとなり、アラゴン十字軍が発動されることとなった。

アラゴン十字軍

一二八四年、教皇マルティヌス四世（在位一二八一〜八五）は、アラゴン国王ハイメ一世の娘イサベラ（一二四七〜七一）と、フランス国王フィリップ三世（在位一二七五〜八五）との間に生まれたヴァロワ伯シャルル（在位一二八四〜一三二五）をアラゴン国王に封じた。そして同年、十字軍特権を付与されたフィリップとシャルルが、一万六〇〇〇の騎兵・一万七〇〇〇の弩兵・一〇万の歩兵を率いてイベリア半島に向かった。

しかし戦いの最中の一二八五年一〇月、フィリップはペルピニャンの町にて病没し、翌月にはペドロも病没した。同年春先には既にマルティヌスも死去しており（同年一月にはシャルル一世も死去）、主役の多くを失ったアラゴン十字軍であったが、それが最終的に解決するのは一三〇二年のカルタベロッタの和約を待たねばならなかった。ただし、それは必ずしもアラゴン王家とアンジュー家（フランス王家）の関係修復を意味するわけではなく、両者の争いの舞台の中心は、やがてギリシア方面へと移っていく。

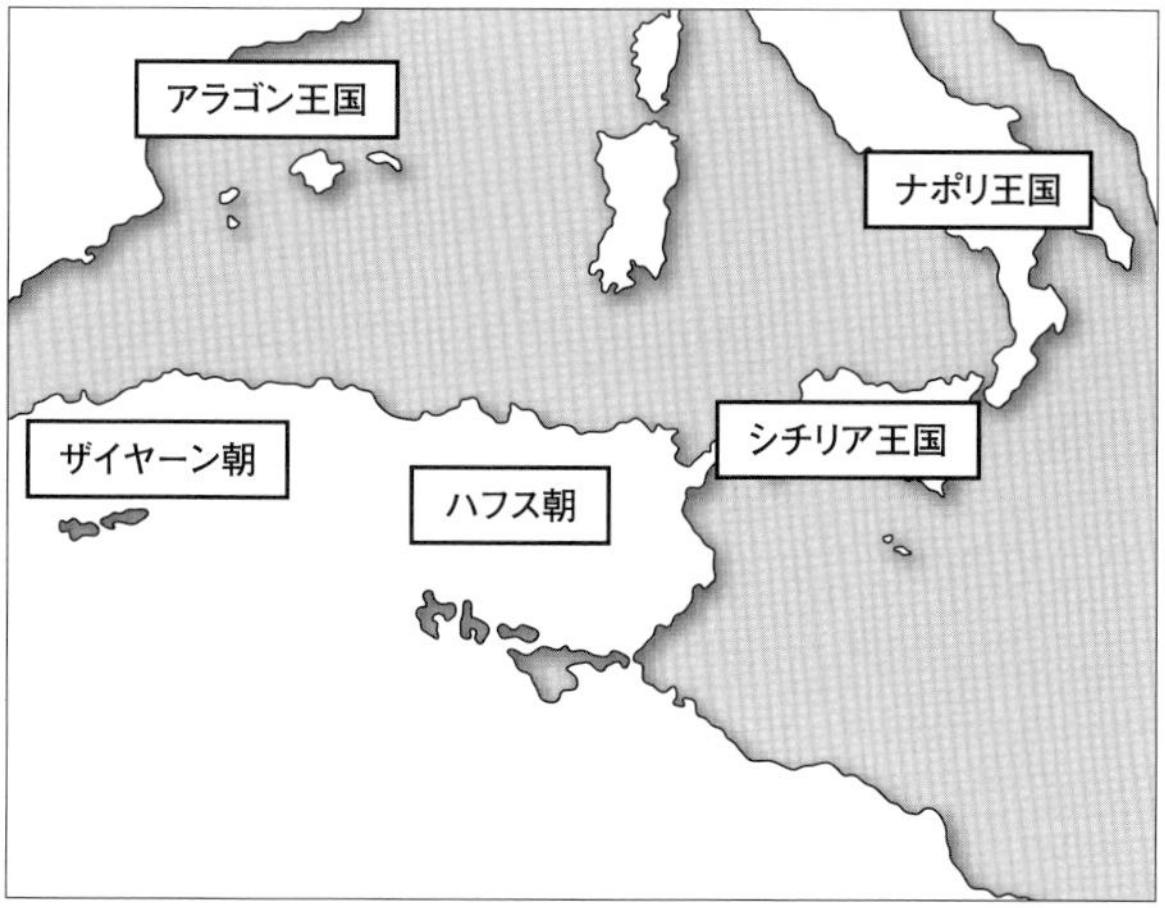

◀西地中海世界

9 シリアおよびパレスチナの十字軍国家の終焉

シリアおよびパレスチナの十字軍国家にとって、一二七七年は好転をもたらす可能性のある年であった。一月五日にエルサレム国王位を購入したシャルル一世は、三月一八日に代理人ルッジェーロ・ディ・サンセヴェリーノ（在位一二七七〜八二）を東方に派遣した。同年七月には、ヴェネツィアとティール領主ジャン（?〜一二八三、フィリップの息子）が和解することで、長年にわたって十字軍国家を苦しめてきた聖サバス戦争が終結した。

もう一方から十字軍国家を苦しめていたバイバルスは、一二七一年以降にはルーム・セルジューク朝とモンゴル勢力との同盟軍に対する戦いに専念していたが、その最中の一二七七年六月三〇日（もしくは七月一日）にダマスクスで没した。その後、バイバルスの子であるバラカ（在位一二七七〜七九）とサラーミシュ（在位一二七九）が父の後を継いでスルタンに登位したが、いずれも廃位された。この混乱を収めてスルタンとなったカラーウーン（在位一二七九〜九〇）も、モンゴル軍との戦いに専念しなければならない状況の下で、一二八二年と八五年には十字軍国家の主立った勢力と休戦協定を結んだ。

報復の連鎖

以上のように、傷ついた十字軍国家には立ち直るための猶予期間が与えられた。しかし実際には、十字軍国家はさらなる茨の道を歩むこととなった。

当時の正式なエルサレム国王はユーグ三世であったが、シャルル一世および彼と強く結びついたテンプル騎士修道会や聖ヨハネ騎士修道会は、彼をキプロス島へと撤退させた。一二八五年のシャルルの死後、キプロス国王を継いだアンリ二世がエルサレム国王として復活するが、アンリ二世がまず行ったのはシャルルが残していったフランス駐屯軍の駆逐と、テンプル騎士修道会や聖ヨハネ騎士修道会に対する報復であった。そして、このような報復の連鎖に苦しんでいたのは、エルサレム王国だけではなかった。

アンティオキア侯兼トリポリ伯とその家臣であるエンブリアキ家との争いは、さらに深刻な結果を招いた。ジブレ（現ビブロス）の領主であったエンブリアキ家は、特殊な存在であった。第一回十字軍の際の功績の返報として、ジブレ領は当時アンティオキア侯の摂政位にあったタンクレーディからジェノヴァ共和国に下封され、そしてジェノヴァ政府がエンブリアキ家にその統治を委ねていた。後にトリポリ伯国が建国されると、ジブレはその管轄下に移されたが、ともかくもエンブリアキ家は十字軍国家の封建家臣の一員であり、それ以上にジェノヴァ共和国の一員だったのである。これを端的に示すのが、聖サバス戦争時におけるエンブリアキ家の動向である。アンティオキア侯兼トリポリ伯ボエモンド六世は、反ジェノヴァの側に立ったが、ジブレ領主エンリコ・エンブリアコ（在位一二四一～七一）は、ジェノヴァを支援するための軍勢を集め、聖ヨハネ騎士修道会とともに主君に対する反乱を起こした。この反乱は、エンリコが降伏してボエモンドと和解する形で終わったが、一二七六年、アンティオキア侯兼トリポリ伯とエンブリアキ家は、再び衝突した。

それぞれ父の後を継いだボエモンド七世とグイード二世・エンブリアコ（在位一二七一～八二）が、この時の主人公である。事の発端はある有力貴族の娘の結婚相手を巡る争いであったが、命の危険を感じたグイードは、アッコンへと逃れてテンプル騎士修道会に入会した。テンプル騎士修道会からの力を得たグイードはトリポリの町を、一方でボエモンドはジブレの町を攻撃した。一度は両者の間で休戦協定が結ばれるも、その間にグイードはジェノヴァからの傭兵隊を召集して勢力を増強していた。

そして一二八二年、グイードは再びトリポリに侵攻した。しかし、堀の中に追い込まれ、そこで餓死してしまう。この出来事に、当時ジェノヴァと敵対していたピサの市民たちは

▲バイバルスの廟　死から2年後に、サラーフッディーン廟の近くにバイバルスの廟が建てられた。

▶キプロス国王兼エルサレム国王アンリ二世（在位一二八五～一三二四）

◀ナポリ国王シャルル二世・ダンジュー（カルロ二世・ダンジョ）（在位一二八五～一三〇九）

歓喜して大祝賀会を催した。その中では、ある者が侯を演じ、ある者が命乞いをするグイードを演じるような演劇も上演され、それを見ていたジェノヴァ人たちは、ピサに対する報復を心に誓うのであった。

一二八六年、ジェノヴァのコムーネは、トマーゾ・スピノーラとオルランド・アスケッリ（いずれも生没年不詳）を頭とする艦隊をアッコンに派遣し、オルランドの艦隊はピサ船を焼き払った上で、アッコン港を封鎖した。この状況に、アッコン政府は港からの立ち去りを求める使節として、二人のフランチェスコ会士を派遣した。それに対してオルランドは、もしアッコンの領主たちのすべてが、立ち去ってほしいとの証書を発給するのであれば、すぐに退去すると答えた。そこで、エルサレム王国摂政位にあったキプロス国王軍務長官バリアン・ディブラン（一二四〇〜一三〇二）、テンプル騎士修道会総長および聖ヨハネ修道会総長たちは、自分たちの印璽を付した証書を発給し、それを受けたオルランドは約束どおり立ち去った。

そして最後のエピソードは、一二八七年から始まる出来事である。ボエモンド七世が後継ぎのないまま死去すると、アンティオキア侯兼トリポリ伯位は、妹のリュシーに移った。リュシーの夫は、シャルル一世とその後継者シャルル二世の下で、プーリアのアミラートゥス（海軍艦隊長）を務めていたナルジョ・ド・トゥシーであった。アンジュー家の強権的な姿勢を経験から知っていた侯国・伯国の騎士たちは、自衛のための兄弟団（コミューン）を結成し、加えてジェノヴァに打診してその力を背後に得ることとなった。

リュシーとコミューンとの交渉の最中、コミューンの代表者の一人であるバルトロメオ・エンブリアコ（？〜一二八九）がある計略を実行していた。彼には、ジブレ領主権を奪回したいという野心があった。グイード二世の死によって、ジブレの領主権がエンブリアキ家の手から離れてしまったからである。しかし、その一方でバルトロメオは、コミューンと提携するジェノヴァ勢力がトリポリを支配下に置くことも嫌っていた。そこでバルトロメオが取った方策は、マムルーク朝のスルタン、カラーウーンとの提携であった。バルトロメオの計略に乗ったカラーウーンは、トリポリに進軍し、一二八九年三月に包囲を開始した。一カ月後にトリポリの町は陥落し、多くの者たちは逃げることに成功したが、命を落とした「哀れな者たち（povre gent）」の中には、バルトロメオも含まれていた。

▲トリポリの陥落　▼現在のアッコン

滅亡に向かう情熱

このような内紛に加えて、最終的に十字軍国家を滅亡に導いたのは、他ならぬ十字軍士たちであった。トリポリの陥落から四日後、キプロス国王兼エルサレム国王アンリ二世とカラーウーンとの間で休戦協定が結ばれた。一方、トリポリ陥落の報を受けた教皇ニコラウス四世（在位一二八八〜九二）は、かつてヴェネツィアのドージェであったロレンツォ・ティエポロ（在位一二六八〜七五）の息子、ヤーコポ・ティエポロ（生没年不詳）率いるヴェネツィア艦隊を中心とした十字軍をアッコンへと派遣した。彼らは、休戦期間中であったにもかかわらず、次のような事件を起こしてしまったことを、『ティールのテンプル騎士修道会士（の記述）』は次のように伝えている。「いつものように、貧しいサラセン人の農民たちが、品物を売りにアッコンへとやって来た。良きことを行うために、そして都市アッコンを救うために武装してやって来た十字軍士たちは、〔中略〕彼らに斬りつけた。彼らは、アッコン周辺の村落の農民たちであった。ひげをたくわえたギリシア正教徒のシリア人たちの多くも殺害した。ひげを生やしているのはサラセン人である、との勘違いから彼らを殺害したのである。これは、本当にまずい行為であった」。

　これに激怒したカラーウーンは、アッコン攻撃に着手した。一二九〇年一〇月、カラーウーンはカイロを出発し、アル・サリヒーヤ（サフェドの北西約二五キロにある町）までやって来たが、そこで没した。病死、もしくは殺害されたとされている。死の際に、カラーウーンは息子のハリール（在位一二九〇〜一二九三）に、「アッコンを占領し、殺害されたサラセン人たちの血に対する報復をなすように」と告げた。アッコンは、翌一二九一年五月二八日にハリールによって占領される。

　そして、アッコンの異変を察知したティールの騎士たちが町を離れた間に、ティールもあっけなく陥落してしまった。唯一生き延びたのは、タルトゥースの沖合約三キロにある、テンプル騎士修道会所有の小島、ルアド島（現アルワード島）のみとなった。しかし、テンプル騎士修道会士たちは、フランス国王フィリップ四世が同騎士修道会への糾弾を開始した一三〇三年、それを放棄してしまった。

十字軍国家とヨーロッパ世界の温度差

　この出来事から強調しておきたいのは、十字軍国家に定住するフランク人たちと、ヨーロッパ世界から到来する十字軍士たちとの間にある温度差である。もう少し例を挙げておこう。

　一二七一年、イングランド王子エドワード（後のイングランド国王エドワード一世）が、アッコンへとやって来た。彼は、元々ルイ九世の十字軍に参加しようとしたが、ルイが没してしまったため、そのまま東方に向かったのであった。エドワードの軍勢は、アッコンに到着すると、近隣にあるドイツ騎士修道会の支配下に置かれた村落を襲撃・破壊し、ムスリム住民たちから掠奪し、彼らの多くを殺害してしまった。このような軽率な行為を在地のフランク人たちにたしなめられた彼は、「自分は異教徒と戦い殉教するために東方へとやって来たのだ」と主張した。

▶フランス国王フィリップ四世「端麗王」（在位一二八五〜一三一四年、中央右）**に臣従を誓うイングランド国王エドワード一世**（在位一二七二〜一三〇七）一二九四年より、フランドルや西フランスを巡って両者は争っていたが、エドワード一世はスコットランド王国との戦いに専念するために、九九年に妥協した。

　同様のことは、一二六八年に「聖地で神のために死ぬことを目的として海を越えてやって来た」十字軍士たちにも見られる。一般には、当初は宗教的情熱に駆られていた十字軍は、時代とともにそれを失っていったと理解されている。しかし、これらの事例が示すように、むしろ十字軍に込められた宗教的熱狂は時代とともに強まっていったのである。ただ皮肉なことに、十字軍の宗教的情熱そのものが、十字軍国家の滅亡への道を築き上げていったのである。

Column_❻

十字軍国家の農村世界

確かに、一〇九九年のエルサレム占領では多くの血が流されたが、このような状況は、ハイファ、カエサレア、ベイルートなどでも同様であった。しかし、アルスール、アッコン、シドン、ナブルス、ベツレヘムのように、ほぼ無血のままに制圧された町も多かったことを忘れてはならない。例えば建国当初のエルサレム王国には、約二〇〇～三〇〇人の騎士と二〇〇〇～三〇〇〇人の歩兵しか残留しなかったが、ごく少数のフランク人による十字軍国家の維持・運営には、圧倒的にそれを上回る数の現地住民、とりわけフランク人にとっての生命線となる現地農民の存在が必要であった。

一一二〇年代より、フランク人たちは農村支配を本格化させていく。領主たちは、通訳官（ドラゴマヌス）・書記官（スクリバヌス）といった役人を農村に派遣し、その管理に当たらせた。また、フランク人支配以前からあった在地の行政システムであるライース制（地域の有力者であるライース〔頭〕に共同体の秩序と正義の維持を委ねる）を維持しつつも、ライースをフランク人に置き換えるなどして農村支配の強化を目指した。しかし、このことはフランク人と現地人農民の関係を悪化させたわけではなかった。現地人農民たちがフランク人領主に反発した事例は、ヌールッディーンによって捕らえられた兄弟の身代金を支払うために、ミラベル領主のボードゥアン・ディブラン（一一三三頃～八七）が領内の農民たちに増税した結果生じた、一一五六から七四年にかけてのナブルス領内の農民一五五人の逃亡事件以外には見られないのである。ムスリム支配領域よりも十字軍国家のほうが税率が低かったことが、多くの農民たちを惹きつけていた。ハッティーンの戦いによって壊滅的な状態に陥った十字軍国家が、その後に立ち直ることができたのも、それまでに築き上げていた農村との密接な関係が維持されていたからであろう。

しかし、一三世紀に入ると状況が変わってくる。ライース制の上に被せる形で、ヨーロッパ起源のプレヴォ（代官）制が導入され、その結果として、村落間での争いが頻発するようになった。そこを上手く突いたのが、バイバルスやカラーウーンだった。彼らは十字軍国家と休戦協約を結ぶごとに、フランク人たちから農村をはぎ取っていったのである。コラム2で触れたように、トゥルコポーレスの供給源でもあった農村は、まさに都市の防波堤であったが、バイバルスたちは徐々にそれを崩していった。都市が丸裸にされた時、その陥落はもはや時間の問題であった。

▲ナブルスの町　その周辺は肥沃であり、そこで生産された無花果・豆類・オリーブ・穀物は、都市エルサレムも支えていた。写真提供：Alamy / PPS通信社

第6章

第3部　後期十字軍の時代

東方・地中海での覇権争い

I　その後の三大騎士修道会と永続的十字軍特権

騎士修道会は、長らく十字軍国家を様々な形で支えてきた。それがゆえに、彼らは十字軍国家滅亡の責任も負わされることとなった。

そもそも騎士修道会に対する批判は、一三世紀後半から頻繁になされるようになり、例えばアラゴン国王ペドロ三世はテンプル騎士修道会を解体して、聖ヨハネ騎士修道会と合体させることを主張した。このように、主として批判の矛先となったのはテンプル騎士修道会であった。フランス王家は彼らを擁護してきたが、フィリップ四世の時に状況は一変した。

▲逮捕・連行されるテンプル騎士修道会士たち

テンプル騎士修道会の解体

イングランド国王エドワード一世と戦争状態にあったフィリップは、かさむ戦費への対処策として聖職者に課税した。この政策は教皇ボニファティウス八世（在位一二九四～一三〇三）との対立を生み、教皇はフィリップ

▶アヴィニョン教皇庁

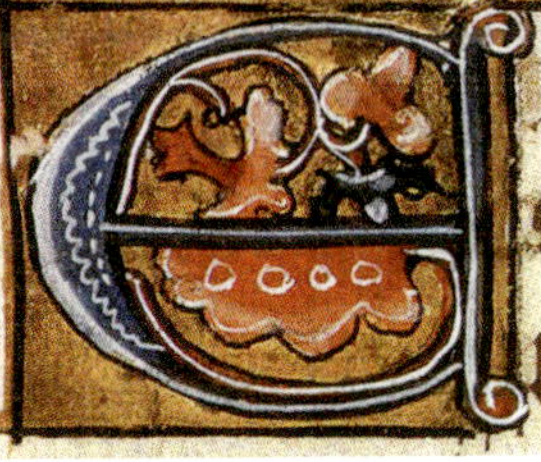

▲火刑に処されるテンプル騎士修道会士たち　テンプル騎士修道会総長ジャック・ド・モレー（在位1292～1314）以下の多くの騎士修道会士たちが火刑に処された。

を破門する。それに対してフィリップは、一三〇三年九月、アナーニにある教皇の離宮を襲撃させた（アナーニ事件）。フィリップがテンプル騎士修道会を糾弾し始めたのはその直後のことであり、一三〇七年には王国領内の同修道会士を逮捕する王令を発布した。

フィリップの介入の結果として教皇に登位したクレメンス五世（在位一三〇五～一四）は、一三〇九年に教皇庁をアヴィニョンに移した。そして、一三一一年一〇月から翌年五月にかけて開催されたのが、ヴィエンヌ公会議である。その冒頭を飾る勅書「テンプル騎士修道会および聖地の職務に関するローマ教会の書（Bullae et scripta curiae Romanae de Templaiorum ordine et Terrae sanctae negotio）」で、テンプル騎士修道会には異端の罪など様々な嫌疑がかけられて有罪と断定された。多くの者たちが処刑され、組織は解体された。その財産の半分は聖ヨハネ騎士修道会に、半分はフランス国王に分配された。なお、同会議では十字軍勅書「我らの贖い主（Redemptor noster）」も発せられているが、それはもはや資金調達マニュアルに他ならない。このようにしてテンプル騎士修道会は解体されたが、三大騎士修道会の内の残り二つ、すな

▲マリエンブルク（マルボルク）城　ドイツ騎士修道会が赤レンガで城塞を建築したのは、敵に脅威を与えるためであった。

わちドイツ騎士修道会と聖ヨハネ騎士修道会には、逆に特権が付与された。永続的十字軍特権と呼ばれるものである。

ドイツ騎士修道会

ドイツ騎士修道会は、第三回十字軍の最中に誕生し、一一九八年に正式に承認された。そして一二二六年より、神聖ローマ皇帝フリードリヒ二世の認可を受けて、時の総長ヘルマン・フォン・ザルツァ（在位一二一〇～三九）の主導下でバルト海沿岸方面での植民活動を開始した。また一二三四年には、教皇グレゴリウス九世より、同騎士修道会の獲得地はローマ・カトリック教会の保護下に置かれることが承認される。その活動は一二四一年のワールシュタットの戦い以降に本格化していくが、四五年、それに対して教皇インノケンティウス四世は特別な特権を承認した。これが永続的十字軍特権である。

▶厨子式聖母　プロイセン植民活動の中で厨子式聖母（Schreinmadonna）が数多く作成されたが、それは植民活動の精神的支柱の一つであった。

◀リトアニア大公兼ポーランド国王カジミェシュ四世（リトアニア大公位一四四〇～九二、ポーランド国王位一四四七～九二）

▲**ポーランド国王兼リトアニア大公ジグムント一世**（在位一五〇六〜四八）**に臣従を誓うプロイセン公アルブレヒト・フォン・ブランデンブルク**（在位一五二五〜六八年、ドイツ騎士修道会総長位一五一一〜二五）アルブレヒトがルター派に改宗した理由の一つは、結婚を望んだことであった。

通例の十字軍特権を得るには、教皇の発した十字軍勅令に対して十字軍宣誓を行い、実際に十字軍活動を行うといった手続きが逐一必要となる。それに対して、永続的十字軍特権は組織そのものに付与されたものであり、それに属する者たちおよびそれをサポートする者たちには自動的に十字軍士としての特権が与えられる。従って、この永続的十字軍特権が認められた組織が活動する限り、自動的に十字軍運動がなされていることとなる。

◀**ロドスに残る聖ヨハネ騎士修道会総長の宮殿**

十字軍国家消滅後の一三〇九年、ドイツ騎士修道会は本部をマリエンブルクに移し、「旅（Reisen）」と称して異教徒の世界であったリトアニア人の地へと侵攻した。しかし、一三八六年にリトアニア人たちがカトリックに改宗し、ポーランド王国との連携を強めると、状況は一変した。そして一四一〇年、タンネンベルクの戦いでポーランドとリトアニアの連合軍に敗北し、多くの騎士修道士たちを失った結果、ドイツ騎士修道会領はそれまでに入植していた非騎士修道会士たちとの「連邦国（Bund）」への変貌を余儀なくされる。さらに、リトアニア大公兼ポーランド国王カジミェシュ四世はドイツ騎士修道会との戦いを再開し、それは十三年戦争（一四五四〜六六）へと発展した。その結果、「連邦国」は騎士修道会士の排除を決定し、総長はポーランド国王の封建家臣として位置づけられた。最終的には一五二五年、既にルター派に改宗していた総長アルブレヒト・フォン・ブランデンブルクが、ポーランド国王兼リトアニア大公ジグムント一世からプロイセン公の称号を得ることで、ドイツ騎士修道会領は名実ともに消滅し、同時に同修道会に付与されていた永続的十字軍特権も消滅した。

◀**第一次ロドス包囲時の総長ピエール・ドビュッソン**（在位一四七六～一五〇三）

聖ヨハネ騎士修道会

残る聖ヨハネ騎士修道会は、一三一〇年までにはビザンツ帝国からロドス島・コス島・シミ島など小アジアに近い島々を奪い、ロドス島に本部を置いた。そしてこの頃に、聖ヨハネ騎士修道会にも永続的十字軍特権が認められた。まさにヨーロッパキリスト教世界にとっての最前線に位置するこれらの島々は、一四四〇年および四四年にはマムルーク朝からの、そして八〇年にはオスマン帝国からの攻撃を受けるも、それらを退ける。しかし一五二三年一月、オスマン帝国はついにロドス島を制圧した。

本部を失った聖ヨハネ騎士修道会であったが、教皇クレメンス七世（在位一五二三～三四）と神聖ローマ皇帝兼スペイン国王カール五世のとりなしによってマルタ島を貸借することとなり、そこに本部を移した。しかし、やがてマルタもオスマン帝国の脅威にさらさ

▲**第一次ロドス包囲**（1480年5月23日～8月17日） 第一次ロドス包囲で、聖ヨハネ騎士修道会はオスマン帝国軍を退けた。

▼**第二次ロドス包囲**（1522年6月26日～1523年1月2日） 第二次ロドス包囲の結果、ロドス島が占領された。

▶**神聖ローマ皇帝兼スペイン国王カール五世**（スペイン国王（カルロス一世）在位一五一六～五六、神聖ローマ皇帝位一五一九～五八）　ハプスブルク朝の絶頂期を築き上げた。

◀**マルタ包囲**（一五六五年五月一八日～九月一二日）　マルタ包囲では、オスマン帝国軍を退けた。

れることとなる。一五六五年、オスマン帝国の大艦隊がマルタを襲った。宗教改革の影響もあって勢力を削がれていたが、総長ジャン・パリゾ・ド・ヴァレットの指揮の下、オスマン帝国軍を撃退することに成功した。

その後も、同修道会は例えばレパントの海戦（一五七一）などで、活躍を見せたが、その二〇〇年後の一七九八年に事は訪れた。ナポレオン・ボナパルトは、エジプト遠征の道中、自艦隊の自由寄港と補給物資の供給を総長に要求したが、総長は一度に二隻しか入港できないとそれに答えた。これに怒ったナポレオンは、六月一〇日に攻撃を開始し、翌日に総長は降伏した。同修道会は、ロシア皇帝パーヴェル一世を総長に戴くなどして、組織そのものの延命を試みたが、もはやヨーロッパ・キリスト教世界の防衛という役割を演じることはなかった。従ってここに、唯一残った永続的十字軍特権の担い手としての聖ヨハネ騎士修道会の終焉を、すなわち十字軍の終焉を見るべきなのである。

◀**ヴァレッタ**　マルタ包囲時の総長ジャン・パリゾ・ド・ヴァレット（在位一五五七～六八）にちなんで名付けられたヴァレッタの町。

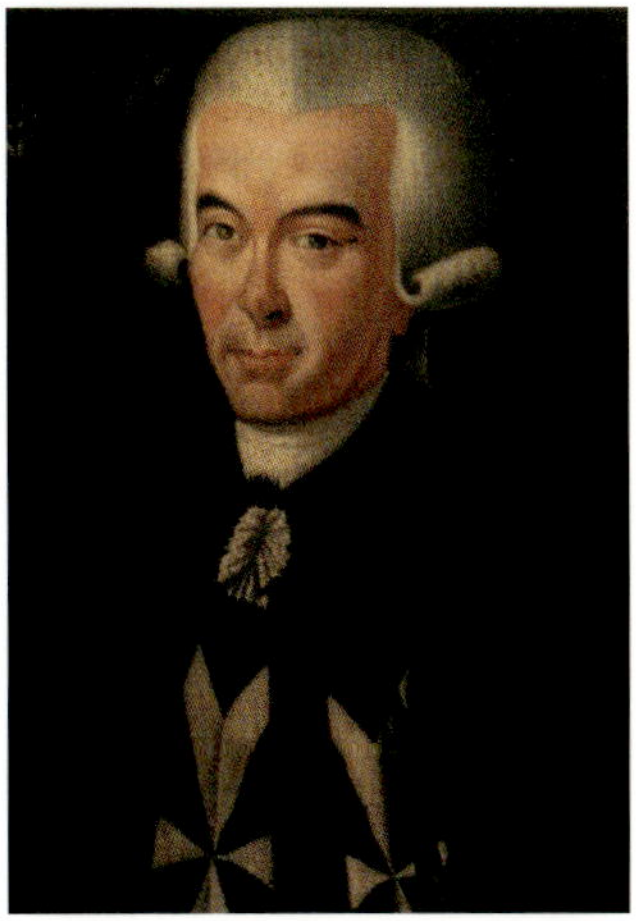

▶**マルタ総長フェルディナント・フォン・ホンペッシュ・ツ・ボルハイム**（在位一七九七～九八）　ナポレオン・ホナパルトにマルタ島を明け渡した。

◀**ロシア皇帝パーヴェル一世**（在位一七九六～一八〇一）

2　聖地回復を目指して

十字軍国家の滅亡後、教皇ニコラウス四世はすぐさま十字軍勅令「信仰への情熱」を再発布したが、これに応じたのはごくわずかな者たちだけであった。ヨーロッパ内部における様々なレベルでの政治体の衝突・対立のため、もはや大規模な軍事遠征は容易には実行できなかった。しかし、そのことは必ずしも十字軍熱の冷却化を意味するわけではない。その証左の一つが、「メモワール（聖地回復論覚書）」が数多く作成されたことである。それを「文書十字軍」と称する研究者もいる。

▶**ポルトガル国王マヌエル一世「幸運王」**（在位一四九五〜一五二一）　彼の統治下でインド航路が開拓された。

▲**ロジャー・ベーコン**（一二一四頃〜九四）「驚嘆的博士」の異名を持つイングランドの哲学者。

メモワールの作成

メモワールは、既に十字軍国家が危機的状況に置かれた一二七〇年代には作成され始めたが、一四〜一五世紀になるとその数は増大した。いくつかの例を挙げよう。

▼**マリーノ・サヌードのメモワール**　アルキペラーゴ公の親族でもあったヴェネツィア人のマリーノ・サヌード・トルセッロ（一二七〇〜一三四三）は、各政治体が提供すべき「小進軍（particulare passagium）」の具体的数字を挙げた上で、これらが有機的に連携して「総進軍（generale passagium）」となれば、聖地の回復も可能であると説いた。

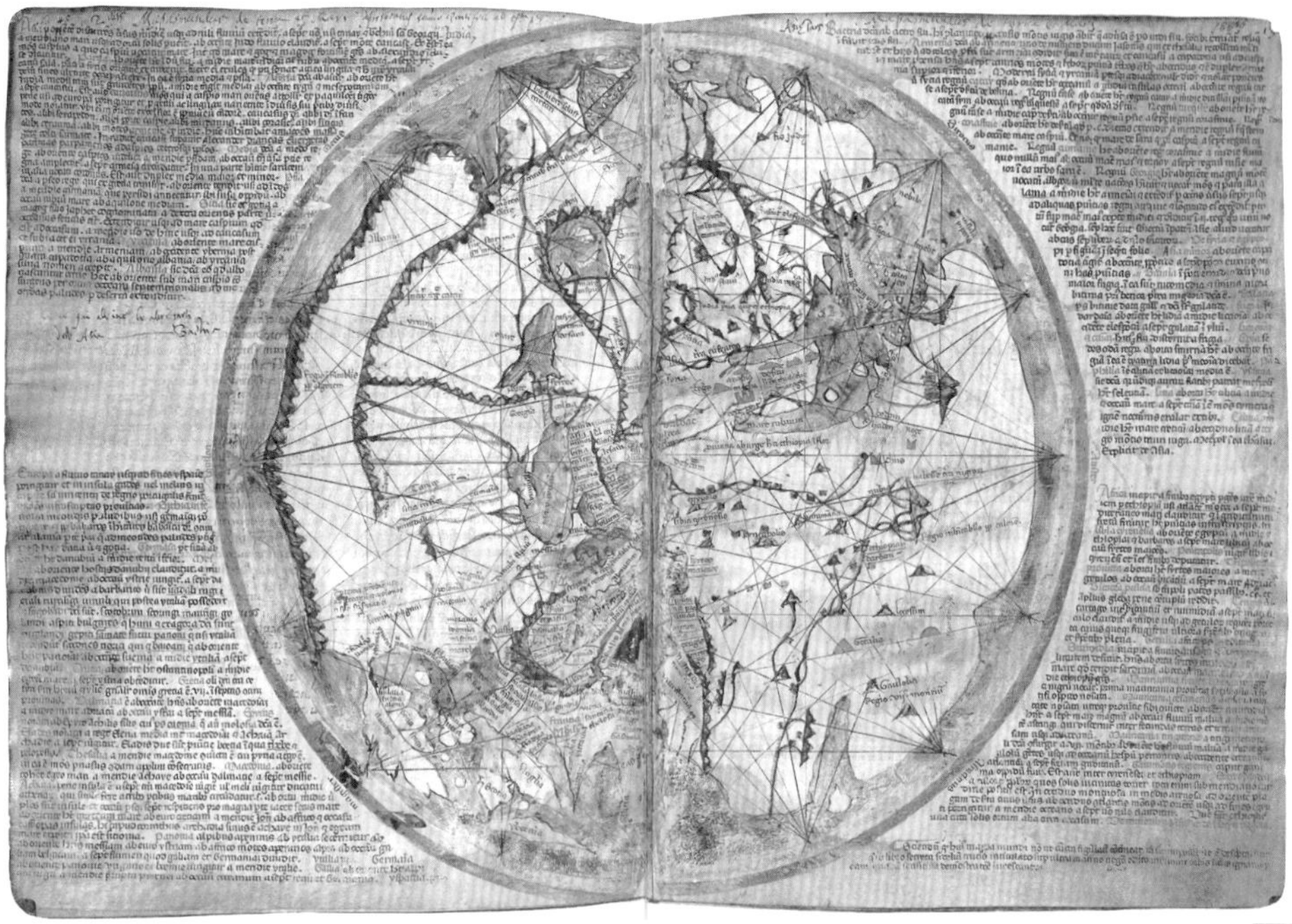

一三世紀半ばにフランチェスコ会の聖地管区長も務めていたフィデェンツィオ・ダ・パドヴァ（一二二六〜九五頃）は、軍事侵攻とイスラーム信仰への論駁との相互補完による聖地回復の必要性を訴えた。また、一三四六年にスミルナ（現イズミル）十字軍に参戦したフランスの騎士フォリップ・ド・メジエ（一三二七頃〜一四〇五）は、新たな騎士団（イエス・キリストの受難騎士団）の創設を強く主張している。他にも風変わりな者としては、太陽光を集めて熱線を発する装置を開発して敵を攻撃すべきである、という言わば「科学的十字軍」を提唱したロジャー・ベーコンや、イスラーム論駁のための神学知識を身につけた美しい女性をムスリムの有力者たちの下に

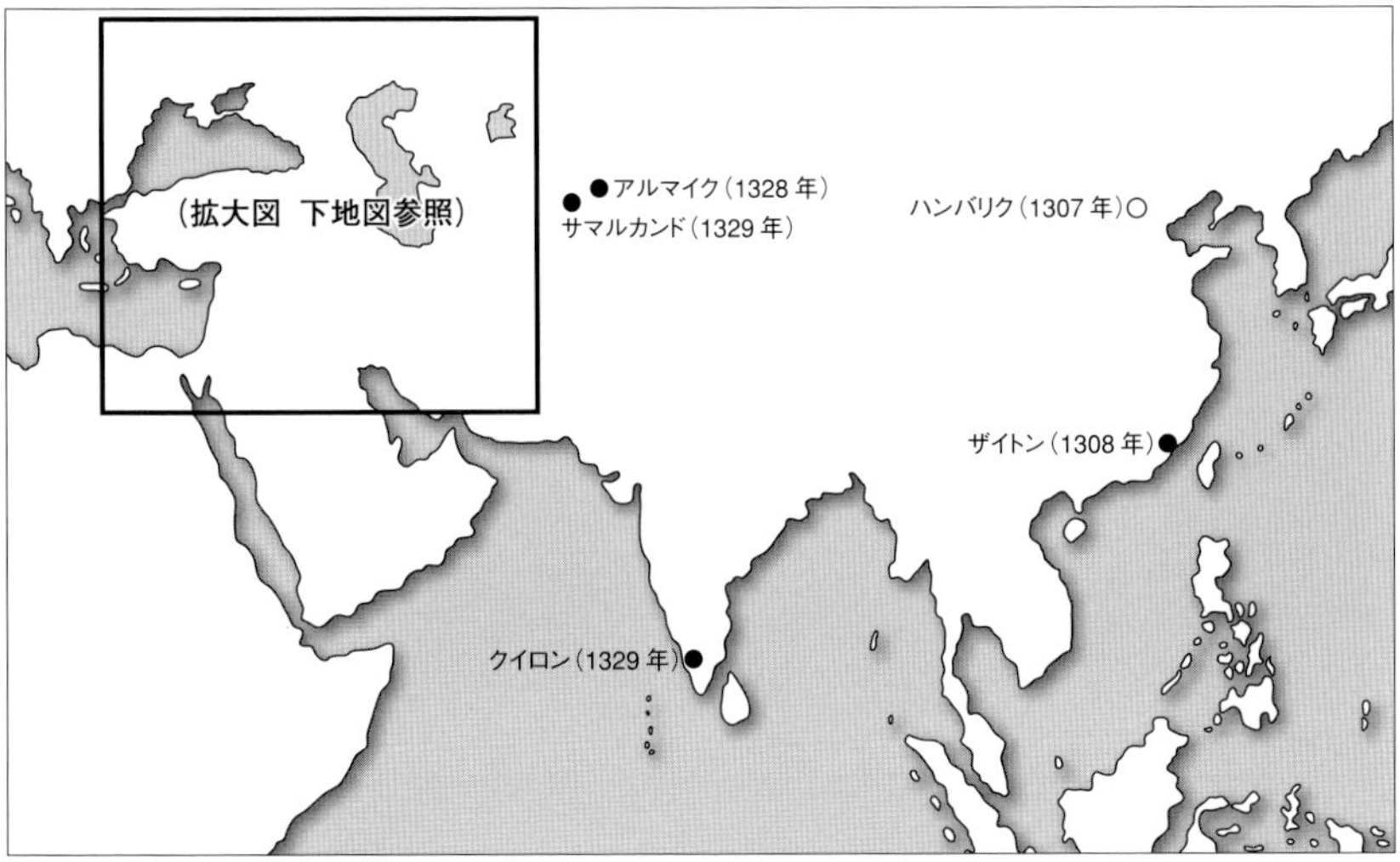

▲▼アジアにおける司教座の設置

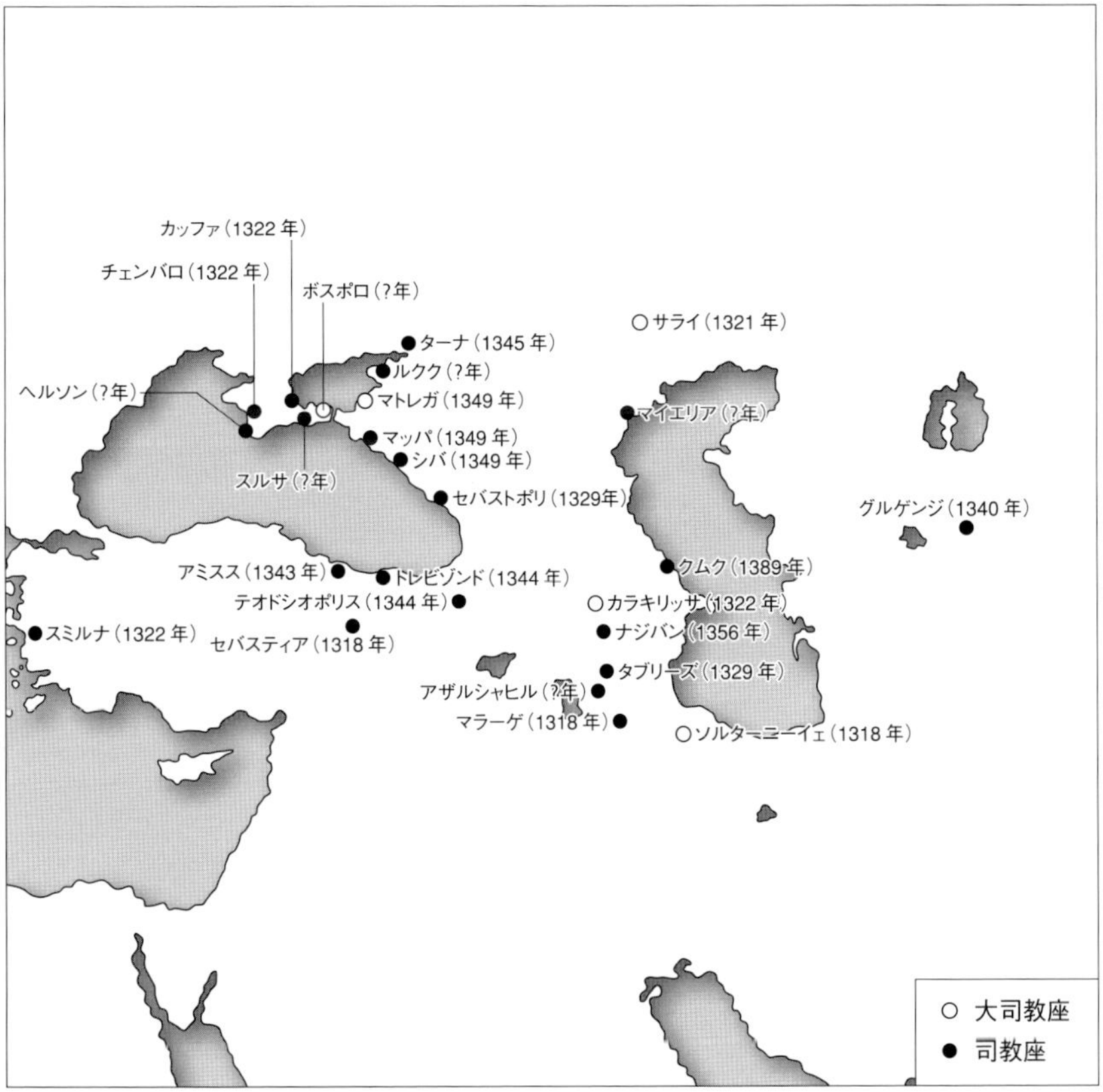

▶**カルタゴ兼アルジェ大司教シャルル・ラヴィジュリ**　アフリカでのミッション活動を推進するために、一八九一年に新たな騎士修道会組織「サハラ武装修道会（Institut des Frères Armés du Sahara）」を設立した。正式認可はされなかったが、教皇レオ一三世（在位一八七八～一九〇三）もそれを支援した。

送り込むことで、彼らをキリスト教に改宗させる、という言わば「結婚十字軍」を主張したフランスの法曹家ピエール・デュボワ（一二五五頃～一三二一頃）などがいた。また、国王レベルでも様々な提案がなされた。一例を挙げると、一五〇五年、ポルトガル国王マヌエル一世は、イングランド国王ヘンリ七世（在位一四八五～一五〇九）に宛てて、エルサレム回復のために自らが練り上げた作戦を記した書簡を送っている。

アジアでの活動

また、非キリスト教世界、とりわけアジアへのミッション活動の活性化も、その証左となる。というのも、先述のとおり、ミッションも「霊的十字軍」として位置づけられるからである。一三〇七年にはフランチェスコ会士のジョヴァンニ・ダ・モンテコルヴィーノ（一二四七～一三二八）がハンバリク（大都〔現北京〕）大司教として叙階されたのを皮切りに、一三〇八年にはザイトン（泉州）に司教座が置かれた。ヨーロッパと中国との間での地域には、むしろそれよりも後に司教座が設置された。一四世紀後半にアジアへのミッション活動は一時中断するも、いわゆる大航海時代とともにイエズス会士の活動が活発化していくことは周知のとおりである。もちろん、すべてのミッション活動を「霊的十字軍」とみなすことはできない。しかし「霊的十字軍」としての性格を持つミッション活動は、例えば一九世紀末のアルジェリアで展開されたように、十字軍の終焉後もなお確認されるのである。

▶**民衆への訴え**　一三三三年、ルアン大司教ピエール三世（在位一三三一～三八、後の教皇クレメンス六世（在位一三四二～五二））が民衆に対して十字軍説教を行っているように、民衆への呼びかけも盛んに行われていた。

民衆十字軍

十字軍熱の高揚を証拠付けるもう一つのものは、いくつか実行された「民衆十字軍」である。少年十字軍については前に触れたが、一三世紀後半以降において、大きなものでは一二五一年の第一次羊飼い（シェパード）十字軍、一三〇九年の第二次羊飼い十字軍（もしくは貧者十字軍）、二〇年の第三次羊飼い十字軍が展開された。「羊飼い」と称されるのは、例えば第一次羊飼い十字軍において「ハンガリー師」と呼ばれた者のような先導者が、多くの迷える子羊である民衆たちを率いたからである。これらの民衆十字軍が記録に残されているのは、大規模であり、かつヨーロッパ各地でユダヤ人に対する攻撃を行ったために各当局からの攻撃を受けたからである。またこれらが、第一回十字軍の際にポグロムを行った民衆十字軍と、ほぼ同じ震源地から発生していることにも注目すべきである。

さらにその背後では、小規模ながらも数多くの民衆十字軍が展開されていた。これらの民衆十字軍が、インノケンティウス三世によって導入された十字軍宣誓代償制による、言わば「十字軍の大衆化」の結果として生じたこと、それに関連して、諸侯たちによる十字軍への批判から生じたことも、付け加えておきたい。

しかし現実問題として、一三三三年以降、ヨーロッパ世界はエルサレムを軍事的に制圧することが困難な状況に置かれた。それは、マヨルカ国王ジャウメ二世（在位一二七六～一三一一）の娘にして、ナポリ国王ロベルト一世（在位一三〇九～四三）の后であったサンチャと、マムルーク朝スルタンのノースィル・ムハンマド（在位一二九三～九四、九九～一三〇九、一三一〇～四一）との間に結ばれた協定ゆえのことであった。

3 聖所の回復と聖地巡礼の黄金期

一三三三年のサンチャとナースィル・ムハンマドとの協定により、双方世界の捕虜が解放されるとともに、聖墳墓教会や聖誕教会の一部、シオン山修道院などの管理権がローマ・

◀サンチャ（サンサ）（一二八五頃～一三四五）　サンチャが協定締結を目指したのは、その敬虔深さからでもあった。ロベルトの死後、彼女は聖クララ（キアラ）会に入会した。

▼巡礼者の姿

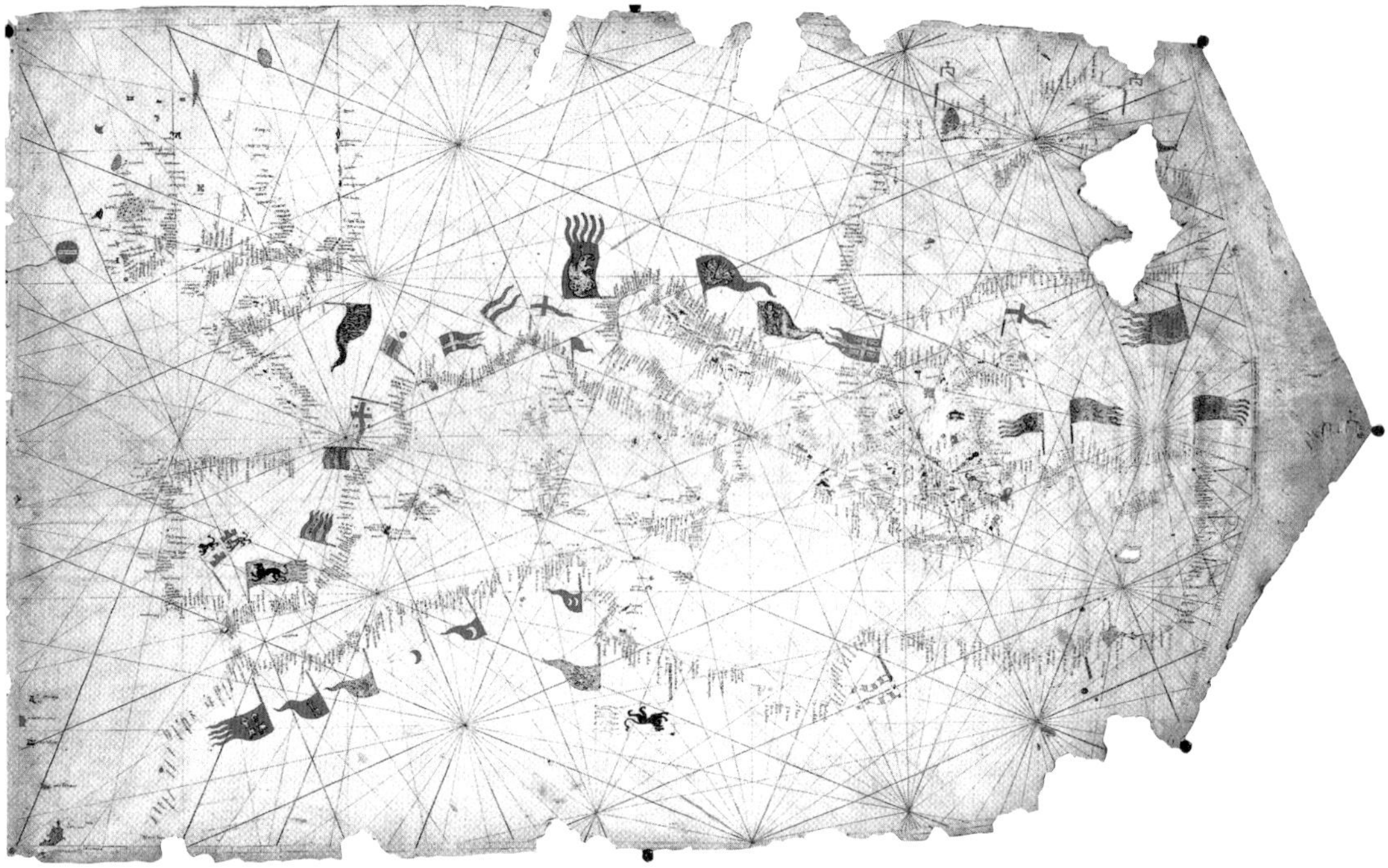

▲ポルトラーノ海図　1421年、ヴェネツィアで作成された。
◀▼嵐と座礁　巡礼船はしばしば嵐に襲われ、座礁した。いずれも、1520～21年に聖地巡礼を行ったハインリヒ・ウォルフリの聖地巡礼記より。

カトリック教会に与えられ、その管理権は教皇よりフランチェスコ会に委ねられた。その後、マムルーク朝はオスマン帝国に滅ぼされるも、一五五〇年にはこの協定の継続が決定された。

イスラーム世界にとってのメリットは、聖地巡礼のもたらす経済効果と、聖所を管理するフランチェスコ会士、およびそこに到来する巡礼者たちを、言わば「人質」にできることであった。ヨーロッパ世界の聖地巡礼を望む者たちも、十字軍国家が存在することによってかえって生じる危険な状況の中で旅するよりも、安心して聖地巡礼を行うことができるという期待を抱くことができた。

その結果、一四～一六世紀は、まさに聖地巡礼の黄金期となった。そして、巡礼者の運搬という側面からそれを支えたのが、ヴェネツィアによるガレー巡礼船システムであった。既に一二二九年には、ヴェネツィアは巡礼者運搬に関する規定を設けていたが、一三八二年にシステムを整備した。このシステム自体は一四四九年に廃止されるも、その後もヴェネツィアの船は多くの巡礼者たちを東方へと運び続けた。

聖墳墓の騎士

この聖地巡礼の黄金期の中で、一つの慣例が生まれていった。それは、聖墳墓教会において騎士叙任を受けることによって「聖墳墓の騎士」となることであった。一八四七年に教皇ピウス九世（在位一八四六～七八）が「聖墳墓の騎士」たちを教皇庁の直轄下に置くことで、それは聖墳墓騎士修道会（正式名称「エルサレムの聖なる墓の騎士修道会（Ordo Equestris Sancti Sepulcri Hierosolymitani）」）となり、現在に至っている。同騎士修道会の公式見解では、その起源はゴドフロワ・ド・ブイヨンに求められているが、「聖墳墓の騎士」が初めて史料上に登場するのは、サンチャとナースィル・ムハンマドが協定を結んだ翌年の一三三四年のことである。そして一五世紀後半には、「聖墳墓の騎士」叙任の儀礼がフラン

▲▼「聖墳墓の騎士」叙任と騎士紋章　ハインリヒ・ウォルフリの聖地巡礼記より。

チェスコ会の主導下で執り行われるようになり、一四八九年に教皇イノケンティウス八世（在位一四八四～九二）は「聖墳墓の騎士」を聖ヨハネ（ロドス）騎士修道会総長の統括下に置く勅書を発布した。しかし、ヨーロッパ各地からやって来る「聖墳墓の騎士」たちを束ねるのは容易ではなく、「聖墳墓の騎士」が組織化されるのは一六四二年に発せられた教皇ウルバヌス八世（在位一六二三～四四）の勅書を待たねばならなかった。

当然のことながら、「聖墳墓の騎士」たちは叙任式の中で、異教徒から聖地を解放するために尽力することを誓った。このように、聖地回復の熱意はイスラーム支配下のエルサレムで沸々と醸造されていたのかもしれない。しかし、彼らが実際に行動を起こしたかというと、その痕跡は確認されていない。そもそも「聖墳墓の騎士」になるには聖墳墓教会に入らなければならないが、それには同教会の門の鍵を管理するムスリムの役人たちに多額の金銭を支払わなければならなかった。

一四八六年に「聖墳墓の騎士」となったコンラート・フォン・グリューネムベルクは、その聖地巡礼記の中で次のように記している。「我々は、儀礼の最中に異教徒が入ってこないように多額の金銭・チップを彼らに支払った。それにもかかわらず、聖墳墓教会から出る時も金銭を要求された。我々が支払いを拒否すると彼らは怒りだし、十字架を投げつけ

Column_❼

日本人初のエルサレム巡礼者

一四九〇年、フランチェスコ会聖地管区長（シオン山修道院長）バルトロメオ・ダ・ピアチェンツァ（生没年不詳）が、聖地巡礼者の受け入れに関する規程を発行した。修道院に押しかけては衣食住を求める自分勝手な巡礼者があまりに多くなったためである。教皇庁もそれを認め、一五世紀半ばからは、厳選された者のみが巡礼者として受け入れられ、記録に残されるようになった。『巡礼者受け入れ名簿（*Navis peregrinorum*）』が作成された背後には、このような事情があり、その名簿の一六一八年四月二日の欄には、「日本のペトルス殿（D. Petrus Japonensis）」という名が見られる。

▲ペトロ岐部カスイ

一五七八年にキリシタンとなった豊後大名の大友宗麟（一五三〇～八七、洗礼名ドン・フランシスコ）の家臣の一人で、国東半島の木部（岐部）集落を治める者が、一五八五年にロマノ岐部として受洗した。その妻マリア波多との間に、一五八七年に生まれたのがペトロ岐部カスイである。彼は一四歳の時に長崎のセミナリヲ（小神学校）に入った。教師の一人は、天正遣欧使節の一人の中浦ジュリアン（一五六八頃～一六三三）であった。

江戸幕府が誕生して後の一六一四年に全国禁教令が出されるに当たって、ペトロ岐部は追放された宣教師たちとともにマカオに渡った。そこでイエズス会に入会するも司祭になることが認められなかったため、彼はローマを目指した。一六一七年にゴアに降り立ったペトロ岐部は、そこからエルサレムを経由してローマに向かった。その間の記録を彼自身が残していないので詳細は不明だが、国家名で言うとビジャープル王国・ムガル帝国・サファヴィー朝・オスマン帝国の領域を通ってエルサレムに至ったようである。これら近接する国家はしばしば互いに争っていたが、彼にとって幸運であったのは、当時、総じてこれらの国家間で休戦協定が結ばれていたことであった。

一六二〇年にローマに至ったペトロ岐部は、司祭に叙階され、修練院で学んだ。日本では元和の大殉教が起こった一六二二年、彼はイグナチオ・デ・ロヨラ（一四九一～一五五六）とフランシスコ・ザビエル（一五〇六～一五五二）の列聖式に参列していた。そして、翌年に帰国の途につくが、日本上陸は難しく、日本人町のあったアユタヤでの潜伏を経て、一六三〇年にようやく日本の土を踏んだ。

一六三三年に長崎でのキリシタン迫害が厳しくなると、彼は東北に向かった。仙台藩主の伊達政宗（一五六七～一六三六）は比較的にキリシタンに寛容であったが、仙台藩領内でも隠れキリシタンの探索が厳しくなった一六四〇年、長三郎なる者に密告されて彼は捕まった。江戸に送られたペトロ岐部は、沢野忠庵（クリストファン・フェレイラ元神父、一五八〇頃～一六五〇）と面会した際には、彼にキリスト教信仰に戻るように説得した。同年七月、小伝馬町の牢屋敷において、ペトロ岐部は穴吊るしの拷問および燃えさしの薪木の拷問を受けて殉教した。

時を経て二〇〇八年、ペトロ岐部を筆頭とする一八八人の殉教者が、聖者に次ぐ福者に列せられた。

▲大分県国東市国見町岐部に立つペトロ岐部の像

てその上に唾を吐いたのであった」。恐怖心の中で「聖墳墓の騎士」となることそのものが、彼らにとっての最大の目的であったのかもしれない。

4 キリスト教徒支配地域のその後

シリアおよびパレスチナの十字軍国家は滅亡したが、十字軍の結果誕生したキリスト教徒支配領域は、まだいくつか生き残っていた。ギリシア世界にある十字軍国家、ヴェネツィアの支配下に置かれた複数の拠点、そしてキプロス王国である。

一三一一年、アテネ公であったブリエンヌ伯兼レッチェ伯ゴーティエ五世・ド・ブリエンヌが、グラン・コンパニーア・カタラーナ（カタルーニャ傭兵団）によって殺害された。この傭兵団は、ビザンツ皇帝アンドロニコス二世パレオロゴス（在位一二八二～一三二八）が、既にガリポリおよびテッサリアにまで進出してきたオスマン帝国の勢力に対抗するために招き寄せたものであった。

それまでのラテン・ギリシアの世界は、アンジュー家の影響下で互いに連携し合う状態であったが、カタルーニャ傭兵団がアテネ公国領をアラゴン国王家に献上することで、アンジュー家とアラゴン王家の対立がこの地域にも飛び火した。この対立の中でアラゴン王家と結びついていたビザンツ皇帝が、ペロポネソス半島で勢力を伸ばしつつあったモレアス専制侯国を後押しす

▲アテネ公ネリオ1世・アッチャイオーリ（在位1388～94）

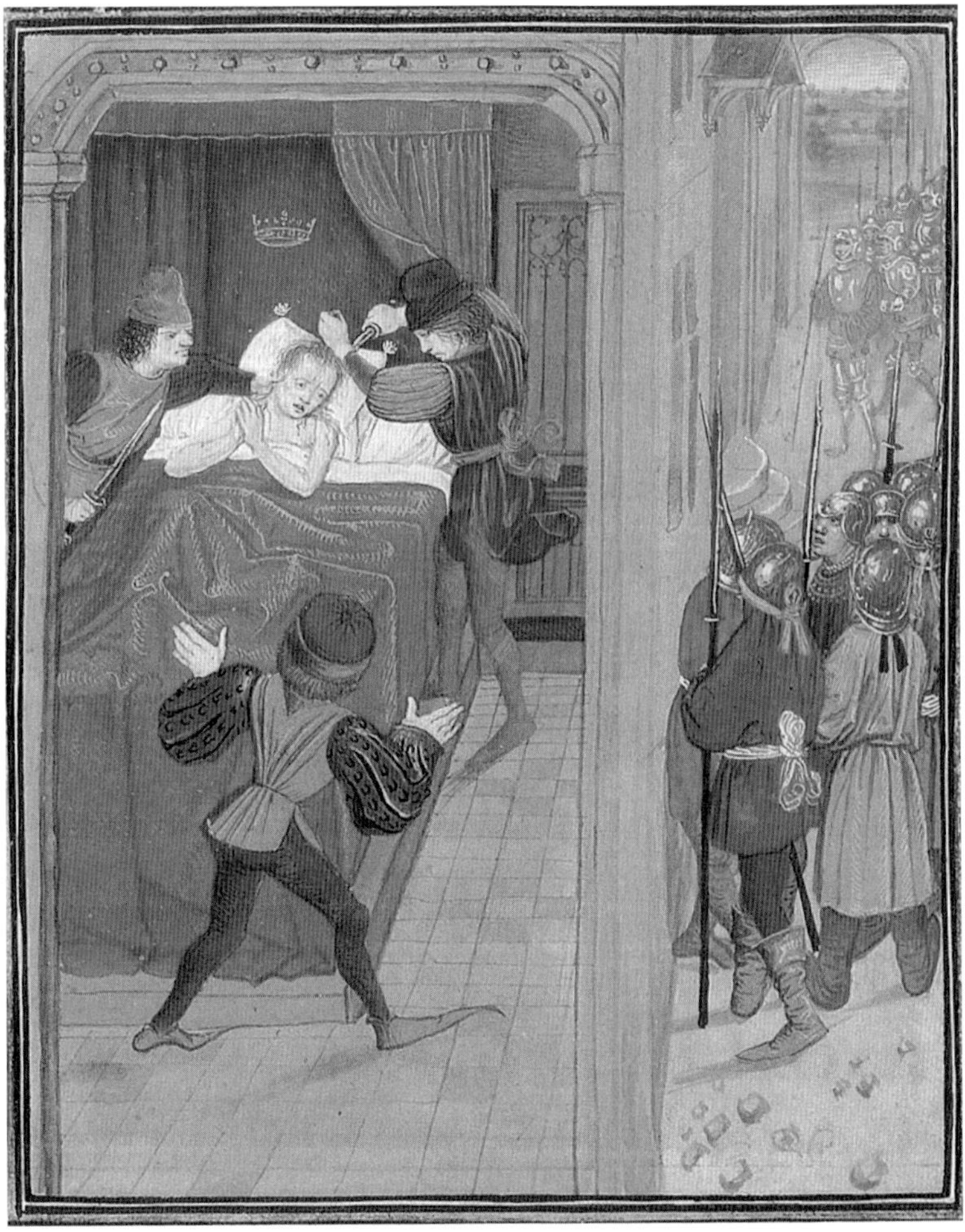

▶キプロス国王ピエール1世（1359～69） 家臣の騎士たちによって殺害された。

ることで、アカイア侯国の置かれた状況は厳しいものとなった。最終的には一四三二年、婚姻関係によるものではあったが、アカイア侯国はモレアス専制侯国に吸収される形でその幕を閉じた。

話をアテネ公国に戻すと、一三八八年、ナバラ傭兵団の助力によってカタルーニャ傭兵団勢力を駆逐したフィレンツェの貴族、ネリオ一世・アッチャイオーリがアテネ公に即位した。ただし、彼が用いたのはナバラ傭兵団だけではなく、小アジア方面から、トルコ人傭兵団も呼び寄せていたのである。そして、コンスタンティノープル陥落から三年後の一四五六年、同公国もオスマン帝国によって滅ぼされた。

ヴェネツィア支配下に置かれたネグロポンテ公国も、一四七〇年にオスマン帝国によって制圧された。クレタ島は一六六九年まで生き長らえるも、一六世紀の間にヴェネツィアはギリシア世界における多くの拠点を失った。

▲最後のキプロス国王となったカタリーナ・コルナーロ（在位1474～89）

コルフ（ケルキラ）島のように、オスマン帝国からの攻撃を退けた拠点もいくつかあったが、やがてそれらも一七九七年のナポレオンの侵攻によって失われることとなった。

キプロス王国の滅亡

シリアおよびパレスチナの十字軍国家滅亡後のキプロス王国は、まさに十字軍のための最前線基地となった。そして、ロドスに本部を置いた聖ヨハネ騎士修道会やギリシア世界にいくつもの拠点を有していたヴェネツィアが中心となり、度々エーゲ同盟が結成されて、イスラーム世界への攻撃を展開した。一三三四年には小アジアのアドラミティウム（現エドレミット）で、四四年には同じく小アジアのスミルナでオスマン帝国の勢力を破り、一時的に同地を支配した。また、キプロス国王ピエール一世の下で、エーゲ同盟は東地中海沿岸部をまさに荒らしまわり、一三六五年にはアレクサンドリアを一時支配した。

このように、キプロス国王を中心としたエーゲ同盟は、一四世紀半ば頃までは活発な活動を見せていた。しかしその綻びは、またしてもヴェネツィアとジェノヴァとの対立関係から生じた。一三七三年にジェノヴァがキプロス島のファマグスタ（ガズィマウサ）を制圧すると、キプロス王国そのものが弱体化していった。そして一四二六年にマムルーク朝から激しい攻撃を受けた結果、キプロス王国はその宗主権を認めざるをえない状況に追い込まれた。キプロス国王ジャック二世の未亡人カタリーナ・コルナーロは、もはやキプロス王国を維持できないと判断し、一四八九年に同島をヴェネツィア共和国に委譲した。

一五七一年、レパントの海戦で教皇庁・スペイン王国・ヴェネツィアからなる神聖同盟がオスマン帝国軍を破った一方で、キプロス島はオスマン帝国によって制圧されていた。その二年後の一五七三年、和約によって正式にキプロス島はオスマン帝国に割譲されることとなった。

5 オスマン帝国の擡頭

ここで、一四世紀頃までのオスマン帝国の状況を見ておこう。一二九九年、軍事的集団を率いたトルコ人の遊牧部族長オスマン一世（在位一二九九～一三二六）が、アナトリア西北部でルーム・セルジューク朝からの自立を宣言した。一三〇一年にはビザンツ帝国領へと侵攻して領土を拡大していったが、一三二六年、プロウサ（現ブルサ）を攻略している最中で、オスマン一世は没した。その父の後を継いだオルハン（在位一三二六頃～六二）はプロウサを占領し、コンスタンティノープルを対岸に臨むマルマラ海沿岸にまで領土を拡張した。

ただしこのような状況に対して、ヨーロッパ世界も黙ってはいなかった。一三六六年、サヴォワ伯アメデー六世は、ムラト一世（在位一三六二～八九）からの攻撃に苦しむビザンツ皇帝ヨハネス五世パレオロゴス（在位一三四一～七六、七九～九一）を救援すべく、教皇ウルバヌス五世から十字軍特権を得た上で、約一七〇〇人の軍勢を率いて東方へと向かった。アメデー六世の父エーモン（一二九一～一三四三）とヨハネスの母アンヌ（一三〇六～六五）は兄妹であり、従って両者は従兄弟だったからである。アメデーの軍勢は、オスマン帝国からガリポリを奪取することに成功した。しかし、ヨハネスがブルガリア人勢力によってヴァルナへと連行されたことを受けて、アメデーは自軍を動かさざるをえなくなった。ヨハネスの救出には成功したものの、ガリポリは放棄された。

ニコポリス十字軍

一方、オスマン帝国は着実に領土を拡大していった。一三六一年頃にはトラキア地方の中心都市アドリアノープル（現エディルネ）を制圧し、第二ブルガリア帝国を属国にするとともに、バルカン半島侵攻のための拠点を得た。一三八五年にはソフィアが、翌年

◀「十字軍」計画の協議　一三六六年に実行された十字軍についての協議の模様。上段中ほどの右から、サヴォワ伯アメデー六世（在位一三四三～八三）、キプロス国王ピエール一世、神聖ローマ皇帝兼ボヘミア国王カール四世（神聖ローマ皇帝位一三五五～七八）、教皇ウルバヌス五世（在位一三六二～七〇）、教皇特使ジルアルバレス・カリージョ・デ・アルボルノス（一三一〇～六七）、聖ヨハネ騎士修道会総長レーモン・ベランガール（在位一三六五～七四）。

▶**ブルゴーニュ公家のジャン**（一三七一～一四一九）　後のブルゴーニュ公ジャン一世「無畏公」。

▼**オスマン帝国軍**　オスマン帝国軍の楽団は、指揮伝達の手段としても用いられた。

◀**ハンガリー国王ジギスムント**（ジグモンド）（在位一三八七～一四三七、神聖ローマ皇帝位一四三三～三七）

にはニシュが占領された。

　しかし一三八九年、コソボの戦いの最中でムラト一世が暗殺された。その後を継いで即位したバヤズィト一世は、スルタン位継承権を持つ他の兄弟たちを殺害した。ここに起源を持つ「兄弟殺し」の慣例は、その後のスルタンの兄弟たちを、ヨーロッパを始めとする他の世界に亡命させていくこととなる。

　さてバヤズィトは、一三九四年にコンスタンティノープルを包囲した上で、アカイア侯国へと侵攻した。このような状況で、セルビア王国やワラキア公国はオスマン帝国の宗主権を認めざるをえなくなる。

　後述するように、当時のヨーロッパ世界はシスマ（教会大分裂）によって分断されていた。しかし、このようなバルカン半島の情勢を受けて、ローマ教皇ボニファティウス九世（在位一三八九～一四〇四）とアヴィニョン教皇ベネディクトゥス一三世（在位一三九四～一四一七）はともに、対オスマン帝国のための十字軍を呼びかけた。ハンガリー国王ジギスムントと、ブルゴーニュ公家のジャンが、約一万の軍勢を率いてドナウ川を下った。聖ヨハネ騎士修道会、ヴェネツィアおよびジェノヴァの連合艦隊は、黒海からドナウ川をさかのぼった。しかし、一三九六年、ニコポリスの地で大敗を喫し、ジャンを始めとする多くの者たちが捕虜となった。

　後にニコポリス十字軍と呼ばれるこの戦いでは敗北した一方で、ある一人の十字軍士が奮闘した。その武勲から「ブシコー元帥」の称号を受けたジャン二世・ル・マングルである。ドイツ騎士修道会による東方植民にも参加したことのあるジャンは、ニコポリス十字軍で捕虜となった。身代金を支払うことで解放された後の一三九九年、多くの解放者が帰郷する中で、彼はオスマン帝国によって包囲されているコンスタンティノープルへと向かい、ビザンツ皇帝マヌエル二世パレオロゴス（在位一三九一～一四二五）を救出した。マヌエルを伴ってヨーロッパに戻った彼は、各地でビザンツ帝国への支援の必要性を訴えた。

　一四〇三年、東方へと舞い戻って来たジャンは、小アジアやシリアの沿岸一帯を、まさに荒らしまわった。ジャンの攻撃が功を奏した背景には、一四〇二年、中央アジア方面からやって来たティムール（一三三六～一四〇五）の率いる軍勢が、アンカラの戦いでオスマン帝国軍を破り、バヤズィト一世を捕虜としたという出来事がある。キリスト教世界にとっては絶好の機会であったかもしれないが、シスマなどの事態の悪化がそれを活かすことを妨げた。次の遠征は、シスマ終了後の一四四三年に組織された、いわゆるヴァルナ十字軍を待たねばならなかった。

▲「ブシコー元帥」ことジャン2世・ル・マングル（1366 ～ 1421）

第7章 混乱するヨーロッパ世界

Ⅰ シスマ（教会大分裂）期の十字軍

一三七七年、教皇グレゴリウス一一世（在位一三七〇～七八）は、教皇庁をアヴィニョンからローマへと戻した。翌年の彼の死を受けて、新たに教皇に選出されたのは、ナポリ出身のウルバヌス六世（在位一三七八～八九）であった。これに異を唱えたフランス人の枢機卿たちは、選挙の無効を主張した上で、ジュネーブ出身のクレメンス七世（在位一三七八～九四）を教皇として選出し、アヴィニョンへと引き上げてしまった。ここに、シスマが生じることとなり、最終的な解決は一四一七年を待たねばならなかった。

教皇庁の分裂はカトリック教会内部の問題に留まらず、ヨーロッパ世界の様々な政治体もローマ教皇庁派とアヴィニョン教皇庁派に二分された。中でも、カペー朝の断絶以降のフランス国王位を巡って生じた、いわゆる「英仏百年戦争」（一三三七～一四五三）へと突入していたヴァロワ家とイングランド国王家の対立は、二つに分かれた教皇庁の対立に拍車をかけた。そして、百年戦争は互いに対する十字軍となった。

ヨーロッパ内部の対立

一三八三年、ノリッジ司教ヘンリ・ル・ディスペンサー（一三四一頃～一四〇六）は、ローマ教皇ウルバヌスから十字軍特権を授かり、アヴィニョン教皇クレメンスならびにヴァロワ家と提携するフランドル伯の領土へと侵攻した。これに対して、クレメンスもイングランド軍と戦うことに十字軍特権の価値を認めたのであった。このような動きは、他の地域にも飛び火した。一三八六年から翌年にかけて、ランカスター公ジョン・オブ・ゴーントは、同じくローマ教皇庁を支持するポルトガル国王ジョアン一世（在位一三八五～一四三三）と連携して、アヴィニョン教皇庁を支持するカスティーリャ王国に対する十字軍を展開したのである。

このように、シスマの時代にヨーロッパ内部では、数多くの十字軍運動が展開された。

▶**ランカスター公兼アキテーヌ公ジョン・オブ・ゴーント**（一三四〇～九九）イングランド国王エドワード三世（在位一三二七～七七）の息子。

◀**ブルボン公ルイ二世**（在位一三五六～一四一〇）

ただし、ヨーロッパ内部の対立のみを強調しすぎてもならない。一三九〇年、ブルボン公ルイ二世は、ジェノヴァの力を借りてハフス朝の港町マーディアへの十字軍を展開したが、そこには敵対関係にあるローマ教皇庁支持者たちの多くも参加した。また先述のように、ニコポリス十字軍に際しては、ローマ教皇とアヴィニョン教皇ともに、十字軍勅令を発布した。十字軍の歴史にとってより重要であったのは、シスマという状況の中におけるカトリック教会批判から生まれた、異端の問題であった。

2 フス派十字軍

カトリック教会批判は、イングランドから生じた。国王リチャード二世妃のアンナは、神聖ローマ皇帝兼ボヘミア国王カール四世を父としたが、この婚姻の背後には、神聖ローマ帝国を自軍に引き入れようとするローマ教皇ウルバヌス六世の強い意向があった。プラハに生まれたアンナはチェコ語訳された聖書を携帯しており、このことがオックスフォード大学の教授にして聖職者であったジョン・ウィクリフに刺激を与えた。彼は聖書を英訳した上で、カトリック教会の教義が聖書からかけ離れていることを指摘し、自身の考えをイングランド各地に広めようとした。生前の彼が比較的自由に行動できたのは、先に登場したジョン・オブ・ゴーントといった有力者が彼を庇護したからであった。ウィクリフの教説は、間接的にアンナを媒介とする形でプラハ大学学長であったヤン・フスにももたらされ、強い影響を与えた。ボヘミア国王ヴァーツラフ四世はフス派を擁護したが、そのことが教皇庁との間の溝を深めることとなった。

一四一四～一八年、コンスタンツ公会議が開催された。シスマを終結させたこの会議を提唱したのは、ヴァーツラフの異母弟、ハンガリー国王ジギスムントであった。そこでは、ウィクリフとフスを異端として断罪することも確定された。ウィクリフの遺骸は墓から掘り起こされて火に焼かれ、フスは火刑に処された。当然のことながら、このことはフス派の強い反発を招いた。ウィクリフ派とフス派との違いは、後者が民族的アイデンティティーとも結びついていたことである。

▶イングランド国王リチャード二世（在位一三七七～九九）**とアンナ**（一三六六～九四）

◀神聖ローマ皇帝兼ボヘミア国王カール四世（ボヘミア国王〈カレル一世〉位一三四六～七八、神聖ローマ皇帝位一三五五～七八）プラハ大学を創設した。

▲火刑に処されるヤン・フス（一三六九～一四一五）

◀ジョン・ウィクリフ（一三二〇頃～八四）

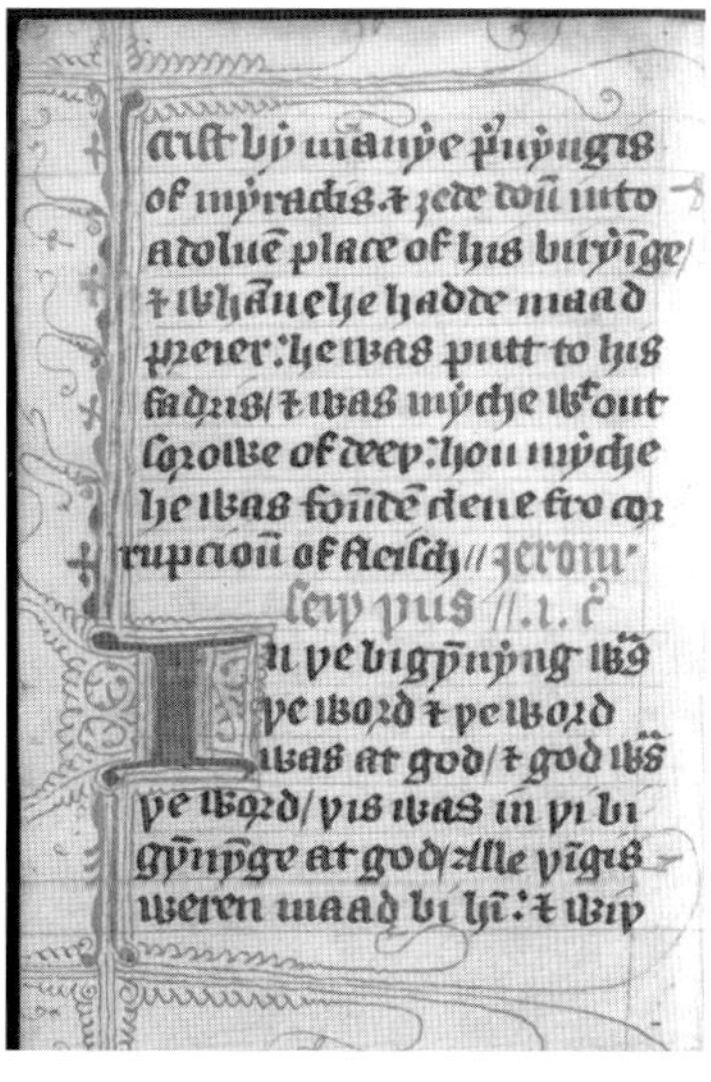

▶ジョン・ウィクリフ英訳聖書

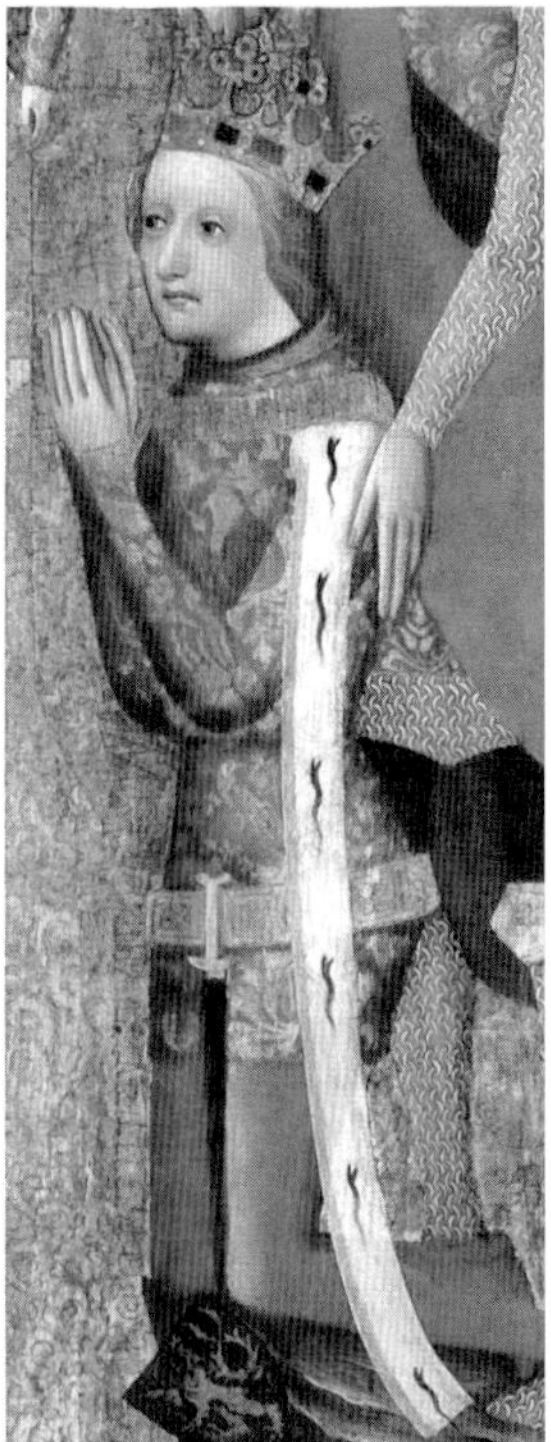

▲フス派の軍勢を率いるヤン・ジシュカ（1374～1424）

一四一九年、ジギスムントがボヘミア国王に即位するにおよんで、フス派の反発は政治的色彩も帯びた大反乱へと発展した。これに対して、ジギスムントはコンスタンツ公会議で教皇に選出されたマルティヌス五世（在位一四一七～三一）に十字軍特権の付与を求め、教皇はそれに応じた。一四二〇年にジギスムントはプラハに入城したが、プラハ近郊のヴィトコフおよびヴィシェフラットにおいて、かつてヴァーツラフの下で軍事指揮官を務めたヤン・ジシュカや、プロコプ・ヴェリキーの率いるフス派軍に敗北し、一四二一年春に退却した。これを含めて、ジギスムントは一四三一年までの間に計五回の大規模な十字軍を展開するも上手くいかず、一四三六年、バーゼル公会議（一四三一～三九）の中で、フス派の教義を容認するという妥協を余儀なくされた。

▲ボヘミア国王ヴァーツラフ四世（在位一三七八～一四一九、神聖ローマ皇帝（ヴェンツェル）在位一三七六～一四〇〇）

このようにバーゼル公会議はフス派十字軍を終わらせたが、そこでは対オスマン帝国という、別の十字軍の必要性も議論されていた。

▶プロコプ・ヴェリキー（一三八〇頃～一四三四）

3 ビザンツ帝国への救援

バーゼル公会議を取り仕切ったのは、フス派十字軍にも参加していた枢機卿のジュリアーノ・チェザリーニ（一三九八～一四四四）であった。公会議での議論・決議の重視を主張する公会議派との対立により、一四三七年に会議の場はフェッラーラへと移ったが、そこには対オスマン帝国のための援軍の派遣を条件としてカトリック教会との合同を提示した、ビザンツ皇帝ヨハネス八世パレオロゴス（在位一四二五～四八）も列席していた。

バヤズィト一世が捕虜となって以降、オスマン帝国のスルタンは空位となっていたが、一四一三年、息子のメフメト一世がスルタンに即位し、その間に失われていた領土の回復に努めた。その後を継いだ息子のムラト二世（在位一四二一～四四、四六～五一）は、スルタンに即位するに当たって、他の兄弟を抑えるためにビザンツ皇帝マヌエル二世からの支援を取りつけた。従って、当初両国は同盟関係にあった。しかし、ヨハネスが、アンカラの戦いで戦死したとされていた父メフメトの兄弟のムスタファ（一三八〇～一四二二？）なる人物を担ぎ出してスルタンとして擁立すると、これに激怒したムラトは、（偽）ムスタファを処刑した上で、コンスタンティノープルの包囲を開始した。これが、ヨハネスがヨーロッパ世界に救援を求めた背景である。

▼**スカンデルベグ像**　ティラナの中心にあるスカンデルベグ（本名ジェルジ・カストリオティ、一四〇五～六八）の像。

▼**ポーランド国王ヴワディスワフ三世**（在位一四三四～四四、ハンガリー国王（ヴラースロー一世）位一四四〇～四四）

ヴァルナ十字軍とコンスタンティノープル陥落

最終的に東西教会の合同は実現しなかったものの、一四四三年一月、教皇エウゲニウス四世（在位一四三一～四七）は、ビザンツ帝国防衛のための十字軍勅令を発布した。当時、ハンガリー国王を兼ねていたポーランド国王ヴワディスワフ三世率いる軍勢は、一四四三年の夏までにはニシュやソフィアを奪還した。また、十字軍のために集められた多額の資金や多くの軍勢が、アルバニアにおいて反オスマン帝国運動を展開していたスカンデルベグに投入された結果、一時的にではあれアルバニアは独立を果たした。

優勢の状態にあったヴワディスワフは、ムラトと和約を結ぶも、チェザリーニがそれを破棄させ、進軍は再開した。一四四四年八月の段階で、ヴワディスワフが留守中のハンガリーを委ねていたトランシルヴァニア公フニャディ・ヤーノシュ（在位一四四一～五六）の援軍なども加わった結果、十字軍士の数は約二万にまで膨れ上がっていた。一行は、黒海から船でコンスタンティノープルを目指そうとしたが、ヴァルナの地でオスマン帝国軍に敗北した。戦死者には、ヴワディスワフとチェザリーニも含まれていた。

その後ムラトは、新たにビザンツ皇帝として即位したヨハネスの弟コンスタンティノス一一世パレオロゴス・ドラガセスと和平を結んだ。ムラトの後を継いだメフメト二世も、

▼**メフメト二世**（在位一四四四～四六、一四五一～八一）

▲**コンスタンティノス11世**　1453年、最後まで果敢に戦うコンスタンティノス11世パレオロゴス・ドラガセス（在位1449〜53、左）。

◀**コンスタンティノープルからイスタンブルへ**　1460年以降、町は造りかえられていった。

当初はビザンツ帝国との和平を尊重した。しかし、またもやビザンツ皇帝は、自国に亡命していたメフメトの兄弟オルハン（?〜一四五三）を擁立しようとして、スルタンの怒りを買うことになる。

一四五二年から、メフメトはコンスタンティノープル攻撃の準備を開始した。皇帝コンスタンティノスは、ヨーロッパ世界に援軍を要請したが、駆けつけたのは商業的利害関係にあるヴェネツィアとジェノヴァからの小規模な援軍のみであった。そして一四五三年五月二九日、コンスタンティノープルは陥落した。ビザンツ帝国の滅亡は、ヨーロッパ世界にとってのさらなる恐怖の始まりでもあった。

4　ベオグラード防衛戦とその後

コンスタンティノープル陥落の報を受けて、教皇ニコラウス五世（在位一四四七〜五五）は、ようやく十字軍勅令を発布した。当初の反応は悪かったが、教皇特使として各地を回ったアエネアス・シルウィウス・ピッコローミニ（後の教皇ピウス二世）や、フランチェスコ会士ジョヴァンニ・ダ・カペストラーノの尽力により、軍勢が集まり始めた。一四五五年六月、ハンガリー王国を訪れたジョヴァンニは、フニャディ・ヤーノシュと計画を練った。彼らは、コンスタンティノープルのみならず、エルサレムをも回復できるかもしれ

▶**トルコ風呂の建造**　トルコ風呂も建造されていった。
▲**ピウス二世**（在位一四五八～六四）
◀**聖ジョヴァンニ・ダ・カペストラーノ**（一三八六～一四五六）　数多くの十字軍に身を投じた彼は、「戦う修道士」と呼ばれた。

ないという期待を抱いていた。しかし一四五六年四月、メフメト二世の軍勢がハンガリーめがけて進軍しているとの報告が入ってきた。フニャディとジョヴァンニ率いる約六万七〇〇〇の軍勢は、オスマン帝国軍を迎撃すべく、ベオグラードに入城した。同年六月、オスマン帝国軍によるベオグラード包囲が始まったが、十字軍士たちはそれを退けることに成功した。しかし、その直後に流行した黒死病により、フニャディとジョヴァンニは命を落とした。

一四五八年、教皇に就任してピウス二世となったアエネアスは、翌年に開催されたマントヴァ教会会議において、十字軍を提唱する。しかし反応は悪く、一四六三年に再び十字軍勅令が発布されるも、同様であった。翌年八月、この度の十字軍遠征のための集結地として定められていたアンコーナにてピウス二世

▲ベオグラード包囲

◀**ロドス島で歓待されるジェム**（1459～95） ジェムはその後の生涯をヨーロッパで過ごすが、最後までキリスト教に改宗することはなかった。

▼**オトラント** 1521年、聖地巡礼からの帰りにオトラントに立ち寄ったハインリヒ・ウォルフリは、犠牲者の遺骸で一杯の教会を目の当たりにした。

▶**チャルディラーンの戦い**（一五一四） 右がオスマン帝国軍。

◀**スレイマン1世「大帝」**（在位一五二〇～六六）

▲第一次ウィーン包囲

▲モハーチの戦い（1526）

◀ハンガリー国王兼ボヘミア国王ラヨシュ二世（ルドヴィーク）（在位一五一六～二六）

が没したため、遠征は中止された。続くパウルス二世（在位一四六四～七一）やシクストゥス四世（在位一四七一～八四）も幾度となく十字軍を呼びかけたが、一四七一年に小規模な軍勢がスミルナへの攻撃を試みた以外に、十字軍が実行に移されることはなかった。

オスマン帝国のバルカン制圧

その一方で、一四八〇年にはアルバニアを再併合するなどして、オスマン帝国はバルカン半島における地固めを行っていた。さらに同年、ロドス島が包囲され、イタリア半島の踵に位置するオトラントが制圧された。しかし、翌一四八一年のメフメト二世の死が、ヨーロッパ世界を救った。

メフメト二世の後を継いだバヤズィト二世（在位一四八一～一五一二）の時代、オスマン帝国は様々な悩みに苦しめられた。彼に敵対した弟のジェムがヨーロッパ世界に身を寄せたことは、バヤズィトの対ヨーロッパ政策にとっての足かせとなった。ジェムの死後に戦われた、対ポーランド王国戦争（一四九七～九九）や対ヴェネツィア戦争（一四九九～一五〇三）でも、目立った戦果を挙げることができなかった。そして、ペルシアに成立したサファヴィー朝が小アジア進出の動きを見せるに当たって、オスマン帝国は東からの脅威を受けることになったのである。

　このような状況を打開したのが、セリム一世（在位一五一二～二〇）であった。まずは一五一四年、チャルディラーンの戦いでサファヴィー朝軍を破る。そして、サファヴィー朝とマムルーク朝との同盟を恐れた彼は、ヨーロッパで宗教改革の始まった年でもある一五一七年、マムルーク朝を滅亡させた。

　スレイマン一世は、父の成果を土台とする形で、ヨーロッパへの侵攻を再開した。一五二一年には長らくの懸案となっていたベオグラードを、二三年にはロドス島を制圧した。さらに一五二六年には、モハーチの戦いでハンガリー国王ラヨシュ二世を敗死せしめた。そして一五二九年、オーストリア・ハプスブルク家の牙城であるウィーンが包囲される。この時、「キリスト教世界の防波堤」を自負して戦ったのは、自称十字軍士のオーストリア人たちだけであった。

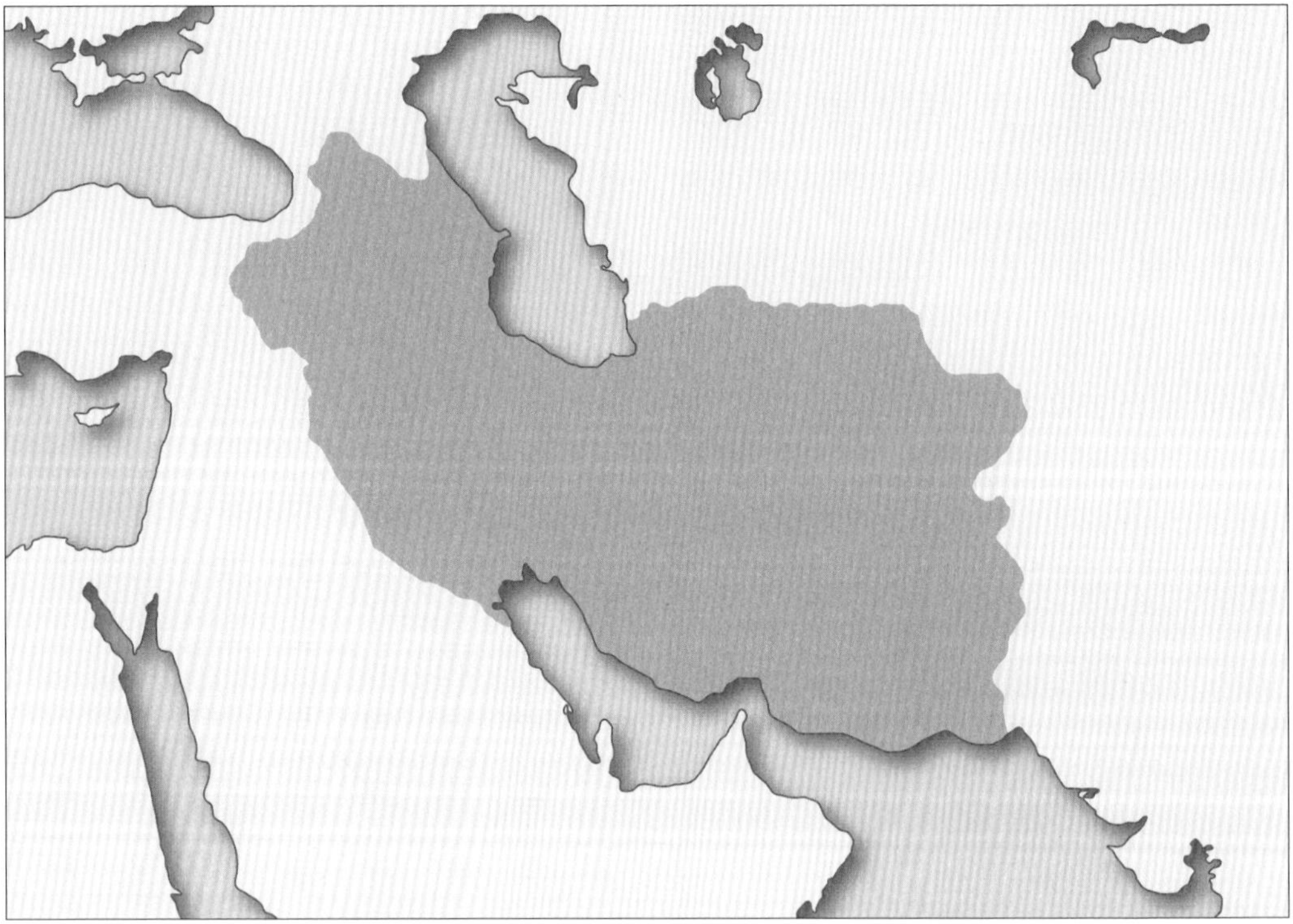

▲アッバース1世期のサファヴィー朝の支配領域　サファヴィー朝は、その後にアッバース1世（在位1588 ～ 1629）の下で最盛期を迎え、オスマン帝国と激しく戦った。

第8章 十字軍の終焉

I 宗教改革と十字軍

一五一七年、マルティン・ルターの「九十五箇条の提題」で始まった宗教改革は、その後のヨーロッパ世界に大きな変動をもたらしたように、その後の十字軍運動にも大きな影響を与えることとなった。福音派は様々な点でカトリック教会に対する批判を展開したが、十字軍もその例外ではなかった。前述のとおり、そもそも贖宥状の原点が十字軍宣誓代償制にあったことを考えると、このことは容易に想像がつく。ただしその批判は、十字軍に込められる贖罪価値と、その源泉とされる教皇庁に対するものであった。すなわち、キリスト教世界のために敵対者と戦うという点が否定されたわけではなく、逆に福音派ならではの「十字軍」のあり方すら模索されたのである。

一例を挙げると、ユグノー（フランスのカルヴァン派）の指導者の一人であったフランソワ・ド・ラ・ヌは、一五八〇年頃にコンスタンティノープルを回復するための「十字軍（ただし、当然のことながら贖罪を伴わない）」を提唱した。しかし、あくまでも十字軍の本質を贖罪とするのであれば、それはもはや福音派勢力が十字軍に参加する可能性がなくなってしまったことを意味する。もちろん、個人レベルでは十字軍に参加する福音主義者もいたが、少なくとも大規模な軍勢を福音派へと移行した地域に期待することはできなくなった。また福音派は、基本的には修道制も否定したために、数多くの騎士修道会の修道院も混乱の中で破壊された。ドイツ騎士修道会の末路については、先に見たとおりである。

宗教改革が十字軍にもたらしたのは、これらのような物理的問題のみではない。忘れてはならないのが、福音派はカトリック教会にとっての最大の異端である、ということである。一五四五～六三年のトレント（トリエント）公会議では、「信仰上の不調和の排除」が提示された。ここに始まる対抗宗教改革の波の中で、少なくとも三十年戦争（一六一八

▶**マルティン・ルター**（一四八三～一五四六）ルターは一五三四年にドイツ語訳旧約聖書を完成・出版しているが、一五四二年には一三世紀末にイスラーム世界を旅したフランチェスコ会士リコルド・ダ・モンテ・ディ・クローチェ（一二四三～一三二〇）の作成したクルアーンの論駁書のドイツ語訳も行っている。ルターもまた、オスマン帝国のヨーロッパ侵攻に、信仰上での危機感をかなり抱いていた。

◀**イングランド国王エリザベス一世**（在位一五五八～一六〇三）

▶**フランソワ・ド・ラ・ヌ**（一五三一～九一）八十年戦争（オランダ独立戦争、一五六八～一六四八）に参加した彼は、一五八〇年にスペイン軍の捕虜となっている。その「十字軍」計画は、恐らく捕囚中の五年間の内に執筆されたものと思われる。

▶アル・カスラル・カビール（エル・カスラ・ル・キャビール）の戦いにおける「三王の戦い」 ポルトガル国王セバスティアン一世（在位一五五七～七八、左）は行方不明、アフマド（在位一五七八～一六〇三、右上）は戦死、アフマドと敵対していた前スルタンのアブド・アル・マリク（在位一五七六～七八、右下）も戦死した。

～四八）までは、福音派に対する戦いの背後には十字軍特権が存在していたのである。

対イングランド十字軍

福音派に対する十字軍が、最も明瞭な形で現れたのは、イングランドにおいてであった。一五三四年、国王ヘンリ八世（在位一五〇九～四七）が、国王を英国国教会の最高の首長と定めた国王至上法（首長法）を制定すると、それは「恩寵の巡礼」と呼ばれるカトリック農民の反乱を招いた（一五三六～三七）。反乱軍は、十字軍を模して十字の印を衣服に縫いつけて戦った。また、最後のカトリックのカンタベリー大司教レジナルド・ポール（一五〇〇～五八）は、ヘンリ八世に対する十字軍の必要性を訴え続けた。これらは言わば非公式の十字軍運動であったが、メアリ一世（在位一五五三～五八）統治期のカトリック復帰を経た後に、エリザベス一世が再び英国国教会中心の政策を展開してカトリック信徒を弾圧すると、教皇庁も動いた。

▶アルマダの海戦（一五八八）

一五七一年、その前年にエリザベス一世を破門した教皇ピウス五世（在位一五六六～七二）の下に、一人のイングランド人傭兵、トマス・スタックリー（一五二〇頃～七八）が訪れた。それまでに数多くの武勲を立てていた彼は、カトリック信徒であるがゆえにエリザベスに激しい敵意を燃やしていた。トマスは教皇の命により参加したレパントの海戦でも名声を得ることとなり、一五七五年にローマに帰還した後、教皇グレゴリウス一三世（在位一五七二～八五）から、アイルランド侵攻に対する十字軍特権を付与された。一五四一年にヘンリ八世がアイルランド国王を名乗って以来、アイルランドはイングランドの支配下に置かれていた。教皇の意図は、一つにはアイルランドのカトリック信徒たちの解放にあった。もう一つは、エリザベスの下で投獄されていた、カトリック信徒の元スコットランド国王メアリ・ステュアート（在位一五四二～六七）を救出し、イングランド国王に据えることであった。

一五七八年、教皇から二〇〇〇の兵をあてがわれたトマスは、アイルランドに向かう道中で立ち寄ったリスボンにて、ポルトガル国王セバスティアン一世より、ともにモロッコのサアド朝（一五〇九～一六五九）を攻撃するように持ちかけられた。時のスルタン、アブド・アル・マリクが、スペインやポルトガルと対抗するために、エリザベスと同盟を結んでいたからであった。アイルランド侵攻は、アイルランド人のジェイムズ・フィッツモーリス・フィッツジェラルド（?〜一五七九）に委ね、トマスはモロッコに向かった。しかし一五七八年八月、アル・カスラル・カビールの戦いで、トマスとアブド・アル・マリクは戦死し、セバスティアンは行方不明となった。

　一五八七年二月八日、メアリ・ステュアートが処刑された。この事態を受けて、教皇シクストゥス五世（在位一五八五〜九〇）は、一五八〇年にポルトガル国王も兼ねることとなったスペイン国王フェリペ二世（在位一五五六〜九八）に対して、「クルサーダ（Cruzada）」という名の十字軍税徴収権を与え、いわゆる「無敵艦隊（アルマダ）」そのものに十字軍特権を付与した。しかし、一五八八年八月、十字軍たるアルマダがイングランド艦隊に敗北したことは、周知のとおりである。

2 神聖同盟

　一四九四〜一五五九年、断続的にではあるが、ヨーロッパ世界は「イタリア戦争」に苦しんだ。事の発端は、フランス国王シャルル八世（在位一四八三〜九八）が、ナポリ国王継承権を主張してイタリアへと遠征したこと

▶パオロ・ヴェロネーゼ作のレパントの海戦　ヴェネツィアで活躍した画家パオロ・ヴェロネーゼ（一五二八〜八八）の描いた『レパントの海戦の寓話』（一五七二年作成）。神聖同盟軍の勝利に、いかに歓喜したかが窺える。

◀フランス国王フランソワ一世（在位一五一五〜四七）

◀ファン・デ・アウストリア（一五四七〜七八）

▶フランス国王ルイ一四世（在位一六四三～一七一五）

である。その後複雑に推移したこの戦争は、十字軍にどのような影響をもたらすことになったのであろうか。

イタリア戦争

この戦争の中で、フランスと神聖ローマ帝国、とりわけフランス国王フランソワ一世と、スペイン国王にしてイタリア戦争の過程で神聖ローマ皇帝となったカール五世とが、激しく対立した。宗教改革開始以降の状況の中では、両者はカトリックの二大盟主たるべき存在であった。この両者のぶつかり合いは、例えば第二回十字軍や第三回十字軍のような盛期十字軍の時代に見られた大規模な十字軍を期待することすら不可能にした。加えて、ハプスブルク家に対抗するために、フランソワ一世は神聖ローマ帝国領内のプロテスタント勢力を支援したのみならず、一五三六年および四二年にスレイマン一世と同盟を結んで、カール五世と戦った。

よって教皇による十字軍政策の核は、神聖ローマ皇帝（スペイン国王）とならざるをえなかった。そこで一五三八～四〇年の間に結成されたのが、教皇庁・カール五世・ヴェネツィアからなる神聖同盟である。

「神聖同盟」といった表現はそれ以前から用いられていたし、歴史上に現れるすべての神聖同盟が十字軍特権を伴っていたわけではない。しかし、一五三八年の十字軍が「神聖同盟」と称したことは、イタリア戦争および宗教改革によって、様々なレベルでの国家への分断傾向が進んだヨーロッパ世界では、もはや超国家的なニュアンスを持つ「十字軍」という単語を前面に出すことが難しく、十字軍が各国の外交問題の上でないと成立しなかったことを端的に物語っている。例えば、一五六六年にスレイマン一世の死を受けてピウス五世が十字軍を提唱したが、何ら反応は起こらなかった。

神聖同盟と外交

一五三八年に結成された神聖同盟の軍勢は、同年のプレヴェザの海戦でオスマン帝国艦隊に敗北した。その後の一五七〇年にオスマン帝国がヴェネツィア支配下のキプロス島を攻撃したことを受けて、翌年に教皇庁、ヴェネツィア、そしてスペイン国王フェリペ二世の間で神聖同盟が結成された。キプロス東部の都市ファマグスタが制圧されると、カール五世の庶子ファン・デ・アウストリアを中心とする艦隊が動き、一〇月にレパント沖でオスマン帝国艦隊を破った。しかし、オスマン帝国との交易を重視したヴェネツィアが、一五七三年にキプロス島の割譲を含む和約を単独で締結したことで、この度の神聖同盟は崩壊した。ここにも、「神聖同盟」という衣を着た「十字軍」が、外交の上でのみ成り立っていたことが確認される。

同様に、一六六三年、オスマン帝国による神聖ローマ皇帝領側のハンガリーへの侵攻を受けて結成された、教皇庁、スペイン、いくつかのドイツのカトリック領邦、そしてフランスも加わった神聖同盟は、オスマン帝国軍を退けたものの、長年苦しめられてきたフランス国王ルイ一四世の動向を気にした神聖ローマ皇帝レオポルト一世（在位一六五八～一七〇五）は、早々にオスマン帝国と和約を結んでしまった。一六六九年にヴェネツィアがクレタ島をオスマン帝国に譲渡した際にも、同様の背景があった。

3 最後の十字軍

先述のように、十字軍はナポレオンによるマルタ占領で最期を遂げる。しかし、最後に提唱された十字軍は、教皇インノケンティウス一一世（在位一六七六～八九）の呼びかけで一六八四年に結成された神聖同盟となる。

大トルコ戦争

一六八二年に和平協定の期限が切れたことを受けて、翌年にオスマン帝国軍が再びウィーンに向けて侵攻してきた（第二次ウィーン包囲）。神聖ローマ皇帝レオポルト一世は、カトリック領邦のバイエルン選帝侯やザクセン選帝侯、そしてポーランド国王ヤン三世ソヴェスキからの援軍を得て体制を整えた。これにより、いわゆる大トルコ戦争（一六八三～九九）が始まった。そして一六八四年、インノケンティウス一一世の呼びかけにより、神聖ローマ帝国・ポーランド王国・ヴェネツィアからなる神聖同盟が結成された。一六八六年、神聖同盟軍はブダを占領した。

同年、カトリックではないが、ロシア皇帝ピョートル一世も神聖同盟に参加した。ロシア帝国は、ビザンツ帝国滅亡後にその後継者を名乗り、モスクワを「第三のローマ」と称していた。従って、ピョートルが神聖同盟に参加したのは、バルカン半島のキリスト教徒の盟主を大義名分としていたが、実益的な目的は黒海への進出であった。

さて、ブダを占領した神聖同盟軍は、一六八八年にはベオグラードも制圧した。しかしその時、ルイ一四世がオスマン帝国を陰ながら支援し始めた。ルイ一四世には「キリスト教徒の皮を被ったトルコ人」との批難も浴びせられたが、活気づけられたオスマン帝国は、一六九〇年、ベオグラードの再征服に成功した。その後に勝敗が決するのは、一六九七年のゼンタの戦いを待たねばならなかった。同戦争で決定的な敗北を喫したオスマン帝国は、二年後の一六九九年、カルロヴィッツ条約で多くの領土を失うこととなる。ここに大トルコ戦争は終結し、神聖同盟もその役目を終えた。

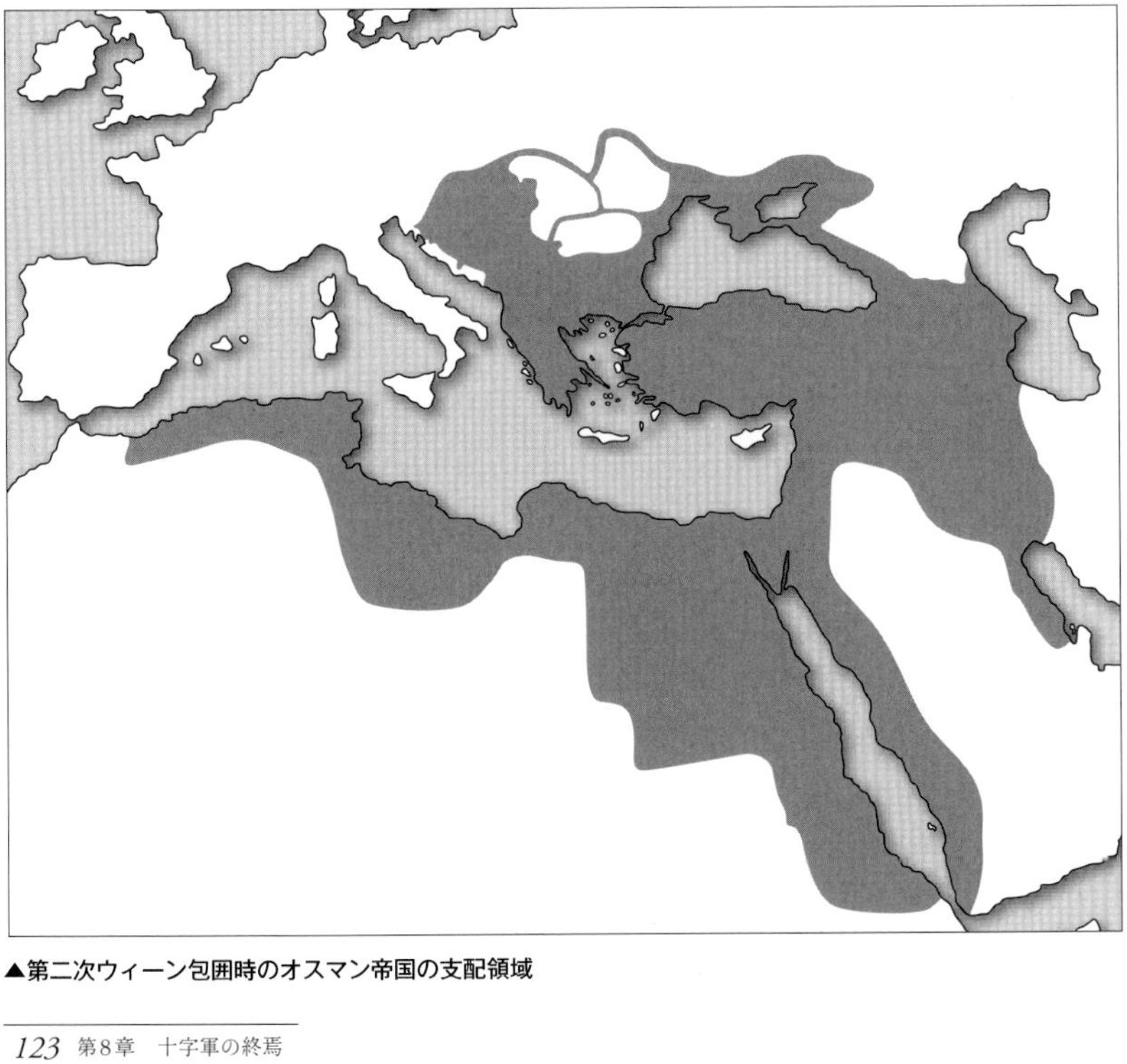

▲第二次ウィーン包囲時のオスマン帝国の支配領域

▶**ヤン三世**（在位一六七四～九六）　一六七三年のホティンの戦いでオスマン帝国軍を撃破するポーランド国王ヤン三世ソヴェスキ。彼は、この功績によって国王に選出された。

▲**ロシア皇帝ピョートル1世**（在位1682～1725）

◀**北アフリカへの攻撃**　永続的十字軍特権を持つ聖ヨハネ騎士修道会は、1784年まで北アフリカへの攻撃を展開した。図は1706年のチュニジア沖海戦の様子。しかし、もはやヨーロッパ諸国からの援軍はなかった。

十字軍の消滅

その後の一七一四年、カルロヴィッツ条約で失った領土の回復を目指して、オスマン帝国はヴェネツィアに対する戦争を開始し、ペロポネソス半島やエーゲ海諸島を奪取した。これに神聖ローマ皇帝カール六世（在位一七一一～四〇）が介入したことで、墺土戦争（一七一六～一八）も勃発した。ペーターヴァルダインの戦いでオスマン帝国軍を撃破したオーストリア軍は、ベオグラードも再奪回した。また、ヴェネツィアもペロポネソス半島の大部分を制圧した。しかし、またもやルイ一四世の不穏な動きが、戦いを優位に進めていたオーストリアとヴェネツィアにパッサロヴィッツ（現ポジャレヴァッツ）条約の締結を導いた。ここでヴェネツィアは、ペロポネソス半島・エーゲ海諸島・クレタ島を放棄せざるをえず、一方でハプスブルク家はバルカン半島の盟主となった。しかし、この一連の動きの中では、もはや十字軍が呼びかけられることはなかった。

その後の世界史上で、神聖同盟は幾度か現れるが、それは十字軍とは別種のものである。以上のように見てくると、一六世紀に「神聖同盟」の皮を被らざるをえなくなった「十字軍」は、一七世紀末にその中で姿を消していった、と言える。そして既にその時のヨーロッパでは、啓蒙思想家たちによる十字軍批判が展開されていたのである。

エピローグ

盛期十字軍の歴史化と二つの十字軍観

一四～一六世紀の聖地巡礼の黄金期、巡礼者たちは聖地の現状を嘆くと同時に、過去の栄光を回顧するようになる。こうして聖地十字軍および盛期十字軍の過去化が進んだが、一六一一年、ジャック・ボンガールが盛期十字軍に関する史料集を刊行することで、それは決定的なものとなった。盛期十字軍の歴史化は、すなわちそれに対する客観的、表現を変えると他人事としての眼差しを向けることの始まりでもあった。当時は後期十字軍の時代の最中にあったが、人々は十字軍の時代に生きている実感を失っていったのであろう。

加えて一七世紀半ば頃より、ヨーロッパはいわゆる啓蒙思想の世界へと入っていく。旧来の社会を批判・否定する風潮の中で、ルネサンス以前の「暗黒の中世」は痛烈な批判にさらされることになるが、盛期十字軍も前近代的な蛮行としてのレッテルを貼られることとなる。そして、このような十字軍観が、西洋化＝近代化を目指した日本やイスラーム世界にもたらされることとなったのである。

ヴォルテール（1694 ～ 1778）
啓蒙思想家の代表者の一人であるヴォルテール（本名フランソワ＝マリー・アルエ）。彼は、十字軍を「200年間も続き、人間性の能う限りのあらゆる残虐・背信・堕落・愚行によって刻印された憤懣、という絶え間なく蔓延した伝染病」と称した。

ジャック・ボンガール（1546 ～ 1612）
十字軍史研究の祖と言える、ベネディクト会士ジャック・ボンガール。彼が著した『フランク人による神の御業および東方遠征とフランク人のエルサレム王国の歴史（*Gesta Dei per Francos ,sive orientalium expeditionum, et regni Francorum Hierosolymitani historia*）』から、本格的な十字軍史研究が始まった。

西周（1829 ～ 97）
1862年から1865年にかけてオランダに留学した。彼が、恐らくは初めて「十字軍」という日本語を用いた。なお、彼は「哲学」という日本語を創造したことでも有名である。

福沢諭吉（1835 ～ 1901）
1860年および67年にはアメリカ、1862年から翌年にかけては、フランス・イギリス・オランダ・ドイツなどを回った。その学問・思想は、主として英米の影響を受けた。彼は、慶応2（1866）年に出版した『西洋事情』の中で、「十字軍」のことを「神征」と表現している。

エドワード・ギボン（1737 ～ 94）
『ローマ帝国衰亡史』で有名なエドワード・ギボンも、啓蒙思想家の影響を受けて、十字軍士たちは「宝物・金・ダイヤモンド・大理石・碧玉で飾られた場所、シナモンや乳香の香り高い森という鉱脈」を求めて旅立ったと非難している。

アジアにおける「十字軍」観

日本に十字軍に関する知識がもたらされたのは、江戸末期から明治初期にかけてのことである。そして、この時に定着した十字軍観は、現在に至るまで大きな影響を与え続けているように思われる。十字軍の歴史の中における主役の一人でもあったイスラーム世界でも、一八六五年に初めて、「十字軍」に相当するアラビア語の「十字（十字架）のための戦い（単数形：al-harb as-salib、複数形：al-hurub as-salibiyya）」という用語が誕生した。このことは、それまでのイスラーム世界では十字軍が忘却されていたことを示すが、一八世紀以降に顕著となるオスマン帝国の没落傾向、そしてヨーロッパ列強のオスマン帝国領への進出と領内での各ナショナリズムの高揚という状況の中で、ようやく十字軍の歴史が意識され始めたのである。

そして一八九九年、初めてのイスラーム圏における本格的な十字軍の研究書が、サイイド・アリー・アル・ハリリ（生没年不詳）によって作成された。その序文には、「我々の至高なるスルタン、アブデュルハミト二世は、今やヨーロッパは政治的活動という形で

ハッティーンの戦いの記念碑
ダマスクスにあるハッティーンの戦いの記念碑。近年に作成されたこのモニュメントも、汎イスラーム主義の表れであると言えよう。

オスマン帝国第34代皇帝アブデュルハミト2世（在位1876～1909）
オスマン帝国憲法（ミドハト憲法）を発布するなどして一時は立憲制を行ったが、1878年に憲法を停止して以降は専制政治を強化した。

『パンチ』
1917年にイギリス将軍のエドマンド・アレンビー（1861～1936）がオスマン帝国支配下のパレスチナを制圧したことに対して、多くの人々が「最後の十字軍」と熱狂した。イギリスの週刊風刺漫画雑誌『パンチ（*Punch*）』も、第3回十字軍を指揮したイングランド国王リチャード1世獅子心王になぞらえてその功績を称えた。

ドイツ皇帝ヴィルヘルム2世（在位1888～1918）
ヴィルヘルム2世は、1898年にダマスクスを訪問した際、「一人の偉大なる皇帝からもう一人の偉大なる皇帝へ」と刻まれた青銅の冠をサラーフッディーンの廟に奉納する、というパフォーマンスを行った。当時の十字軍史研究の第一人者であったラインホルト・レーリヒト（1842～1905）が大著『エルサレム王国の歴史（*Geschichte des Königreichs Jerusalem: 1100–1291*）』を出版したのは、それに合わせてのことであった。

ウォルター・スコット（1771～1832）
ロマン主義の代表者として挙げられるのが、スコットランド出身の作家ウォルター・スコットである。彼は4つの作品で十字軍を題材としているが、最も有名なのが『護符（*The Talisman*）』（1825）である。スコットランド騎士とサラーフッディーンとの間の友情を描いたこの小説で、サラーフッディーンは素晴らしい人物像で描かれている。

我々に対する十字軍を展開している、と的確に述べられているのである」と記されている。このようにして、イスラーム世界では、対ヨーロッパ列強と汎イスラーム主義を強くプロパガンダするための手段として、「十字軍」という言説が用いられることとなったのである。「十字軍」に新しい意味が付け加えられた瞬間であった。そして、イスラーム世界で形を変えた十字軍観は、イスラエル国の建国が契機となって、急速にイデオロギー化していくこととなるのである。

啓蒙思想とロマン主義

さてヨーロッパでは、一八世紀末より、啓蒙思想に対する反動的性格を持つロマン主義という文芸思潮が萌芽する。そこでは中世の時代、とりわけ騎士道は礼賛の対象となり、十字軍はそれを最も端的に体現するものとしてもてはやされるようになり、十字軍士たちのみならず、サラーフッディーンやバイバルスといったイスラームの戦士たちも英雄として讃えられるようになった。ただし、啓蒙思想とその反動としてのロマン主義という流れは、必ずしも十字軍観がネガティヴなものからポジティヴなものへと移行したことを

カミロ・トーレス・レストレポ（1929~66）
「疑似十字軍」の代表例として挙げられるのが、コロンビア出身の司祭にしてゲリラ組織メンバーであるカミロ・トーレス・レストレポである。彼は、マルクス主義キリスト教徒の観点から、社会変革運動の中で死ぬことをキリスト教的「殉教」と位置づけた。

フランス人画家ポール・ギュスターヴ・ドレ（1832～83）作のリチャード1世とサラーフッディーンの戦い
ロマン主義の時代には、様々な絵画も「十字軍」を盛り上げた。

ヨハネ・パウロ2世（在位1978～2005）
2000年3月12日の「謝罪の日」、教皇ヨハネ・パウロ2世は、過去2000年間にキリスト教徒たちが犯した罪を詫びた。当然のことながら、その罪の中には十字軍も含まれる。ただし、彼は「十字軍」という言葉は用いていない。

ゲルニカの町
1937年、ゲルニカの町は空爆によって破壊された。1936～39年のスペイン内戦は、共和国派・ナショナリスト派双方ともが「十字軍」のレトリックを用いた、「似非十字軍」の代表例である。最終的にナショナリスト派が勝利することで、「十字軍」に反共産主義という意味合いが付け加わることとなった。

意味するものではない。その後のヨーロッパでは、これら相反する十字軍観が併存・同居していくこととなるのである。

そして、その行き着いた先は、レトリックとしての「十字軍」の蔓延であった。例えば第一次世界大戦の中で、ヨーロッパ各国は国威発揚のために「十字軍」という言葉をしきりに用いたが、もはやそこに過去の歴史はなく、ただあるのは「正義のために戦う」という当時の政策にとって有効なレトリックのみである。先に触れたように、オスマン帝国がヨーロッパ列強に対抗する手段として、汎イスラーム主義を高揚するために「十字軍」を悪なるものとして描いたのと同様である。「十字軍」にまつわる二つの極端なレトリックが現在においても見られるのは周知のとおりである。だが、政治主導の下でこれらのような「十字軍」のレトリック（十字軍史研究において、それは「似非十字軍（pseud-crusades）」や「疑似十字軍（para-crusades）」と呼ばれる）が濫用され始めた一九世紀に、我々は十字軍の歴史という文脈の中で大きな一つの線引きをしなければならない。すなわち、現代世界における「十字軍」は、現代社会の文脈の中でこそ考えられなければならないのである。

あとがき

本書では約七〇〇年にわたる十字軍の歴史を、その前後期も含めて概観してきた。十字軍を中世の一現象として扱う歴史教科書の記述に慣れ親しんできた方々にとっては、理解しがたいことや受け入れがたいことも、少なくなかったかもしれない。しかし、「プロローグ」にも記したように、本書の内容は現在における十字軍の定義に基づくものであり、本書が読者の方々にとって、十字軍の歴史について改めて考える一つの契機となってくれれば、筆者にとって望外の喜びである。

ただし、一口に十字軍の歴史と言っても、聖地十字軍史・非聖地十字軍史・盛期十字軍史・後期十字軍史・十字軍国家史等々と、それは多岐にわたる。また、十字軍運動は、時間的および空間的な面において、非常に広範に展開されたものである。従って、限られた紙幅の中でこれらのすべてを語り尽くせたかというと、そうではない。とりわけ、筆者が専門とする十字軍国家史および後期十字軍史については、細部にまで踏み込むことはできなかった。これらについては、別の機会が得られれば幸いである。しかし、何事にも始めの第一歩があり、できるだけ多くの方々に近年の研究動向を踏まえた十字軍の歴史を知っていただきたいと常日頃から思っていた筆者にとって、本書はまさに始めの第一歩である。

末筆ながら、その第一歩を踏み出す機会を与えて下さった河出書房新社の渡辺史絵氏には心からの感謝を、そして本書の校正に関わって下さった編集部の皆様（筆者はケアレスミスが多いので、校正等で大変なご迷惑・ご面倒をおかけしたと思われる）には心からの感謝とお詫びを申し上げたい。

二〇一九年冬

櫻井康人

アテネ公一覧（ただし「アテネ公」の称号が用いられるのは1260年以降）

公	在位	配偶者	在位
オトン・ド・ラ・ロシュ	1205-1225	イザベル（レ・シュル・ソーヌ領主ギーの娘）	
ギー1世・ド・ラ・ロシュ	1225-1263	？（ブリュイエール領主家の一員）	
ジャン1世・ド・ラ・ロシュ	1263-1280		
ギヨーム1世・ド・ラ・ロシュ	1280-1287	ヘレナ・アンゲリナ・コムネナ（テッサリア支配者ヨハネス1世ドゥカスの娘）	
ギー2世・ド・ラ・ロシュ	1287-1308	アカイア侯マオー・ド・エノー	
ブリエンヌ伯兼レッチェ伯ゴーティエ5世・ド・ブリエンヌ	1308-1311	ジャンヌ・ド・シャティヨン（フランス王国軍務長官ゴーシェ5世・ド・シャティヨンの娘）	1311-1354（アルゴスとナフプリオのみ）
ブリエンヌ伯兼レッチェ伯ゴーティエ6世・ド・ブリエンヌ	1311-1356（アルゴスとナフプリオのみ）	ジャンヌ・ド・ブリエンヌ（ウー伯ラウル1世・ド・ブリエンヌの娘）	
イザベル・ド・ブリエンヌ	1356-1360（アルゴスとナフプリオのみ）	アンジャン伯ゴーティエ3世	
ブリエンヌ伯兼アンジャン伯ソイエ2世・ダンジャン	1356-1367（アルゴスとナフプリオのみ）	ジャンヌ（コンデ領主ロベールの娘）	
ブリエンヌ伯兼アンジャン伯ゴーティエ7世・ダンジャン	1367-1381（アルゴスとナフプリオのみ）		
ブリエンヌ伯兼アンジャン伯ルイ・ダンジャン	1381-1394（アルゴスとナフプリオのみ）	ジョヴァンナ（マルシコ伯アントニオ・デ・サンセヴェリーノの娘）	
カタルーニャ傭兵団長ロヘリオ・デスロール	1311-1312		
マンフレーディ（シチリア国王フェデリーコ2世の子）	1312-1317		
グリエルモ2世(シチリア国王フェデリーコ2世の子)	1317-1338	マリア・アルヴァレス・デ・ヘリカ	
ランダッツォ公ジョヴァンニ2世	1338-1348	チェザリーナ・ランチャ（カルタニッセッタ伯ピエトロの娘）	
フェデリーコ1世	1348-1355		
シチリア国王フェデリーコ3世	1355-1377	コンスタンサ（アラゴン国王ペドロ4世の娘）	
		アントワネット(アンドリア公フランソワ・デ・ボーの娘)	
シチリア国王マリア	1377-1379	マルティン(アラゴン国王マルティン1世の子)	
アラゴン国王ペドロ4世	1379-1387	マリア（ナバラ国王フアナ2世の娘）	
		レオノール（ポルトガル国王アフォンソ4世の娘）	
		エレオノーラ(シチリア国王ピエトロ2世の娘)	
		シビラ（フルティアー領主ベレンゲールの娘）	
ネリオ1世・アッチャイオーリ（フィレンツェ人）	1388-1395	愛妾	
アントニオ1世・アッチャイオーリ	1394-1395		
ヴェネツィア共和国	1395-1402		
アントニオ1世・アッチャイオーリ〔復位〕	1402-1435	マリア・メリッセーネ	
ネリオ2世・アッチャイオーリ	1435-1439		
アントニオ2世・アッチャイオーリ	1439-1441	マリア・ゾルジ（ボドニツァ辺境伯ニコラ3世の娘）	
ネリオ2世・アッチャイオーリ〔復位〕	1441-1451	クララ・ゾルジ（ボドニツァ辺境伯ニコラ3世の娘）	1451-1454
フランチェスコ1世・アッチャイオーリ	1451-1454		
バルトロメオ・コンタリーニ（ヴェネツィア人、クララ・ゾルジの再婚相手）	1451-1454		
フランチェスコ2世・アッチャイオーリ	1455-1456		
オスマン帝国領へ			

アカイア侯一覧

侯	在位	配偶者	在位
ギヨーム・ド・シャンリット	1205-1208		
ジョフロワ1世・ド・ヴィルアルドゥアン	1208-1228	イザベル・ド・シャッペ	
ジョフロワ2世・ド・ヴィルアルドゥアン	1228-1246	アニュエス（ラテン皇帝ピエール1世・ド・クールトネーの娘）	
ギヨーム2世・ド・ヴィルアルドゥアン	1246-1278	？（バルザネ領主ナルジョ3世・ド・トゥシーの娘）	
		カリンターナ・デッラ・カルチェッリ（ヴェネツィア人）	
		アンナ・コムネナ・ドゥカイナ（エピロス専制侯ミカエル2世アンゲロス・コムネノス・ドゥーカスの娘）	
アンジュー伯シャルル1世	1278-1285	ベアトリス（プロヴァンス兼フォルカルキエ伯レーモン・ベランジェ4世の娘）	
		マルグリット（ヌヴェール伯ウードの娘）	
アンジュー伯シャルル2世	1285-1289	マーリア（ハンガリー国王イシュトヴァーン5世の娘）	
イザベル・ド・ヴィルアルドゥアン	1289-1307	フィリップ・ダンジュー(アンジュ—伯シャルル1世の子)	
		フローラン・ド・エノー	1289-1297
		ピエモンテ領主フィリッポ1世・ディ・サヴォイア	1301-1307
ターラント侯フィリップ1世	1307-1313	タマル・アンゲリナ・コムネナ（エピロス専制侯ニケフォロス1世コムネノス・ドゥーカスの娘）	
		カトリーヌ2世・ド・ヴァロワ（ヴァロワ伯シャルルの娘）	1332-1346
マオー・ド・エノー	1313-1318	アテネ公ギ—2世・ド・ラ・ロシュ	
		テサロニキ国王ルイ・ド・ブルゴーニュ（ブルゴーニュ公兼テサロニキ国王ロベール2世の子）	1313-1316
		グラヴィーナ伯ジャン（アンジュ—伯シャルル2世の子）	1318-1332
ナポリ国王ロベール1世	1318-1332	ビオランテ（アラゴン国王ペドロ3世の娘）	
ターラント侯ロベール2世	1346-1364		
ターラント侯フィリップ2世	1364-1373	マリー（カラブリア公シャルルの娘）	
		エリザベト（スラヴォニア公エティエンヌの娘）	
ナポリ国王ジャンヌ1世	1373-1381	カラブリア公アンドレ	
		ターラント侯ルイ1世	
		ジャウメ・デ・マヨルカ（マヨルカ国王ジャウメ3世の子）	
		ブラウンシュヴァイク兼グルーベンハーゲン公オットー	
ジャック・デ・ボー	1381-1383	アニュエス（ドゥラッツォ公シャルルの娘）	
ナポリ国王シャルル3世	1383-1386	マルグリット（ドゥラッツォ公シャルルの娘）	
ナバラ傭兵団長ペドロ・デ・サンスペラーノ〔ナポリ国王シャルル3世の代理人〕	1383-1402	マリア2世・ザッカリア（ジェノヴァ人）	1402-1404
チェントゥリオーネ2世・ザッカリア	1404-1430	？（エピロス専制侯カルロ1世・トッコの姪）	
モレアス専制侯国に吸収			

キプロス国王一覧

国王	在位	配偶者	在位
ギー・ド・リュジニャン	1192-1194		
エメリー・ド・リュジニャン	1194-1205	エシーヴ（ラムラ領主ボードゥアン・ディブランの娘）	
ユーグ1世	1205-1218	アリクス	
アンリ1世	1218-1252	アリーチェ（モンフェッラート辺境伯グリエルモ6世の娘）	
		ステファニー（ロンブロン領主コンスタンティンの娘）	
		プレザンス（アンティオキア侯兼トリポリ伯ボエモンド5世の娘）	
ユーグ2世	1252-1267		
ユーグ3世	1267-1284	ベイルート伯イザベル・ディブラン	
ジャン1世	1284-1285		
アンリ2世	1285-1324	コスタンツァ（シチリア国王フェデリーコ2世の娘）	
ユーグ4世	1324-1358	アリクス（ニコシア領主ギー・ディブランの娘）	
		マリー（ヤッファ伯ギー・ディブランの娘）	
ピエール1世	1358-1369	エシーヴ（トロン領主兼キプロス王国軍務長官オンフロワ・ド・モンフォールの娘）	
		レオノール（リバゴーザ伯ペドロ・デ・アラゴンの娘）	
ピエール2世	1369-1382	ヴァレンティナ（ミラノ統治者ベルナボ・ヴィスコンティの娘）	
ジャック1世	1382-1398	アグネス（バイエルン公シュテファン2世の娘）	
		エルヴィーズ（ブラウンシュヴァイク兼リューネブルク公ハインリヒ2世の孫）	
ジャニュ	1398-1432	アングレシア（ミラノ統治者ベルナボ・ヴィスコンティの娘）	
		シャルロット（ラ・マルシュ伯ジャン1世の娘）	
ジャン2世	1432-1458	アマデア（モンフェッラート辺境伯ジョヴァンニ・ジャコモ・パレオロゴの娘）	
		ヘレナ・パレオロギナ（モレアス専制侯テオドロス2世パレオロゴスの娘）	
		マリエッタ・デ・パトラス〔非合法婚〕	
シャルロット	1458-1464	ジョアン・デ・コインブラ（コインブラ公ペドロの子）	
		ジュネーヴ伯ルイ・ド・サヴォワ	1459-1464
ジャック2世	1464-1473	カタリーナ・コルナーロ	1474-1489
ジャック3世	1473-1474		
ヴェネツィア共和国に譲渡			

ラテン皇帝一覧

皇帝	在位	配偶者	在位
フランドル伯ボードゥアン9世（ラテン皇帝ボードゥアン1世）	1204-1205		
アンリ1世	1206-1216	アニェーゼ（テサロニキ国王ボニファーチョ・デル・モンフェッラートの娘）	
		マリア（ブルガリア皇帝カロヤンの娘）	
ヨランド	1216-1219	ピエール1世・ド・クールトネー	1216-1217
ロベール1世・ド・クールトネー	1219-1226	？・ド・ヌーヴィル	
ボードゥアン2世・ド・クールトネー	1228-1273	マリー（元エルサレム国王ジャン・ド・ブリエンヌの娘）	
元エルサレム国王ジャン・ド・ブリエンヌ〔共同統治〕	1229-1237		
フィリップ1世・ド・クールトネー	1273-1283	ベアトリス（アンジュー伯シャルル1世の娘）	
カトリーヌ1世・ド・クールトネー	1283-1308	ヴァロワ伯シャルル	1301-1308
カトリーヌ2世・ド・ヴァロワ	1308-1346	ターラント侯フィリップ1世	1313-1332
ターラント侯兼アカイア侯ロベール2世	1346-1364	マリー（ブルボン公ルイ1世の娘）	
ターラント侯兼アカイア侯フィリップ2世	1364-1374	マリー（カラブリア公シャルルの娘）	
アカイア侯ジャック・デ・ボー	1374-1383	アニュエス（ドゥラッツオ公シャルルの娘）	
以下ラテン皇帝の称号保持者は現在まで続く			

アンティオキア侯一覧

侯	在位	配偶者	在位
ボエモンド1世	1098-1111	コンスタンス（フランス国王フィリップ1世の娘）	
ボエモンド2世	1111-1130	アリクス（エルサレム国王ボードゥアン2世の娘）	
コンスタンス	1130-1160	レーモン・ド・ポワティエ	1136-1149
		ルノー・ド・シャティヨン	1153-1160
ボエモンド3世	1160-1201	オルグイューズ・ダラン	
		テオドラ（もしくはイレーネ）・コムネナ（ビザンツ皇帝マヌエル1世コムネノスの姪）	
		シビーユ	
		イザベル	
ボエモンド4世	1201-1216, 1219-1233	プレザンス（ジブレ領主ウーゴ3世・エンブリアコの娘）	
		メリザンド（エルサレム国王兼キプロス国王エメリー・ド・リュジニャンの娘）	
レーモン・ルベン	1216-1219	エルヴィーズ（エルサレム国王兼キプロス国王エメリー・ド・リュジニャンの娘）	
ボエモンド5世	1233-1251	アリクス（キプロス国王ユーグ1世の寡婦）	
		ルチアナ・コンティ・ディ・セーニ	
ボエモンド6世	1251-1275	シリル（アルメニア国王ザバルの娘）	
ボエモンド7世	1275-1287	マルグリート・ド・ボーモン	
リュシー	1287-1299	ナルジョ・ド・トゥシー（アンジュー伯シャルル1世およびシャルル2世のアミラートゥス〔海軍艦隊長〕）	
フィリップ・ド・トゥシー	1299-1300		

トリポリ伯一覧

伯	在位	配偶者
トゥールーズ伯レーモン4世・ド・サン・ジル（トリポリ伯レーモン1世）	1102-1105	？（フォルカルキエ兼プロヴァンス伯ベルトラン1世の娘）
		マティルデ（シチリア伯ルッジェーロ1世の娘）
		エルビラ（レオン国王兼カスティーリャ国王アルフォンソ6世の娘）
アルフォンス1世・ジュールダン	1105-1109	フェディヴァ・ドゥゼ
ベルトラン	1109-1112	エレーヌ（ブルゴーニュ公ウード1世の娘）
ポンス	1112-1137	セシル（フランス国王フィリップ1世の娘）
レーモン2世	1137-1152	オディエルヌ（エルサレム国王ボードゥアン2世の娘）
レーモン3世	1152-1187	ガリラヤ侯エシーヴ・ド・ビュール
レーモン4世〔養子、アンティオキア侯ボエモンド3世の長男〕	1187-1189	トロン領主アリクス（アルメニア国王ルベン3世の娘）
（アンティオキア侯）ボエモンド4世〔養子、アンティオキア侯ボエモンド3世の次男〕	1189-1233	プレザンス（ジブレ領主ウーゴ3世・エンブリアコの娘）
		メリザンド（エルサレム国王兼キプロス国王エメリー・ド・リュジニャンの娘）
アンティオキア侯ボエモンド5世	1233-1251	アリクス（キプロス国王ユーグ1世の寡婦）
		ルチアナ・コンティ・ディ・セーニ
以下、アンティオキア侯が兼任		

十字軍国家支配者一覧

エルサレム国王一覧

国王	在位	配偶者	在位
ゴドフロワ・ド・ブイヨン（聖墳墓の守護者）	1099-1100		
ボードゥアン1世	1100-1118	アルダ（マラシュ領主トロスの娘）	
		アデライド（シチリア伯ルッジェーロ1世の寡婦）	
ボードゥアン2世	1118-1131	モルフィア（マラティヤ領主ガヴリルの娘）	
メリザンド	1131-1143	アンジュー伯フルク5世	1131-1143
ボードゥアン3世	1143-1163	テオドラ・コムネナ（ビザンツ皇帝マヌエル1世コムネノスの姪）	
アモーリー	1163-1174	アニュエス・ド・クールトネー（エデッサ伯ジョスラン2世・ド・クールトネーの娘）	
		マリア・コムネナ（ビザンツ皇帝マヌエル1世コムネノスの姪）	
ボードゥアン4世	1174-1185		
ボードゥアン5世	1185-1186		
シビーユ	1186-1190	グリエルモ・デル・モンフェッラート	
		ギー・ド・リュジニャン	1186-1190
イザベル1世	1190-1205	トロン領主オンフロワ4世	
		モンフェッラート辺境伯コッラード（ただし即位前に暗殺される）	1192
		シャンパーニュ伯アンリ2世（エルサレム王国「領主」）	1192-1197
		キプロス国王エメリー・ド・リュジニャン	1197-1205
マリー	1205-1212	ジャン・ド・ブリエンヌ	1210-1212
イザベル2世	1212-1228	神聖ローマ皇帝兼シチリア国王フリードリヒ2世	1225-1228
ドイツ国王兼シチリア国王コンラート4世	1228-1254	エリーザベト（バイエルン公兼ライン宮中伯オットー2世の娘）	
シチリア国王コンラーディン	1254-1268		
キプロス国王ユーグ3世	1269-1284	ベイルート伯イザベル・ディブラン	
アンジュー伯シャルル1世（エルサレム国王位継承権の購入による）	1277-1285		
キプロス国王ジャン1世	1284-1285		
キプロス国王アンリ2世	1285-1324		
以下、キプロス国王が兼任			

エデッサ伯一覧

伯	在位	配偶者
ボードゥアン1世	1098-1100	アルダ（マラシュ領主トロスの娘）
ボードゥアン2世	1100-1118	モルフィア（マラティヤ領主ガヴリルの娘）
ジョスラン1世・ド・クールトネー	1118-1131	ベアトリス（アルメニア国王コスタンディン1世の娘）
		マリア（サレルノ侯リッカルドの娘）
ジョスラン2世・ド・クールトネー	1131-1159	ベアトリス（ソーヌ領主ギヨームの寡婦）
ジョスラン3世・ド・クールトネー	1160-1100頃	アニュエス（テンプル騎士修道会総長フィリップ・ド・ミイィの娘）

西暦	主な関連事項	十字軍理念関連事項
1526	モハーチの戦い	
1529	第1次ウィーン包囲	
1530	聖ヨハネ騎士修道会がマルタ島へ移転	
1536	「恩寵の巡礼」（～1537）。フランスとオスマン帝国の同盟（～1542）	
1538	神聖同盟（教皇庁・カール5世・ヴェネツィア）（～1540）。プレヴェザの海戦	十字軍特権を伴った神聖同盟の結成
1565	オスマン帝国によるマルタ包囲	
1568	八十年戦争（オランダ独立戦争）（～1648）	
1571	神聖同盟（教皇庁・スペイン・ヴェネツィア）（～1573）。レパントの海戦	
1573	ヴェネツィアがオスマン帝国にキプロス島を割譲	
1578	アイルランド十字軍。アル・カスラル・カビールの戦い	
1588	アルマダの海戦	十字軍税徴収権（クルサーダ）をスペイン国王に付与
1618	三十年戦争（～1648）	
啓蒙主義（17世紀後半～）		
1663	神聖同盟（教皇庁・スペイン・ドイツのカトリック領邦・フランス）	
1669	ヴェネツィアがオスマン帝国にクレタ島を譲渡	
1683	第2次ウィーン包囲、大トルコ戦争（～1699）	
1684	神聖同盟（神聖ローマ帝国・ポーランド王国・ヴェネツィア・ロシア帝国〔1686～〕）（～1699）	
1699	カルロヴィッツ条約	
1714	オスマン帝国がギリシア地域のヴェネツィア領に侵攻	
1716	墺土戦争（～1718）	
1718	パッサロヴィッツ条約	
ロマン主義（18世紀末～）		
1798	ナポレオンがマルタ島を占領	
疑似十字軍・似非十字軍の時代　帝国主義（19世紀～）ヨーロッパによるアジア・アフリカ進出		
1891	サハラ武装修道会設立	
1914	第一次世界大戦勃発	
1936	スペイン内戦（～1939）	
1939	第二次世界大戦勃発	
1945	第二次世界大戦終結	
1948	イスラエル建国	
1966	カミロ・トーレス・レストレポの「殉教」	
1979	ソ連のアフガニスタン侵攻	
2000	ヨハネ・パウロ2世の「謝罪」	
2001	アメリカ同時多発テロ	
2006	イスラーム国（IS）「建国」	

時代		西暦	主な関連事項	十字軍理念関連事項
		1303	「アナーニ事件」。テンプル騎士修道会がルアド島を放棄	
後期十字軍の時代（メモワールの時代（13世紀後半〜15世紀頃））		1307	テンプル騎士修道会士の捕縛令。大都（北京）に大司教座が置かれる	
		1309	教皇庁がアヴィニョンへ移転	
		1309	第2次羊飼い十字軍（もしくは「貧者十字軍」）	
		1310	聖ヨハネ騎士修道会がロドス島へ本部を移転	この頃聖ヨハネ騎士修道会に永続的十字軍特権の付与
	ルネサンス	1311	ヴィエンヌ公会議（～1312年）	テンプル騎士修道会の解体
		1320	第3次羊飼い十字軍	
		1330年代	エーゲ同盟結成（～1370年代）	
		1333	サンチャとナースィル・ムハンマドとの協定	
		1337	英仏百年戦争（～1453）	
		1346	スミルナ十字軍	
		1361頃	オスマン帝国がアドリアノープル（エディルネ）を占領	
		1365	キプロス国王ピエール1世がアレクサンドリアを一時制圧	
		1366	サヴォワ伯アメデー6世の十字軍	
		1378	シスマ（～1417）	
		1386	カスティーリャ十字軍	
		1390	マーディア十字軍	
		1394	オスマン帝国がコンスタンティノープルを包囲	
		1396	ニコポリス十字軍	
		1399	オスマン帝国がコンスタンティノープルを包囲	
		1402	アンカラの戦い	
		1403	ブシコー元帥の活躍	
		1410	タンネンベルクの戦い	
		1414	コンスタンツ公会議（～1418）	
		1420	フス派十字軍（～1421）	
		1431	バーゼル公会議（～1439）	
		1443	ヴァルナ十字軍（～1444）	
後期十字軍の時代				
		1453	ビザンツ帝国滅亡	
		1454	（ポーランドとドイツ騎士修道会の）十三年戦争（～1466）	
		1456	ベオグラード防衛戦	
		1480	オスマン帝国によるロドス包囲、オトラント占領（～1481）	
		1489	キプロス島がヴェネツィアに移譲される	
		1494	イタリア戦争（～1559）	
		1514	チャルディラーンの戦い	
		1517	マムルーク朝滅亡。宗教改革始まる	
		1521	オスマン帝国がベオグラード占領	
		1523	オスマン帝国がロドス島を占領	
		1525	プロイセン公国成立によりドイツ騎士修道会領消滅	

西暦	主な関連事項	十字軍理念関連事項
1153	アスカロン占領	
1169	アイユーブ朝成立	
1187	ハッティーンの戦い、第3回十字軍の呼びかけ	
1192	ヤッファ協定（リチャード1世とサラーフッディーン）	
1197	第4回十字軍の呼びかけ、ドイツ騎士修道会設立	
1204	ラテン帝国（～1261）・テサロニキ王国（～1224）成立	
1205	アカイア（モレア）侯国（～1432）、アテネ公国（～1456）成立	
1208	アルビジョワ十字軍の呼びかけ	
1212	少年十字軍	
1213	第5回十字軍の呼びかけ	十字軍宣誓代償制、霊的（精神的）十字軍
1229	アルビジョワ十字軍終了、ヤッファ協定（フリードリヒ2世とアル・カーミル）	
1231	ロンバルディア戦争勃発（～1242）	
1239	ティボー4世の十字軍	
1240	コーンウォール伯リチャードの十字軍	
1241	リーグニッツ（リグニツァ）の戦い	
1244	ラ・フォルビーの戦い。ルイ9世が十字軍宣誓をなす	フランス王国における十字軍税徴収の本格化
1245		ドイツ騎士修道会に永続的十字軍特権の付与
1250	マムルーク朝成立	
1251	第1次羊飼い（シェパード）十字軍	
1253	ギヨーム・ド・リュブルクのモンゴルへの派遣	
1256	聖サバス戦争勃発（～1277）	
1258	アッバース朝滅亡	
1260	アイン・ジャールートの戦い	
1261	ラテン帝国滅亡	
1265	カエサレア、アルスール陥落	
1268	ヤッファ、アンティオキア陥落、アンジュー伯シャルル1世がコンラーディンを殺害	
1271	クラック・デ・シュヴァリエ陥落	
1274	第二リヨン公会議	
1277	アンジュー伯シャルル1世がエルサレム国王位を購入	
1282	「シチリアの晩禱」起こる	
1284	アラゴン十字軍（～1302）	
1289	トリポリ陥落	
1291	アッコン、ティール陥落	
1299	オスマン帝国誕生	

十字軍関連年表

		西暦	主な関連事項	十字軍理念関連事項
十字軍の時代	ヨーロッパの状況	5世紀初頭	アウグスティヌスの正戦理念	
		622	イスラーム元年	
		632	ムハンマド死去	
		634	イスラーム勢力がエルサレム占領	
		636	ヤルムークの戦い	
		642	イスラーム勢力がエジプトを制圧	
		651	イスラーム勢力がサーサーン朝ペルシアを滅ぼす	
		674	ウマイヤ朝勢力がコンスタンティノープル攻撃	
		710	ウマイヤ朝勢力がイベリア半島侵入	
		717	ウマイヤ朝勢力がコンスタンティノープル攻撃	
		732	トゥール・ポワティエ間の戦い	
		800	カール大帝の戴冠式	
		850	コルドバの殉教事件	
		10世紀半ば	反イスラーム経済同盟の結成	
		955	レヒフェルトの戦い	
		962	オットー大帝の戴冠式	
		980	ローマ皇帝（ドイツ国王）による「ローマ政策」の開始	
		989	シャルー教会会議	
		1009	アル・ハーキムが聖墳墓教会を破壊	
		1055	セルジューク朝のトゥグリル・ベクがスルタンの称号を得る	
		1071	マラーズギルド（マンツィケルト）の戦い	
		1074	ミカエル7世がグレゴリウス7世に援軍要請	
		1075	叙任権闘争勃発	
		1077	カノッサの屈辱	
		1081	ミカエル7世が中国に使節を派遣	正戦理念の復活、「聖ペテロの騎士」概念
		1095	ピアチェンツァ教会会議	「キリストの騎士」概念、聖戦理念
盛期十字軍の時代		1095	クレルモン教会会議（第1回十字軍の呼びかけ）	
		1098	エデッサ、アンティオキア占領	この頃殉教という価値の付加
		1099	エルサレム占領	
		1109	トリポリ占領	
		1113	聖ヨハネ（騎士）修道会認可	
		1124	ティール占領	
		1128	テンプル騎士修道会認可	
		1144	ザンギーがエデッサ占領	
		1147	第2回十字軍	来世における魂の救済という価値の付加、非聖地十字軍と聖地十字軍の同列化、敗因としてのキリスト教徒の罪深さ

同「後期十字軍再考（2）――14世紀の聖地巡礼記に見るイスラーム世界」『ヨーロッパ文化史研究』8号、2007年、37～75頁
同「4～13世紀の聖地巡礼記に見るイスラーム・ムスリム観の変遷」『ヨーロッパ文化史研究』9号、2008年、47～88頁
同「15世紀前半の聖地巡礼記に見る十字軍・イスラーム・ムスリム観――後期十字軍再考（3）」『ヨーロッパ文化史研究』10号、2009年、53～100頁
同「日本における十字軍研究（6）――八塚春児」『史遊』15号、2009年、134～138頁
同「マルティン・フォン・パイリスの「十字軍」――「十字軍」参加者の「十字軍」観」前川和也（編著）『空間と移動の社会史』ミネルヴァ書房、2009年、91～144頁
同「「帝国」としての「キリスト教国」――普遍教会会議決議録における平和と十字軍の言説」『東北学院大学論集　歴史と文化（旧歴史学・地理学）』46号、2010年、55～88頁
同「12世紀エルサレム王国における農村世界の変容――「ナブルス逃亡事件」の背景」『ヨーロッパ文化史研究』11号、2010年、181～215頁
同「1450～1480年の聖地巡礼記に見るイスラーム観・ムスリム観・十字軍観――後期十字軍再考（4）」『ヨーロッパ文化史研究』12号、2011年、179～227頁
同「1481～1500年の聖地巡礼記に見るイスラーム観・ムスリム観・十字軍観――後期十字軍再考（5）」『ヨーロッパ文化史研究』13号、2012年、199～246頁
同「1501～1530年の聖地巡礼記に見るイスラーム観・ムスリム観・十字軍観――後期十字軍再考（6）」『ヨーロッパ文化史研究』14号、2013年、99～133頁
同「マルシリオ・ゾルジの『報告書』に見るフランク人の現地人支配」『史潮』74号、2013年、4～22頁
同「14世紀～16世紀前半の聖地巡礼記に見る「聖墳墓の騎士」――儀礼へのフランチェスコ会の関与過程を中心に」長谷部史彦（編著）『地中海世界の旅人――移動と記述の中近世史』慶應義塾大学出版会、2014年、185～215頁
同「1531～1550年の聖地巡礼記に見るイスラーム観・ムスリム観・十字軍観――後期十字軍再考（7）」『ヨーロッパ文化史研究』15号、2014年、73～97頁
同「無料で運ぶわけではないし、神の愛のために運ぶわけでもない――中世におけるヴェネツィア・ガレー巡礼船のパトロンたち」『史林』97巻1号、2014年、36～74頁
同「家の中にいる敵――十字軍国家におけるフランク人の農村支配」服部良久（編著）『コミュニケーションから読む中近世ヨーロッパ史――紛争と秩序のタペストリー』ミネルヴァ書房、2015年、513～536頁
同「フランク人に仕えた現地人たち――十字軍国家の構造に関する一考察」『東北学院大学論集　歴史と文化（旧歴史学・地理学）』53号、2015年、1～46頁
同「1551～1570年の聖地巡礼記に見るイスラーム観・ムスリム観・十字軍観――後期十字軍再考（8）」『ヨーロッパ文化史研究』17号、2016年、53～83頁
同「1571～1590年の聖地巡礼記に見るイスラーム観・ムスリム観・十字軍観――後期十字軍再考（9）」『ヨーロッパ文化史研究』18号、2017年、125～158頁
同「十字軍研究動向――「十字軍・十字軍国家学会」刊『十字軍』の統計より」『西洋中世研究』9号、2017年、149～162頁
同「ヨーロッパ商業都市と十字軍国家」『東北学院大学論集　歴史と文化（旧歴史学・地理学）』57号、2018年、95～149頁
新人物往来社編『ビジュアル選書　十字軍全史――聖地をめぐるキリスト教とイスラームの戦い』新人物往来社、2011年
全国歴史教育研究協議会編『新版　世界史用語集』山川出版社、1983年
同『改訂新版　世界史B用語集』山川出版社、2000年
同『新課程用　世界史B用語集』山川出版社、2004年
同『改訂版　世界史B用語集』山川出版社、2008年
同『世界史用語集』山川出版社、2014年
宮崎市定「十字軍の東方に及ぼした影響」『オリエント』7号、1964年、1～15頁
八塚春児『十字軍という聖戦――キリスト教世界の解放のための戦い』NHKブックス、2008年

地図作成・小野寺美恵

Alphandéry, P., *La chrétienté et l'idée de croisade*, 1954-1959, *rep.* (Durpront, A. (éd.)), Paris, 1995.
Bloesch, H. (Hrsg.), *Heinrich Wölflis Reise nach Jerusalem 1520/1521*, Bern, 1929.
Cantor, N., *Inventing the Middle Ages*, New York, 1991.
Cardini, F., *Studi sulla storia e sull'idea di crociata*, Roma, 1993.
Id., *Europa e Islam: storia di un malinteso*, Roma, 1999.
Constable, G., "The Historiography of the Crusades," Laiou, A. and Mottahedeh, R. (eds.), *The Crusades from the Perspective of Byzantium and the Muslim World*, Washington, D.C., 2001, pp. 1-22.
Cowdrey, H., *Pope Gregory VII, 1073-1085*, Oxford, 1998.
Erdmann, C., *Die Entstehung des Kreuzzugsgedankens*, Stuttgart, 1935.
Geck, E. (Hrsg.), *Bernhard von Breydenbach, Die Reise ins Heilige Land*, Wiesbaden, 1961.
Goldfriedrich, J. und Fränzel, W. (Hrsg.), *Ritter Grünembergs Pilgerfahrt ins heilige Land 1486*, Leipzig, 1912.
Hallam, E. (ed.), *Chronicles of the Crusdes:Eye-witness Accounts of the Wars between Christianity and Islam*, New York, 2000.（ハラム・E編〔川成洋・太田直也・太田美智子訳〕『十字軍大全』東洋書林、2006年）
Hillenbrand, C., *The Crusades: Islamic Perspectives*, Edinburgh, 1999, rep. 2009.
Housley, N., *The Italian Crusades: The Papal-Angevin Alliance and the Crusades against Christian Lay Power, 1254-1343*, Oxford, 1982.
Id., *The Later Crusades, 1274-1580: From Lyons to Alcazar*, Oxford, 1992.
Id. (ed.), *Crusading in the Fifteenth Century: Message and Impact*, London, 2004.
Id., *Crusading and the Ottoman Threat*, 1453-1505, Oxford, 2012.
Kollias, E., *The Knights of Rhodes*, Athens, 1991.
Mayer, H., *Geschichte der Kreuzzüge*, 1965, *10. Aufl.*, Stuttgart, 2005.
Nicholson, H., *The Knights Templar: A New History*, Stroud, 2001, rep. 2002.
Rey-Delqué, M. (éd.), *Les croisades: l'orient et l'occident d'Urbain II à Saint Louis, 1096-1270*, Milano, 1997.
Riley-Smith, J., *What were the Crusades?*, London, 1977, *2nd ed.*, London, 1992, *3rd ed.*, Basingstoke, 2002, *4th ed.*, Basingstoke, 2009.
Id. (ed.), *The Atlas of the Crusades*, New York, 1991.
Id. (ed.), *The Oxford Illustrated History of the Crusades*, Oxford, 1995.
Id., *The Crusades, Christianity, and Islam*, New York, 2008.
Rock, P., *The Franks in the Aegean 1204-1500*, London/New York, 1995.
Rozenberg, S. (ed.), *Knights of the Holy Land: The Crusader Kingdom of Jerusalem*, Jerusalem, 1999.
Sanutus, M., *Liber secretorvm fidelivm crvcis super terræ sanctæ recvperatione et conservatione*, Hanoviæ, 1611.
Siberry, E., *The New Crusaders: Images of the Crusades in the 19th and Early 20th Centuries*, Aldershot, 2000.
Sivan, E., "Modern Arab Historiography of the Crusades", *Asian and African Studies*, 8, 1972, pp. 109-149.
The Metropolitan Museum of Art, *Venice and the Islamic World, 828-1797*, New York, 2007.
Tolan, J., *Saracens: Islam in the Medieval European Imagination*, New York, 2002.
Zimolong, B. (Hrsg.), *Navis peregrinorum*, Köln, 1938.

ジョティシュキー・A（森田安一訳）『十字軍の歴史』刀水書房、2013年
スターク・R（櫻井康人訳）『十字軍とイスラーム世界——神の名のもとに戦った人々』新教出版社、2016年
タート・G『十字軍——ヨーロッパとイスラム・対立の原点（「知の再発見」双書30）』創元社、1993年
メルチエカ・S『マルタの聖ヨハネ騎士団』Luqa、2005年
上山益己「近代ヒストリオグラフィにおける十字軍像の変容——オリエンタリズムとアラブ・イスラーム知識人の歴史認識」『西洋史学』218号、2005年、123～144頁
大分県立先哲史料館編『大分県先哲叢書　ペトロ岐部カスイ資料集』大分県教育委員会、1995年
太田敬子『十字軍と地中海世界（世界史リブレット107）』山川出版社、2011年
五野井隆史『ペトロ岐部カスイ』教文館、2008年
櫻井康人「「修道会」から「騎士修道会」へ——聖ヨハネ修道会の軍事化」『史学雑誌』110編8号、2001年、30～55頁
同「前期エルサレム王国における国王戴冠と司教任命」『西洋史学』206号、2002年、67～80頁
同「「収穫は多いが、働き人が少ない」——リコルド・ダ・モンテ・ディ・クローチェに見るミッションと十字軍」『西洋史学』214号、2004年、65～84頁
同「宗教運動と想像界〈1〉十字軍運動」佐藤彰一・池上俊一・高山博（編）『西洋中世史研究入門　増補改訂版』名古屋大学出版会、2005年、118～122, 343～345頁
同「後期十字軍再考（1）——14世紀の聖地巡礼記に見る十字軍観」『ヨーロッパ文化史研究』7号、2006年、1～50頁

◉著者略歴

櫻井康人（さくらい・やすと）

一九七一年和歌山県生まれ。京都大学大学院文学研究科博士後期課程修了。現在、東北学院大学教授。専門は十字軍・十字軍国家史、聖地巡礼史。著書（共著）に『空間と移動の社会史』（ミネルヴァ書房）、『ビジュアル選書　十字軍全史』（新人物往来社）、『地中海世界の旅人――移動と記述の中近世史』（慶應義塾大学出版会）、『コミュニケーションから読む中近世ヨーロッパ史――紛争と秩序のタペストリー』（ミネルヴァ書房）などがある。

ふくろうの本

図説　十字軍

二〇一九年二月一八日初版印刷
二〇一九年二月二八日初版発行

著者……櫻井康人
装幀・デザイン……日高達雄＋伊藤香代
発行者……小野寺優
発行……株式会社河出書房新社
〒一五一-〇〇五一
東京都渋谷区千駄ヶ谷二-三二-二
電話　〇三-三四〇四-一二〇一（営業）
〇三-三四〇四-八六一一（編集）
http://www.kawade.co.jp/
印刷……大日本印刷株式会社
製本……加藤製本株式会社

Printed in Japan
ISBN978-4-309-76278-4